沈忱 何昆／著

中国历代战争之汉末烽烟

中国地图出版社

图书在版编目（CIP）数据

中国历代战争之汉末烽烟／沈忱，何昆著．—北京：中国地图出版社，2015.3
ISBN 978-7-5031-8583-0

Ⅰ.①中… Ⅱ.①沈… ②何… Ⅲ.①战争史–中国–东汉时代–通俗读物 Ⅳ.①E293.42-49

中国版本图书馆 CIP 数据核字（2015）第 018574 号

地图主编	张 宁 赵 斐
策 划	王 毅
责任编辑	王 毅
出版审订	余 凡

中国历代战争之汉末烽烟
ZhongGuo LiDai ZhanZheng Zhi HanMo FengYan

出版发行	中国地图出版社			
社　　址	北京市白纸坊西街 3 号	经　销	新华书店
邮政编码	100054	印　张	16
网　　址	www.sinomaps.com	版　次	2015 年 3 月第 1 版
印刷装订	北京一鑫印务有限责任公司	印　次	2020 年 8 月北京第 2 次印刷
成品规格	170×240mm	定　价	39.00 元

书　号　ISBN 978-7-5031-8583-0
审图号　GS（2014）5193 号

如有印装质量问题，请与我社发行部联系；如有图书内容问题，请与本书责任编辑联系，联系方式：dzfs@sinomaps.com。

序

时代不同，历史的读法也有不同。中国史有治世，有衰世，有乱世。治世的关节在朝，衰世的元气在野，乱世的精彩则在于战。治之极矣而不免于衰者，由西汉入东汉是也；衰之极矣而不免于乱者，由东汉入三国是也。所以汉末三国的战争，在中国战史上堪称一绝。

汉末三国之战，首先绝在将星辈出。

将星这种东西，百年难得一见。老天爷就像一位经验老到的厨师，精细地拿捏着分量，撒盐一样把一小撮将星小心翼翼地撒向人间，绝不肯手松半毫。所以尽管历史上存在过的人多如宇宙尘埃，将星却永远寥若晨星。

只有一个时代例外。

在这个时代，老天爷无比奢侈地挥霍着他手上的将星名额，就好像一个暴发户疯狂地透支未来，完全不再考虑明天怎么办。在这个时代，将星就像流星雨一样成群结队地、呼啸着横空出世，给人世间带来此起彼伏的惊喜。

这就是汉末三国。

擅长窥探敌人弱点并能给予致命一击的曹操，雄姿英发、谈笑间樯橹灰飞烟灭的周瑜，来去如风、不动如山的诸葛亮，攻则大开大阖、守则滴水不漏的司马懿，举江东之众与天下争衡的孙策，行军如鬼魅的吕蒙，擅长扮猪吃老虎的陆逊……他们有幸生在了同一时代，联袂缔造群星荟萃的军事奇迹。

以上所举，都是运筹帷幄的统帅；而执行其战略的斗将，也都是一等一的高手。曹魏，有用头脑作战的张郃、短小精悍的乐进、持重威严的于禁、擅长千里奔袭的夏侯渊、堪比周亚夫的徐晃、令小儿不敢夜啼的张辽；蜀汉，有万人之敌的关羽和张飞、屡次把曹操逼到绝路的马超；孙吴，有粗猛嗜杀的甘宁、被十余创而屹立不倒的周泰、越老越强的丁奉——正是有了这些杰出的战术执行者，宏大的战争才有了那么多可歌可泣、令人拍案的细节。

新莽之末和大唐之初,也曾经将星辈出,如云台二十八将、凌烟阁二十四功臣,也令读史者啧啧称奇。相较之下,汉末三国之战更绝的地方在于——老天爷让这些不世出的将星,均匀地分布在了各大势力。云台二十八将横扫王莽、隗嚣、公孙述,凌烟阁二十四功臣完虐隋军,李密、王世充都是以强击弱,不奇;汉末三国的战争,以强胜强,强中更有强中手,这才是奇中之奇。

东汉末年幽州的叛军张举、张纯,一个称帝、一个称王,横扫帝国东北如入无人之境,在历史上够得上宋江、方腊一流人物。但是刘虞一来,张纯授首,张举仓皇逃窜、下落不明。

刘虞远斥候、修军备、保边关,深得胡汉人心,相当于战国良将李牧。但是他坐拥十万大军,却被公孙瓒区区数百死士破城擒杀、斩首示众。

公孙瓒能骑善射、武艺超群,手下更有一支骑白马的特种兵,冠绝天下,堪比西汉的飞将军李广,却被袁绍步步为营、稳扎稳打,打得脾气全无,打成缩头乌龟,最后坐困于重楼之中,自焚而死。

袁绍系出名门,独霸中原,领袖群雄。较之秦末的西楚霸王项羽,他虽然个人能力略有不足,但麾下的谋臣如雨、猛将如云犹有过之,却被曹操打得一败涂地,打得一蹶不振,打得一命呜呼,打得断子绝孙。

曹操堪称一代战术大师,攻无不克战无不胜,旌麾所指无不披靡。在历代帝王之中,他的军事才能也堪称顶尖。但是赤壁一战,却被孙刘联军以弱胜强、惨败而归,终身不敢南窥江渚。

……

像这样食物链式的以强胜强,汉末三国比比皆是。沈忱先生治三国史有年,以独到之手眼、别出之心裁,精选十大经典战例,与何昆兄一起撰成新著《中国历代战争之汉末烽烟》,以作序相嘱,因得先睹为快。东汉三国战事之难写,不才如我是深有体会的。首先是材料分散,其次是情节复杂。沈忱先生以深湛的史料功夫串起零金碎玉,又将纷乱的局势条分缕析,如道眼前事般娓娓讲来,读到关节处,能夺人心魄。

此书叙事,起于讨董而终于夷陵。倘若反响不错,则深盼沈兄能续写至三国一统,以成完璧,以飨读者。

秦涛　键于五斗斋
2014 年 9 月 13 日

目录

序　章	**征讨董卓** / 001	——分崩离析之始
第一章	**袁绍统一河北之战** / 023	——袁绍霸主地位的确立
第二章	**兖州之战** / 041	——魏武王不舍的基业
第三章	**江东之战** / 059	——孙吴帝国奠基战
第四章	**官渡之战** / 079	——定鼎中原的关键战役
第五章	**赤壁之战** / 107	——三分天下雏形之战
第六章	**关中之战** / 133	——平定西北的关键战役
第七章	**合肥之战** / 151	——改变国策的一场战争
第八章	**益州之战** / 167	——蜀汉帝国奠基战
第九章	**汉中之战** / 185	——刘备胜曹操的经典战例
第十章	**襄樊之战** / 203	——孙刘联盟的破裂
外　章	**夷陵之战** / 227	——三国鼎立的确立

参考书目 / 246

统一图例

符号	说明	符号	说明
◎	都城	～	海岸线
⊙	郡级驻所	～	河流、湖泊
○	一般居民点	▲	山峰
— — —	政权部族界	×	关隘
- - - - - -	州界	)(	桥梁
....	郡界	✕	战场符号
—·—·— 未定	今国界	⌒	防线
———	军阀割据界		

注：古今对照图幅中的灰色线划及注记为今内容

序章

征讨董卓

——分崩离析之始

引 子

中平六年（公元189年）十二月，己吾（今河南宁陵县附近）。

屋外，大雪纷飞，寒气逼人。

屋内，炭火熊熊，暖人心扉。

两个三十岁出头的年轻人，正在炭火旁讨论着时局。个子较为矮小的叫作曹操，字孟德，不久之前被任命为骁骑校尉。不过，他拒绝了这个任命，只身从帝国的京城洛阳逃了出来。个子较高的叫作鲍信，字书业，刚刚被推荐为代理破虏将军。

只听鲍信语气坚定地说道："所谓略不世出，如今天下能够总揽英雄、拨乱反正的人，我看只有孟德你了！有的人虽然目前貌似很有前途，但最终一定会失败！"

曹操沉默不语，他很明白鲍信说的"有的人"指的是谁。他更清楚，如今天下大乱，奸臣当道，自己势力单薄，只有联合所能联合的力量才能铲除奸臣、复兴汉室。不过，以如今的形势，大家能团结一心铲除董卓这个奸贼吗？先好好打完这场仗再说！

曹操轻轻地叹了一口气，转眼望着屋外的天空。此刻，或许他的脑海里依然在回忆着导致这场战争爆发的原因……

1. 战争起因

从东汉中叶开始，外戚与宦官争权便成了朝廷的主旋律。到了东汉末期，宦官们笑到了最后。他们把持朝政，加剧了社会混乱和政治腐败，激起了士大夫阶层与宦官的矛盾和冲突。在这场矛盾和冲突中，外戚自然选择和士大夫阶层站在同一阵线。汉灵帝中平六年（公元189年）四月，灵帝还来不及将儿子刘协扶上皇帝的宝座就突然驾崩，弥留之际才将刘协托付给了宦官蹇硕。按照灵帝的愿望，原本应该是刘协登上皇位的，可是，灵帝突然驾崩使得一切都变成了未知数。至此，何进与蹇硕围绕继承人的矛盾

序 章｜征讨董卓
——分崩离析之始

也空前尖锐起来。蹇硕决定先下手为强，干掉何进消除隐患，保证刘协能够顺利登上皇位。而何进也不甘示弱，为了拥立外甥刘辩为帝，迅速团结朝中众多反对宦官专权的官僚士大夫组成联合阵线，并抢在蹇硕前面拥立刘辩为帝。不甘心失败的蹇硕打算利用何进入宫之时杀掉何进。不料事情败露，何进将蹇硕杀死并控制了东汉帝国的精锐之师——西园军。这时候袁绍代表官僚士大夫则向何进提出进一步的要求：消灭整个宦官集团，铲除危害东汉帝国百余年的政治毒瘤。一时间洛阳的气氛又变得紧张起来。

在袁绍极力怂恿下，何进表示同意士大夫们的意见，当何进向何太后（也就是之前灵帝的何皇后）表述诛杀宦官意见时，何太后却表示强烈反对，这让何进犹豫起来。在这种情况下，袁绍给何进出了一个主意：召集天下的精兵强将进入洛阳（今河南省洛阳市），用武力威胁何太后诛杀宦官。何进采纳了袁绍的意见，向洛阳进军的命令立即被发往全国各地。

随着各地方武装陆续向洛阳集结的消息不断传到京师，宦官们愈发恐慌。此后，大将军何进任命袁绍担任直隶校尉，并授予袁绍假节、专命击断的特殊权力，又将一向反对宦官专权的王允提拔为河南尹。同时他命令袁绍的弟弟、虎贲中郎将袁术率兵二百人控制了宫廷宫门。而一直力主诛杀宦官的袁绍则利用手中权力加大了对宦官的监控力度，同时督促各地方武装加快进军洛阳的速度，并轮流上奏皇帝要求罢免宦官。如此一来，不但宦官们人心惶惶，就连何太后也感到了空前的压力。迫于形势，何太后不得不罢免了大多数宦官，只允许少数与自己关系密切的宦官留任，希望以此来平息这场巨大的政治风暴。

眼看着胜利在望，何进突然又犹豫起来。毕竟他与妹妹何太后都是凭借这些宦官的极力扶持才有了今天的地位。面对着不少前来自己府中谢罪的宦官，何进心软了。原定诛杀宦官的计划也因此停滞不前。看到这种情形，万分焦急的袁绍等不住了。他立即向各州郡发布文书，谎称大将军何进命令各州郡立即逮捕宦官家属。袁绍这个惊人之举一下子使得局势急转而下、剑拔弩张。原本还对何进抱有一丝幻想的宦官们此时已经没有了任何退路，只能为了生存放手一搏。他们想方设法说服何太后将他们全部官复原职。然后，宦官们谎称何太后召见，利用何进不加提防之时将其斩杀于嘉德殿前。

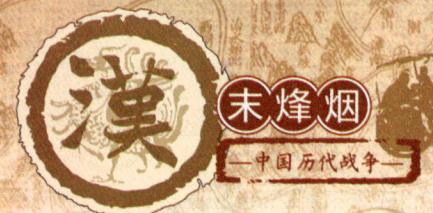

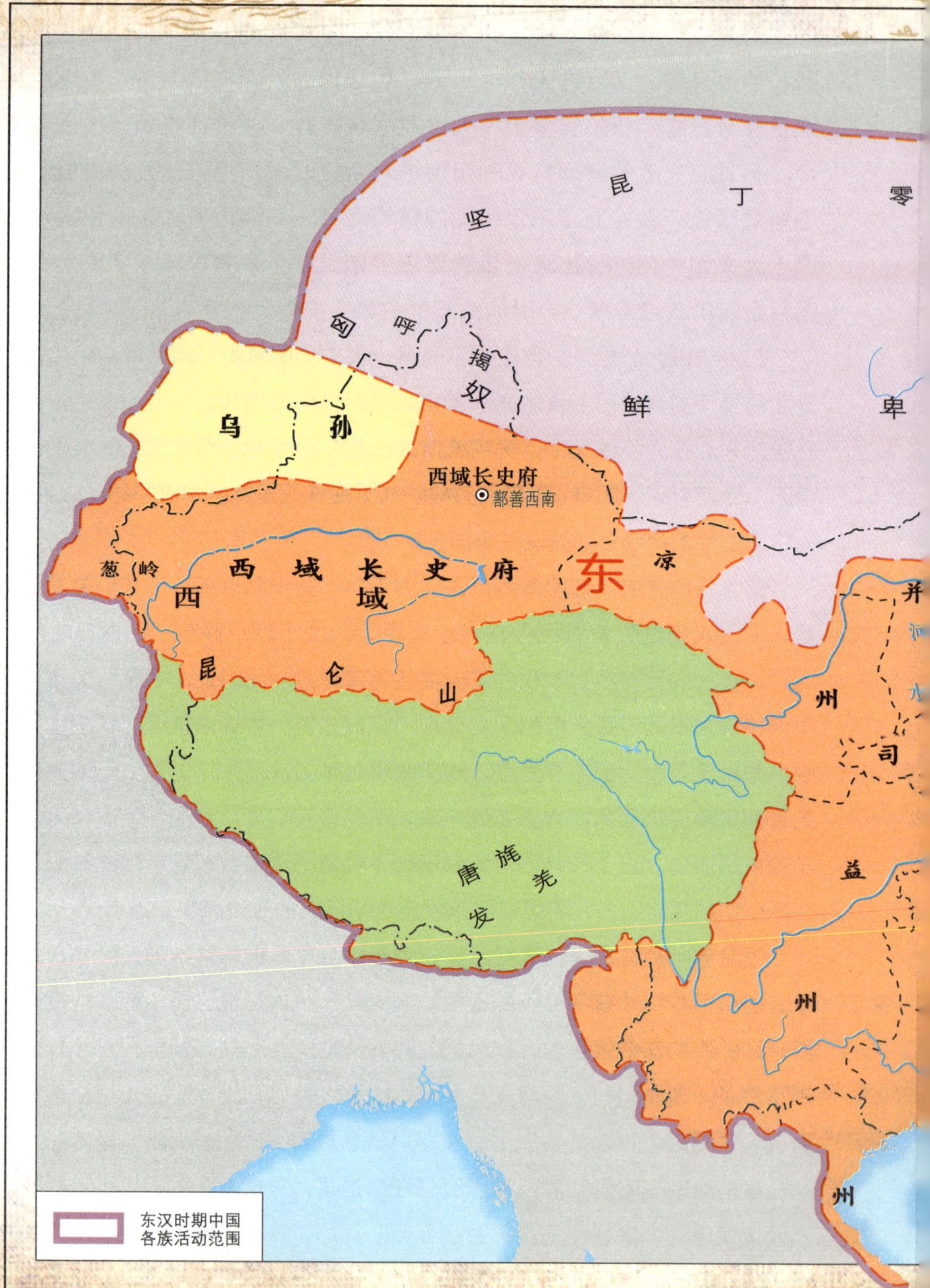
坚
昆
丁
零
匈
呼
揭
奴
鲜
卑
乌
孙
西域长史府
鄯善西南
葱岭
西
西域长史府
域
东
凉
并
州
司
昆
仑
山
唐旄
羌
发
益
州
州
东汉时期中国
各族活动范围

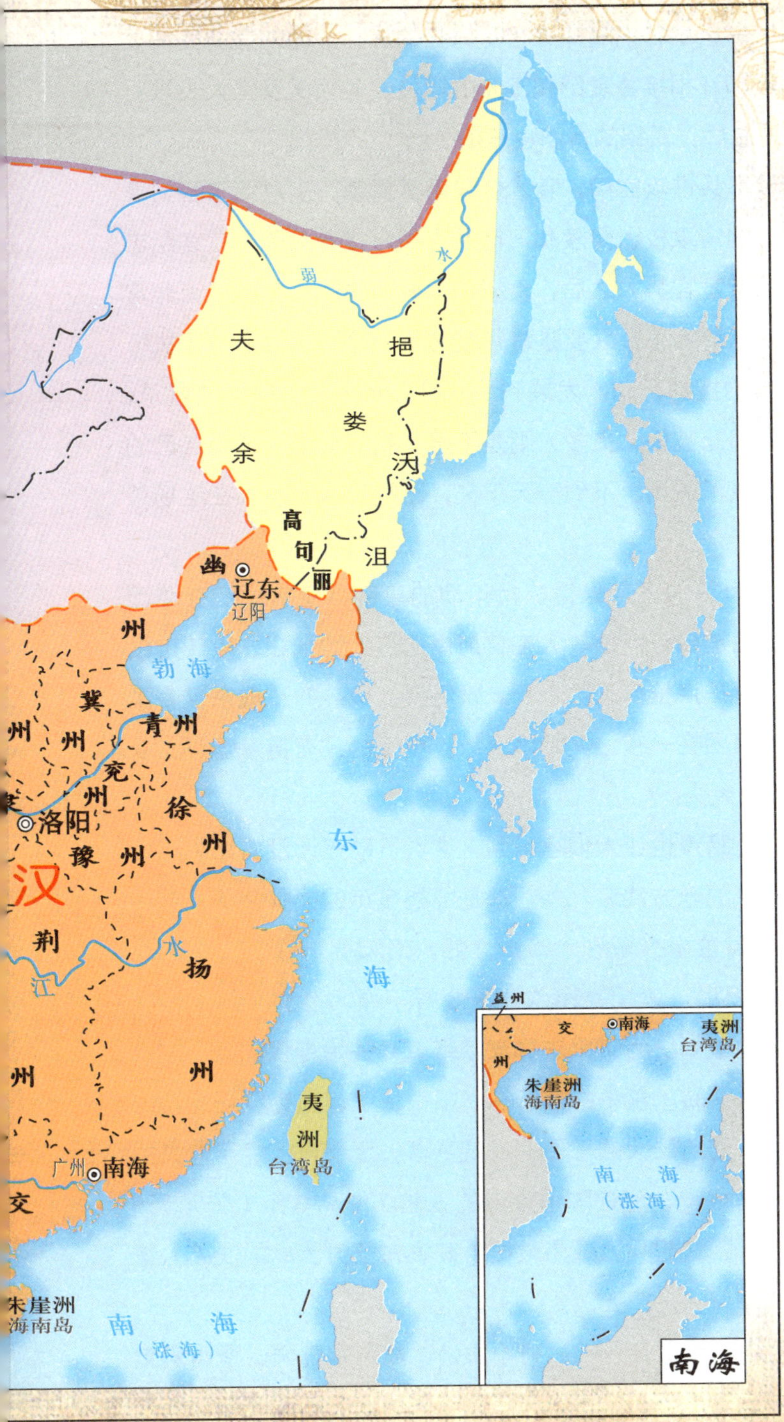

序章｜征讨董卓
——分崩离析之始

东汉时期全图（140年）

斩杀何进的行动成功之后，宦官们随即进行了疯狂的反扑。他们假传圣旨罢免袁绍和王允，打算用樊陵和许相接替袁绍和王允的职位，对外戚及士大夫进行镇压。在得知何进被杀的消息后，袁绍的行动也开始了。

何进的部将吴匡、张璋率兵进攻宫门，袁术烧毁南宫青琐门。袁绍与叔父袁隗则杀掉了宦官们刚刚任命的司隶校尉樊陵和河南尹许相，接着又杀了宦官赵忠等人。在扫清了皇宫之外的亲宦官势力之后，袁绍指挥城中的军队包围了南北宫门，搜捕宦官，并下令无论年龄大小，只要是宦官就格杀勿论。士兵们为了执行命令，在洛阳进行了大规模的搜捕行动。发展到后来只要看见没长胡子的就杀，很多没长胡子的平民百姓也因此被杀，更多人则是不得不脱下裤子以证明自己的身份。整个洛阳城一夜之间成了屠场，不到一天工夫，已经有两千多人在这场杀戮中丧命。

眼见大势已去，以张让为首的宦官只得挟持年幼的皇帝从皇宫后门夺路而逃，向小平津一带狂奔，最后被朝臣卢植等人在黄河岸边追上。张让、段珪走投无路，跳河而亡。其他宦官也被卢植等悉数杀死。曾经反复争斗并造成东汉帝国日渐衰落的外戚集团和宦官集团在一夜之间烟消云散。留下的只有得意洋洋、欢庆胜利的袁绍及朝中的官僚士大夫。

不过，城外由远而近的马蹄声也让人们意识到：这次行动还远没有结束，城外还有多支依照何进命令进京的地方武装。那些都是征战多年的虎狼之师，其中就有董卓率领的凉州军队。当董卓大军进入洛阳之后，洛阳局势很快发生了翻天覆地的变化。董卓进入洛阳后，策反吕布杀掉执金吾丁原，控制了洛阳城中的军事力量。他废掉刘辩而改立刘协为帝（史称汉献帝）并开始专权乱政，东汉帝国名存实亡的局面从此无法逆转。董卓的暴行在洛阳很快引起连锁反应。袁绍带头逃出洛阳前往勃海，准备利用强大的号召力对抗董卓。曹操也拒绝了董卓的拉拢，秘密离开洛阳，投靠了好友、时任陈留太守的张邈。中平六年（公元189年）十二月，曹操在己吾地区正式起兵，成为最早公开宣布征讨董卓的武装力量之一。

汉献帝初平元年（公元190年）正月，后将军袁术、冀州牧韩馥、豫州刺史孔伷、兖州刺史刘岱、河内太守王匡、勃海太守袁绍、陈留太守张邈、东郡太守

序　章 | 征讨董卓
——分崩离析之始

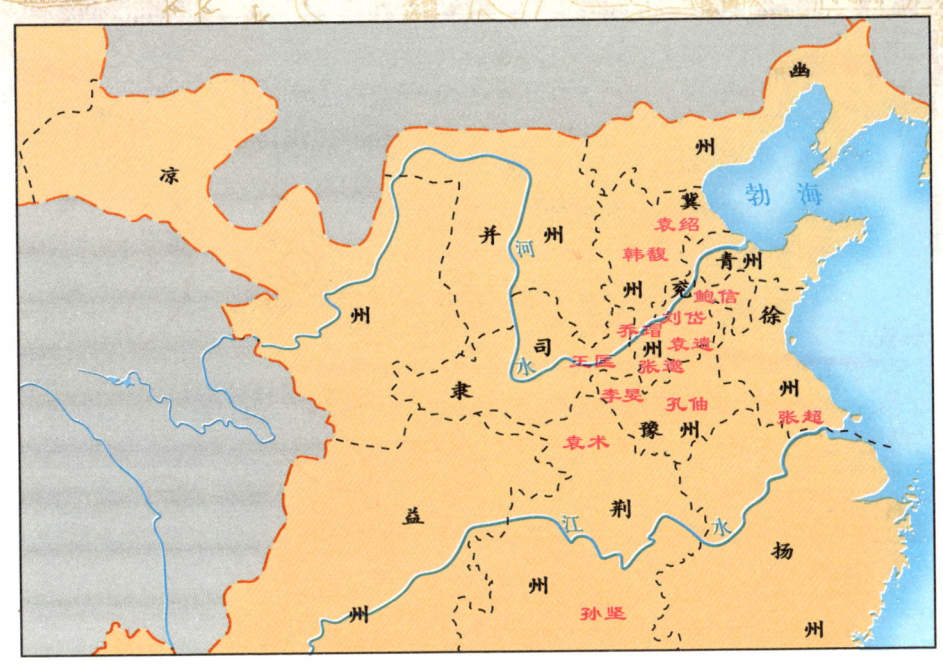

关东联军分布图

桥瑁、山阳太守袁遗、济北相鲍信、长沙太守孙坚、颍川太守李旻、广陵太守张超等各地诸侯正式起兵，聚众十余万，公推袁绍为盟主，于是反抗董卓专权的关东联军成立。由此，一场由中原各诸侯所组成的关东联军与董卓率领的凉州、并州大军对垒的战斗爆发。

2. 战前部署

　　战争开打之前，双方都积极进行大规模的战略部署和调整。关东联军成立之际，所率人马达十余万人，在人数上占有一定优势。在盟主袁绍的指挥和调度下，联军迅速展开战略部署：
　　（1）北线——以袁绍和河内太守王匡为主，进驻洛阳以北的河内郡（今河南省武陟县西南），王匡所部驻守河阳津地区（今河南省孟州市西南）。他们时刻准备渡过黄河向洛阳发动进攻。冀州牧韩馥坐镇冀州邺城（今河北省临漳县西南），

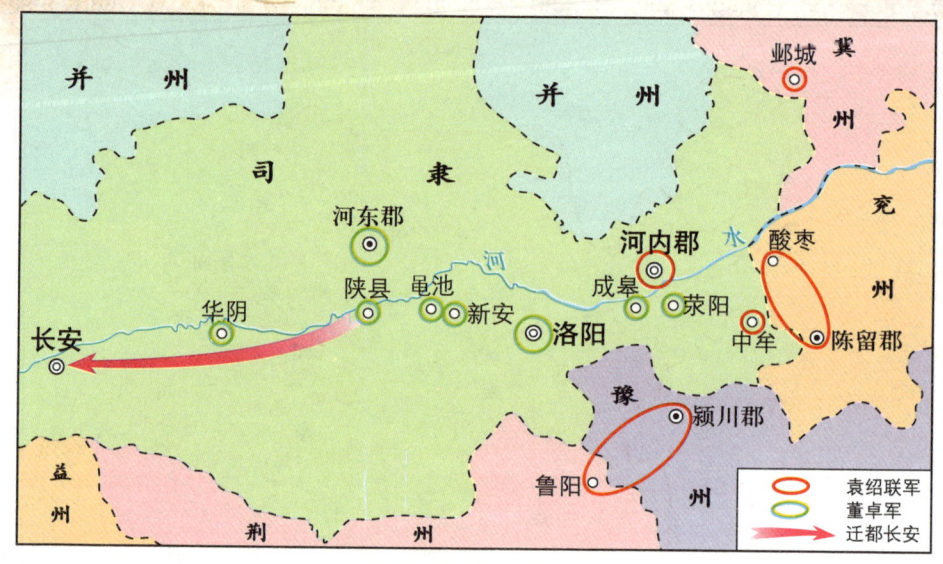

讨伐董卓战前部署图

提供后勤保障，同时以部下赵浮、程奂率部万余人，配备战船百艘及强弩万张驻守孟津地区（今河南省孟津县南），以防董卓军队北渡偷袭。兵力数万人。

（2）南线——以后将军袁术为首，驻扎在洛阳以南的鲁阳地区（今河南省鲁山县），兵力数万人。

（3）东线——以兖州刺史刘岱、陈留太守张邈、东郡太守桥瑁、广陵太守张超、山阳太守袁遗、济北相鲍信及代理奋武将军曹操为主，统兵十余万，驻扎在酸枣地区（今河南省延津县以西）。

（4）东南线——以豫州刺史孔伷为主，颍川太守李旻屯兵颍川（今河南省禹州）。

关东联军的兵力部署，对占据洛阳的董卓形成了三面夹击之势。而洛阳以西对于董卓来说也不是一片安全之地，十余万白波叛军攻陷了河东，一旦白波叛军挥师南下，董卓将四面楚歌。因此，打败董卓最佳的方案是将董卓牢牢地钳制在洛阳地区，多点开花，这样才有机会将其一举歼灭。如果让董卓离开洛阳逃回老巢凉州，战局会变得难以预料。

自袁绍逃出洛阳之后，董卓立刻意识到自己即将面临的将会是关东各路诸侯

序 章 | 征讨董卓
——分崩离析之始

武装的对抗。为了摆脱政治上的孤立，缓和与士大夫及各路诸侯之间的矛盾，秉政伊始的董卓接受了朝臣周毖、伍琼等人的建议，提拔任用了一批士人，对士大夫及各路诸侯进行拉拢。这其中就包括任命尚书韩馥为冀州牧、侍中刘岱为兖州刺史、颍川张咨为南阳太守、陈留孔伷为豫州刺史、东郡张邈为陈留太守，甚至对擅离京师的袁绍也既往不咎，还授以勃海太守之职。不过，此时的关东各路诸侯早已看出董卓专权、王室衰微，正是他们大显身手、扩充势力的良机。关东联军也正是这个原因应运而生，因此，董卓的这个计划并未奏效。

为抵御关东联军的进攻，董卓调整了部署。他亲自坐镇洛阳，对洛阳外围的防御进行了一系列安排：

一部镇守黄河岸边的孟津、小平津一线以巩固洛阳的北部防御；一部据守成皋、荥阳、轘辕关、太古关一线以稳固洛阳东部防线；另外一部以广成关、伊阙关为据点扼守南线。

不久，从西部地区传来令董卓兴奋的好消息：白波军在攻陷河东地区后，并没有挥军东来直捣洛阳以切断洛阳与凉州的交通线，董卓的补给并未受到威胁，这让董卓大为欣慰。

在做好以上部署的同时，董卓立即毒杀了被他罢黜的皇帝、现为弘农王的刘辩，将仍然留在洛阳的袁家宗亲包括太傅袁隗、太仆袁基等人在内五十余口全部杀害，连几岁大的婴儿都没能幸免。同时，董卓还大肆发掘皇陵以及公卿的家墓，盗取宝物。

之后，董卓又以关东联军实力雄厚为由胁迫朝廷迁都长安，驱赶洛阳数百万居民一起前往长安，将洛阳皇宫放火焚烧。洛阳附近二百里范围内房屋尽毁，鸡犬不留。被迫迁徙的百姓在董卓大军的驱赶、掠夺之下，尸横遍野，其惨状令人发指。在董卓的暴行之下，洛阳地区的社会、经济都遭到了非常严重的破坏。

为防止关东联军势力进一步扩大，董卓征召皇室宗亲、幽州牧刘虞为太傅，避免刘虞加入关东联军的阵营。不过，因为路途遥远不畅，这个任命始终未能送达刘虞手中。不久，董卓派遣大鸿胪韩融、少府阴循、执金吾胡母班、将作大匠吴循、越骑校尉王瓌等五人分别前往河内及鲁阳，对王匡和袁术进行劝降。不料

这五人分别到达目的地后,不但未能成功说服王匡和袁术,除了大鸿胪韩融,其余四人皆被处死。董卓的劝降之计并未能成功。

在双方战前部署完成之后,战斗并没有如意料中迅速展开。数条战线上毫无厮杀之声,双方也并没有实质性接触。那么,这场战争何时才打响呢?

3. 曹操的惨败与东线的瓦解

汉献帝初平元年(公元190年)正月,关东联军与董卓军队的部署都已经完毕。就在大家都认为一场大战在所难免的时候,关东联军的各路诸侯却犹豫了。他们非常惧怕董卓的凉州铁骑,无人愿意主动发起进攻,担心这会削弱自己的实力。因此,战事未开打便陷入停滞状态。

代理奋武将军曹操对此非常气愤,立刻找到了刘岱、张邈等人。曹操表示:这次我们举兵讨董,就是为了推翻董卓的暴政。现在董卓焚烧宫室,挟持天子迁都,四海之内为之震动,人神共愤。如今大军已经云集在此,正好可以利用这个机会尽快消灭董卓。我认为咱们应该抓住这个有利时机,只要打一仗就能够安定天下,千万不能错失良机!

但是,曹操的慷慨陈词并没有打动张邈、刘岱等人。无奈之下,曹操只好主动请缨,计划攻占成皋(今河南省荥阳市西北),威胁洛阳东部地区。此时,关东联军对董卓的第一次较量才算正式开始,战斗打响了!

同年二月,曹操率部数千人及张邈的部将卫兹、鲍滔等部从酸枣出发,进军成皋。同时,董卓手下大将徐荣的大军也在向成皋地区集结,双方在荥阳附近的汴水岸边展开激战。

两军刚一交锋,曹操的军队便落于下风,陷入苦战。徐荣大军趁曹操阵势尚未布置完毕,突然发动进攻。曹军大惊,慌忙抵抗。卫兹、鲍韬先后战死,曹操被乱箭射中,多处负伤,坐骑也被敌军的弓箭射中。曹军的士兵看到主将负伤,援军又未至,无心恋战,全线崩溃。幸好堂弟曹洪将坐骑让给曹操,曹操趁夜幕,终于冲出了敌军的重围,侥幸逃脱,在其个人军事生涯中写下了一段悲壮而惨痛的一页。

序 章 | 征讨董卓
——分崩离析之始

经过汴水一役,曹操军力严重削弱,队伍伤亡惨重。曹操不得已回到联军大本营——酸枣,然而此时酸枣地区的形势让曹操更加愤懑。十余万人云集此地,但谁都没把酸枣当成战争的前线,而是把这里当成喝酒聚会的场所。将领们整天就知道摆设宴席,相互吹捧。曹操心急万分,便提出了自己的建议。

曹操认为:联军如果以袁绍带领河内大军进逼孟津,酸枣的大军防守成皋,占据敖仓,封锁轘辕和太古关口,袁术率领南阳的大军进驻丹水和析县抢占武关,就足以震动长安一带。到时候联军只要高垒深壁,增设疑兵,向天下展示围攻的态势,以正义之师讨伐叛逆,天下很快就能平定。但如今关东联军口口声声表示是为了正义而联合起兵集合了众多兵马,却因为恐惧和疑惑不敢进兵,实在是让天下人失望,自己也感到非常羞耻!

曹操的一通宣泄使张邈等人面面相觑,却没有一个人采纳曹操的建议,这让曹操感到绝望。不过,坚信终将打败董卓的曹操又想出了一个主意:马上去补充兵员,恢复和壮大自己的力量,继续与董卓决一死战。于是,曹操立即派人找来了夏侯惇等人,决定一起去扬州募兵。

没多久,曹操就和夏侯惇一起来到扬州。扬州刺史陈温和丹阳太守周昕一听说曹操募兵是为了消灭董卓,对曹操非常热情。时间不长,曹操就通过他们的帮助募得四千人。就在曹操率领这四千多人回来的路上到达龙亢(今安徽省怀远县西北)的时候,夜里新兵们发生哗变,并放火焚烧了曹操的大帐。曹操亲手杀死了数十人,其他人望风而逃。天亮清点人数时只剩下数百人。幸好这个时候,曹洪在谯县带来了家兵千余人,他还利用以前与扬州刺史陈温的良好关系,在庐江地区募得具有作战经验的士兵两千多人,另外他又在丹阳募兵千余人。丹阳太守周昕听说曹操在扬州募兵时险遭不测,又特意给曹操送来了一些新兵。曹操随后率兵渡过黄河,来到河内地区与袁绍会合。不过,此时关东联军的东线却发生了重大变故。

由于军粮吃尽,不少将领带兵离开酸枣,所谓的关东联军名存实亡。之后,兖州刺史刘岱与东郡太守桥瑁爆发冲突,刘岱率兵杀死桥瑁强占东郡(今河南省濮阳市以南),并任命部下王肱兼任东郡太守。原本打算共同对抗董卓的青州刺史焦和又因黄巾军叛乱自顾不暇,青州局势一片混乱,焦和因此也郁郁而亡。袁

绍只得委派广陵人、名士臧洪兼任青州刺史去稳定当地局势、镇压黄巾军。至此，关东联军的东线完全瓦解。

关东联军东线的瓦解，让原本非常紧张的董卓放心了。第一个回合的较量中，联军没有占到任何便宜，反而损兵折将，接下来，该董卓出手了。

4. 董卓的反扑与袁绍的算盘

关东联军内部混乱让董卓看到了希望。早在联军成立之时，朝臣郑泰就曾告诉董卓：袁绍等人养尊处优多年，毫无战争经验，联军士兵大都没有经过战火洗礼，战斗力低下；而董卓所率凉州大军则常年在西北边陲与外族作战，作战经验丰富，骁勇善战。尽管关东联军在兵力上占有优势，但却不是董卓的对手。当时，董卓对郑泰的话半信半疑，等到战事打响，关东联军的表现确如郑泰所言不堪一击，这让董卓气焰更加炽盛。在完成迁都及洛阳地区防务布置之后，董卓不甘心消极防御，主动发起了进攻。这次，他将关东联军的南线、北线作为袭击的主要目标。

汉献帝初平元年（公元190年）冬，董卓以数万步骑向鲁阳（今河南省鲁山县）发动进攻。大军先遣部队由胡轸率领，所部数千余众，很快便到达了鲁阳城东。此时镇守鲁阳的是长沙太守孙坚。

征讨董卓战争开始后，孙坚星夜兼程，从长沙赶到了南阳，又从南阳率部来到了鲁阳。此时的他正在鲁阳城东设下帐幔与部下摆开宴席喝酒聊天，为自己手下的长史公仇称送行。董卓大军的突然出现使孙坚猝不及防。幸好孙坚临危不惧，在席间谈笑风生，命令部众整顿队伍，不得轻举妄动。直到敌军身影在不远处越来越多的时候，孙坚才慢慢撤座，领导部队入城。胡轸听闻孙坚在此之后，立即率数十人前去查看。胡轸见孙坚阵容整齐，以为孙坚早有埋伏，不敢攻城，引兵撤退了。事后孙坚对部下解释，刚才之所以没有立即起身率部回城，是唯恐兵众慌乱互相践踏，敌军乘机发动进攻，那样必败无疑。这场仗也因此没能打起来，于是双方形成对峙状态。

南线作战的同时，董卓立即对北线发动了进攻。北线河内太守王匡所部尽管

序 章｜征讨董卓
——分崩离析之始

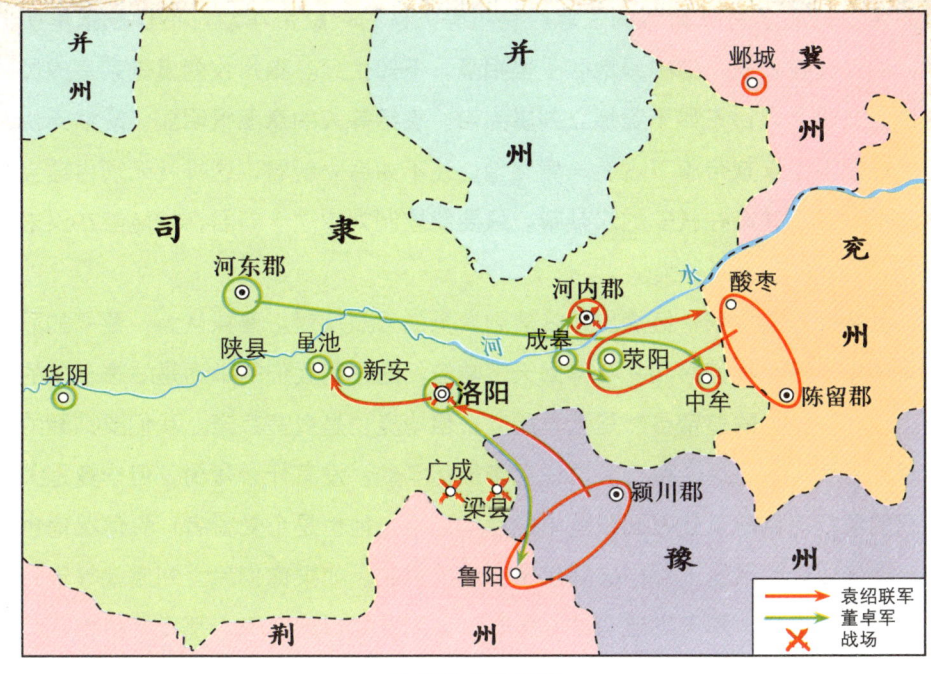

讨伐董卓战役图

人数不多，但却是精锐的泰山兵，以强弩为主，实力强劲，且距离洛阳最近，对董卓的威胁巨大，董卓决定拔掉这颗钉子以保障洛阳北面的安全。

战事开始之后，董卓命令部下佯渡平阴津（今河南省孟州市以东），将王匡的注意力吸引至平阴津一线。之后以精锐部队秘密由小平津北渡黄河，运动到王匡的侧后，在渡口的北岸地区大败王匡，王匡几乎全军覆没，从此再也无法对洛阳北部地区形成真正的威胁。关东联军的北线也因此名存实亡。

东线的停滞及北线的惨败，使得关东联军内部出现巨大恐慌。诸侯们开始反思当初联合讨董的决定是否正确，消灭董卓、迎回皇帝的愿望是否还有必要。既然董卓如此强悍，将其消灭势必会出现重大伤亡，这是这些一心想着利用天下大乱之际发展实力的诸侯绝对不会去做的。既然无法消灭董卓，迎回皇帝的愿望自然也就无法实现。那么，如何才能既不消耗自己的实力，又能在朝堂上占有一席之地呢？袁绍、韩馥等人首先想到一个自以为两全其美的办法。

献帝初平二年（公元191年）春，袁绍、韩馥等人商议，打算拥立幽州牧刘

虞为帝，打起了另立朝廷的主意。袁绍等人认为，献帝年幼，不仅被董卓所控制，而且远在长安，与中原地区千里相隔，不知生死。幽州牧刘虞是宗室成员当中最为贤明之人，不如干脆拥立刘虞为帝。袁绍等人的意图很明显：既然无法在董卓控制下的汉献帝旗下占有一席之地，还不如另立新君，这样就无须再理会董卓，也不用再管远在长安的汉献帝。只要能控制刘虞这个新君，就能够在汉末复杂的政治局面下为所欲为。

袁绍等人的主张一经提出，就遭到曹操的强烈反对。曹操认为：董卓的罪行国人皆知，因此我们兴兵才会得到天下响应。这说明我们的举动是站在正义的立场上。现在长安的皇帝虽然是董卓所立，但毕竟也是皇室宗亲。我们要推翻的是董卓的暴政而不是这个皇帝。再说皇帝虽然年幼，没有什么建树，但毕竟是大汉皇权的象征。目前正处在国贼董卓的挟持之下，他也是个受害者！更何况他也没有出现像以前的昌邑王那样破坏汉家制度的过错。如果你们另立刘虞就等于私自废掉了这个皇帝，那天下还有谁心服呢？你们要强行这么干，那我就单枪匹马杀向长安迎接皇帝回来。

在遭到曹操的驳斥之后，袁绍仍不死心，写信给自己的弟弟袁术寻求支持，结果又遭到袁术的拒绝。随后，袁绍与韩馥派出原乐浪太守张岐赶往幽州而见刘虞，希望刘虞能支持自己的建议担任皇帝。刘虞听完张岐的话之后非常生气，断然拒绝了袁绍等人的要求。袁绍等人见一计不成再生一计，以为刘虞只是不愿意背负骂名，于是又请他任录尚书事，并以皇帝的名义任命各级官员，变相架空身在长安的汉献帝的权力。刘虞再次拒绝，为了重申自己的坚定决心，刘虞甚至表示：如果袁绍等人继续强迫他做皇帝，他就离开幽州跑到匈奴那里去避难。袁绍等人无计可施，另立朝廷的意图最终未能实现。至此，关东联军成立之时计划通过讨伐董卓、复兴汉室的宏愿已经变成泡影。所谓的关东联军只不过是各路诸侯打着讨伐董卓的旗号招兵买马、扩充各自实力而已。

就在袁绍、曹操、袁术、韩馥等人在是否拥立新帝的问题上争吵不休的时候，南部战线出现突变，联军在南线取得重大胜利，战争形势也因此很快发生了逆转，这也让一心想着另立新君的部分关东诸侯目瞪口呆。

那么，究竟是谁有如此能力改变了整个战局呢？

5. 孙坚一个人的胜利

改变战局的人，是孙坚。

经过去年冬天在鲁阳城下的遭遇之后，孙坚迅速招兵买马，并与袁术结成了盟友，将之前占据的南阳地区让给了袁术。袁术投桃报李，表奏孙坚为豫州刺史，孙坚乘机占据豫州大部地区，实力大增。

孙坚的反击开始了。

汉献帝初平二年（公元191年）二月，孙坚集合兵力，向梁县以东地区（今河南省汝州市东南）展开攻击，准备向南线驻守的董卓军队发动进攻。而此时董卓的部下徐荣、李蒙等人也正在向梁县活动，准备对孙坚的军队进行突袭。双方不期而遇，战斗随即展开。孙坚不敌，遭遇失败，只能带着数十名亲随突围。徐荣等人在后苦苦追赶。眼看追兵越来越近，孙坚灵机一动，将戴在头上的红色头巾交给部将祖茂，命祖茂假扮自己冲向其他方向，而自己则率领少数兵士从小路突围。徐荣等人误以为戴着红色头巾的祖茂就是孙坚，大军主力争相追逐祖茂，孙坚趁机从小路逃脱，幸免于难。配合孙坚作战的颍川太守李旻、豫州从事李延、联军将领张安及众多士兵被俘。为了震慑孙坚，董卓命人将李旻、李延和张安放在锅里烹死，被俘的联军士兵则被董卓的士兵以布缠身、倒立在地上，再用滚烫的油灌下，联军士兵在惨叫声中死亡。但是，在董卓的暴行面前，联军将士视死如归，慷慨就义。颍川太守李旻和联军将领张安在临死之前还幽默地开起了玩笑："不同日生，乃同日烹。"

此战失利，并未动摇孙坚的信心。他聚合残部向梁县的阳人（今河南省汝州市以西）地区进军，并占据该城驻守。此时，董卓也派遣五千步骑赶到阳人地区迎战。董卓的这支军队由凉州和并州两地的士兵混编而成，最高指挥官是大督护、凉州人胡轸，其次是骑督、并州人吕布。胡轸自恃是董卓的同乡、亲信，不把吕布等并州将领放在眼里，这引起了吕布及部分并州籍将领的强烈不满。因此，这场战事的进程也变得非常离奇。

胡轸的大军赶到距离阳人仅有数十里的广成地区（今河南省汝阳县东）时，

得知孙坚所部已经占领了阳人。此时正是傍晚时分，大军长途跋涉，疲惫不堪。按照董卓之前制订的作战计划，如果得知孙坚已占领阳人，便在广成地区停下来进行休整，士兵吃饭，战马喂料，然后趁着夜色悄悄向阳人行进，在拂晓时分向孙坚发动突然袭击。但是由于胡轸与吕布之间的矛盾，吕布等人不愿意胡轸抢得头功，决定对胡轸的计划进行捣乱、破坏。

在胡轸准备命令全军进行休整之时，吕布等人宣称：驻扎在阳人地区的孙坚所部听说大军将至，已经望风而逃，阳人已经成了一座空城，如果不趁着孙坚仓皇逃窜的有利时机进行追击，就将丧失战争的主动权。胡轸不知真假，连忙命令大军向阳人急行军，终于在当晚赶到阳人城下。等到了阳人才发现孙坚所部不仅占据该城，而且防御措施做得非常完善，丝毫不存在偷袭成功的可能性。无奈之下，胡轸只得下令大军就地休息。此时已近深夜，董卓大军人困马乏，又饥又饿，士兵们连防御的壕沟壁垒都来不及做，脱掉身上的盔甲就倒在地上呼呼大睡。吕布等人一看如此情景，马上命人在全军散布谣言，谎称孙坚的军队正杀向自己，谣言很快在军中蔓延。士兵们士气全无、乱成一团，连兵器、盔甲、鞍马都顾不上，仓皇逃窜，一直退到距离阳人十余里才停了下来，此时已经天色渐亮。等到胡轸派人返回侦察后才发现，孙坚的大军根本没有迈出阳人一步。胡轸哭笑不得，只能命令士兵再度返回。等士兵们满脸疲惫回到城下，却发现孙坚早已严阵以待，城下的壕沟也被进一步加固。胡轸眼看取胜无望，打算率部撤回，但为时已晚。孙坚率部立即对来犯的胡轸等人发动进攻。毫无斗志的胡轸所部早已筋疲力尽，毫无斗志，很快被孙坚击败，都督华雄在这场注定失败的战斗中被孙坚杀死。关东联军在与董卓交战一年之后终于意外地取得了第一场胜利。

孙坚的胜利让打算另立新君的诸侯们不得不闭上了嘴巴，同时也让刚刚与孙坚结盟的袁术紧张了。此时，驻扎在鲁阳的袁术非常担心这场胜利会削弱孙坚对自己的依赖，因此，袁术不得不重新审视与孙坚的同盟关系。他打算找个合适的理由教训一下孙坚，给孙坚提个醒：没有自己，孙坚将一事无成。

袁术的小算盘没有逃过部下的眼睛。有部下看出了袁术的心思，向袁术表示：一旦孙坚成功打败董卓占领洛阳，孙坚势必难以控制。这就等于除了董卓这匹狼，却又成就了一只更为凶猛的老虎。袁术听罢，深以为然，于是下令不再给前线的孙坚运送军粮。孙坚下一步进攻洛阳的计划无端受阻，大军不得不停止前进，眼巴巴地滞留在阳人地区等待粮草补给。

袁术的行径使孙坚非常震惊。他不顾疲劳，从一百多里外的阳人星夜飞奔赶到鲁阳。孙坚见到袁术后直截了当对袁术表示：我之所以不顾生死与敌军决战，上为国家铲除董卓这个奸贼，下为将军你报当年董卓诛杀你全家五十余口的私仇，而我与董卓并无什么刻骨的仇恨。将军怎么能够听信谗言，对我如此猜忌？如今大功即将告成，而军粮供应却得不到保证，这就像是当年战国时期吴起在西河痛苦叹息、乐毅为即将到手的胜利而觉得遗憾的原因呀！请将军好好考虑一下，何去何从完全在将军的一念之间！

孙坚变相的保证终于发挥了作用。袁术惭愧之余向孙坚表示，立即向阳人前线运输军粮，保证孙坚下一步作战的后勤供应。一场风波得以平息，孙坚得以贯彻自己的战略计划，向洛阳进军。关东联军征讨董卓最为关键的战斗即将打响。

6. 胜利之后是悲愤

得知孙坚击溃胡轸、吕布，向洛阳进发的消息，董卓非常震惊。对于孙坚，董卓并不陌生。当年董卓曾与孙坚一起征讨凉州叛军，对孙坚的能力非常了解。董卓对长史刘艾表示：如今关东联军与自己交锋数次，毫无胜绩，都非常惧怕我，他们最终也不会有什么作为。只有孙坚这个愣头青比较厉害，又善于用人，战略、战术都不错。我应当早点通知部下将领，小心这个孙坚。

为对付孙坚这个劲敌，董卓重新进行了战略部署。他亲率大军驻扎在洛阳城外的皇家陵园一线抵挡孙坚的进攻。同时，董卓又派出大将李傕对孙坚进行劝降。

李傕到达孙坚军营，转达了董卓的和亲建议，同时表示如果孙坚愿意归顺董卓，可以随意列出一个刺史、郡守之类的官职名单，让自己中意的亲属担任，董卓一定会完全遵从孙坚的意思进行任命。面对董卓的利诱，孙坚严词拒绝。孙坚表示：董卓大逆不道，自己恨不得诛灭董卓的三族以昭示天下，否则自己将会死不瞑目。面对这样的奸贼，怎么还会与他联姻？至此，董卓的诱降之计失败。随

着孙坚大军进抵距离洛阳只有九十里的大谷关（今河南省洛阳南），董卓与孙坚之间的决战一触即发。

汉献帝初平二年（公元191年）二月，关东联军征讨董卓最为关键的一场战役在洛阳城外的皇家陵园一线打响。孙坚大军势如破竹，很快便打败了董卓。董卓眼见形势不妙，留下吕布留守洛阳，自己率部向西仓皇逃窜，临行前放火焚烧了洛阳。孙坚随即直捣洛阳，在洛阳宣阳门击溃留守的吕布，进入洛阳城。至此，董卓盘踞数年之久的旧都洛阳，落在了关东联军之手。当孙坚看到洛阳城满目疮痍、数百里毫无人烟的惨状之时，不禁痛哭流涕，命令部下修复被董卓盗挖的汉代皇家陵墓，打扫皇家宗庙，以太牢之礼进行祭祀。

为扩大战果，孙坚在占据洛阳之后，随即部署大军追击董卓，打算在新安（今河南省新安县）、渑池（今河南省渑池县以西）一带将董卓败军截住并包围歼灭。为了消除孙坚的巨大威胁，董卓也在西撤之时调整了战略部署。以中郎将段煨驻守华阴（今陕西省华阴市东南）、东中郎将董越驻守渑池（今河南省渑池县以西）、中郎将牛辅驻守安邑（今山西省夏县西北）。眼看又一场大战即将开打，不料却出现了令人意想不到的情况。孙坚突然放弃洛阳，退回鲁阳。董卓手下河南尹朱俊趁机重新占领洛阳。孙坚浴血奋战得到的洛阳就这样莫名其妙地易主了。

原来，看到孙坚占据洛阳、袁术与孙坚的力量逐渐强大，早就与袁术分道扬镳的袁绍终于耐不住了。就在孙坚占据洛阳不久，袁绍与曹操合谋，任命会稽人、时任曹操手下军师的周喁为豫州刺史，向阳城发动进攻，意欲抢夺孙坚控制的豫州地区。袁绍和曹操的行动立即遭到孙坚盟友袁术的强烈反击。袁术派人一面截击周喁，一面紧急通知正打算追击董卓的孙坚。孙坚闻讯后，悲愤莫名，不禁仰天长叹："原本大家一起举义兵征讨董卓，拯救国家于危难。眼看董卓这个奸贼即将被消灭，我们内部却出现如此内讧，这让我以后与谁一起同心协力为国家效命呢？"孙坚立即取消原订计划，紧急回军豫州，与周喁爆发数次激战，终于将其从豫州境内赶走。是年为汉献帝初平二年（公元191年）三月。

随着孙坚主动退出、董卓部将朱俊重返洛阳，关东联军与董卓之间为时一年多的战争宣告结束。从此，汉末社会进入了诸侯混战的时代。

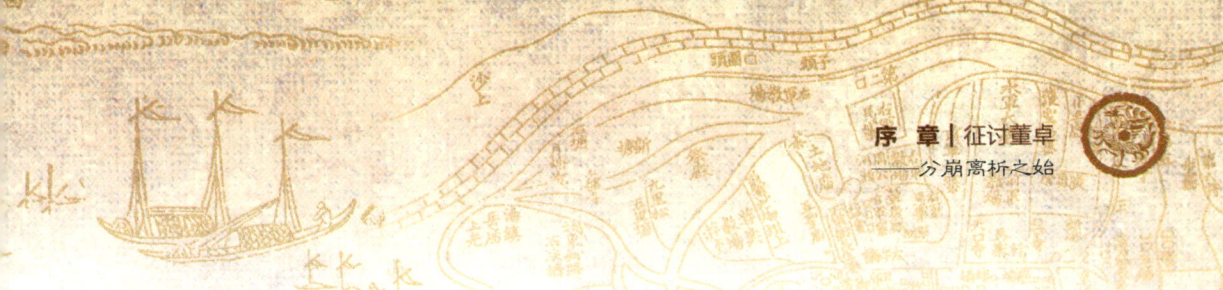

7. 战事总结

关东联军征讨董卓之战,从汉献帝初平元年(公元190年)正月开始,至次年三月,历时一年零三个月。战争规模波及青州、冀州、豫州、司隶、关中地区、兖州、豫州等地区,双方参战人数超过二十万,是汉末第一场大规模的战役。但是战争的进程却与规模不成正比。除了寥寥可数的几次战斗之外,双方真正激战的次数很少,实际交战时间并不长。战争的最后结果最多是打了个平手。那么,双方在战略、战术上有何得失呢?

作为董卓而言,当关东联军布局完毕之后,董卓的战略是比较成功的,他以逸待劳,逐个击破。在战术使用上,董卓采取的是以部分兵力留守洛阳,派出强大的凉州铁骑进行快速机动作战,并集中突击关东联军其中的一线,迫使关东联军的北线和东线崩溃。但由于内部矛盾,董卓在南线与孙坚的战事中离奇失利,洛阳成为孙坚的攻击目标。面对孙坚的攻势,董卓的失败并不是必然的。此时他已完成了汉献帝西迁长安的转移,已将主要精力放在了长安而不是洛阳,这也导致了洛阳之战失败。董卓被迫将主力向长安一线转移,逐渐失去了对中原形势的控制力。从这个意义上说,董卓不是获益者。仅仅两年之后,董卓就在自己认为苦心经营的长安遭到王允及吕布的暗算,死于非命。

作为关东联军来说,总兵力多于董卓的军队,加上政治上的优势,如果关东联军计划得当、措施坚决,能从四线同时向董卓盘踞的洛阳发动进攻,董卓的兵力分配必将捉襟见肘、无法应付,是完全有可能打败董卓的。但遗憾的是,自始至终,关东联军都没有采取这种最为有效的进攻方式,最终却被董卓各个击破,战场态势出现逆转。

从这场战争的进程来看,曹操、王匡在与董卓交战的时候遭受重创、损失惨重,但并未对关东联军的实力造成重大影响。一年之后,孙坚凭借一己之力,孤军深入,便将董卓主力击溃并占领洛阳。董卓被迫进行战略收缩,主力退回长安,放弃对洛阳及中原地区的控制,这也足见这场战争的胜负关键并非是兵力的多寡,而是在于决策、执行的态度。

那么，究竟是什么原因造成关东联军畏敌如虎、裹足不前，相互拆台而导致一场原本可以取胜的战争变成如斯局面呢？

8. 战争背后的秘密

造成如此局面最为根本的原因是：关东联军的各路诸侯心怀鬼胎，一心想着借天下大乱之际扩充实力，不愿意为征讨董卓而消耗力量。这一点在益州牧韩馥、豫州刺史孙坚、袁绍袁术兄弟身上体现得最为明显。

袁绍在勃海的时候，韩馥唯恐袁绍起兵，派出手下带兵守住了勃海外围，将袁绍牢牢地控制了起来。韩馥担心袁绍起兵与董卓对抗，到时候自己的态度将成为众矢之的。此时的韩馥左右为难，摇摆不定。这也反映出韩馥在局势尚未明朗之时的谨慎态度：两头不得罪。之后，关东联军讨董逐渐变成现实，韩馥面临两难选择：要么，就讨董；要么，就跟随董卓讨逆。为了解局，韩馥找来手下几位从事。韩馥提出的问题是：到底是帮袁绍呢，还是助董卓？这时候站出来表态的是治中从事、中山人刘子惠。刘子惠认为：“如今是兴兵为国，何必说什么袁绍或者是董卓？”这话让韩馥非常惭愧，刘子惠又说：“举兵打仗并不是一件好事，所以不能做出头鸟。咱们应该先派人去别的州了解情况。如果他们举兵了，咱们再响应。冀州实力雄厚，如果真的举兵，获得的功劳别的州也望尘莫及。”刘子惠"兴兵为国"说得倒是义正词严，但其真实想法却并非如此。刘子惠的真实用意其实就是让韩馥拥兵自重、保存实力、伺机而动。刘子惠的言论使韩馥豁然开朗。他正式加入以袁绍为首的关东联军并屯兵邺城，负责袁绍军队的粮草供应，避免了与董卓强大的凉州军团正面冲突。而在进攻受挫之后，韩馥马上附和袁绍拥立新君的提议，实际上也是想为自己捞好处。

至于豫州刺史孙坚在这场战争中也并不光彩。得到关东诸侯征讨董卓的消息之后，孙坚立即从长沙出发赶往前线，想利用自己的英勇赢得足够的战功进而飞黄腾达。但是，孙坚首先对付的并不是董卓，而是同为一个阵营的荆州刺史王睿和南阳太守张咨。王睿之前与孙坚不睦，孙坚便假借武陵太守曹寅伪造的光禄大夫温毅檄文，便将顶头上司逼得吞金自杀；之后，孙坚又借口张咨不愿提供军粮

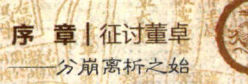

序 章 | 征讨董卓
—— 分崩离析之始

将这位堂堂的南阳太守杀害。孙坚的目的无非是利用北上征讨董卓的有利时机，借机控制荆州地区。

孙坚控制南阳之后，遇到了关东联军中实力强劲的袁术。为了讨好袁术，孙坚主动将南阳地区让给袁术，以此来换取袁术的信任，为未来发展奠定基础。作为交换，袁术表奏孙坚为豫州刺史，默许他在豫州地区发展势力。然而，当孙坚打败胡轸、吕布之后，袁术对这一同盟产生了怀疑，断了孙坚的军粮，逼迫孙坚表态效忠。

如果说韩馥、孙坚仅仅是关东联军的小角色，并不足以影响大局的话，那么作为关东联军的正副统帅袁绍、袁术兄弟的拙劣表现，则是造成这场战争虎头蛇尾、草草了事的罪魁祸首。

作为关东联军的统帅，这场战争开始之后，袁绍便心怀叵测。他不但没有履行指挥各路诸侯齐心协力打败董卓的责任，反而一心想着如何利用联军统帅的声望来扩充自己的实力。当战事不顺之时，袁绍提出另立新君，就是为了扩大影响，为日后发展创造有利条件，而不是聚拢人心、众志成城、消灭董卓。如果说讨伐董卓是袁绍为了谋求恢复东汉中叶之前正常的社会秩序、继续发挥世家大族在社会中的支配性地位的话，那么，拥立刘虞无疑是袁绍希望变成割据诸侯的一个政治信号。从此，袁绍也和其他割据势力一样，走上了拥兵自重、割据一方的道路。

在这样的统帅指挥下，联军人心涣散，四条战线都自行其是，各打各的，没有一次联合行动，这也造成了东线联军自行解散、北线溃败、南线孙坚孤立无援只能单凭一己之力发动进攻。

袁绍的这种私欲也同时导致了关东联军内部固有矛盾的迅速爆发。除了兖州刺史刘岱与东郡太守桥瑁兵戎相见，原本就与其政治见解不同且关系不佳的兄弟袁术很快便自立门户，与袁绍分道扬镳，与孙坚结盟。此时的袁绍不仅没有设法缓解兄弟之间的矛盾，反而火上浇油，他利用孙坚占领洛阳、豫州空虚之际，指使周喁去抢地盘。如此统帅，焉能打好这场战争？因此，在这场战争开始一年时间内，关东联军便分化成两大阵营。一方是以袁绍、曹操为首，另一方是以袁术、孙坚为首。双方都在为扩充实力、暗中较劲，并在孙坚占领洛阳之后激化。也因此出现袁绍、曹操等人指使手下抢夺袁术、孙坚所占据的豫州地区所爆发的

战争。在这种情况下，实现消灭董卓、复兴汉室只能成为一个遥不可及的幻想。

关东联军征讨董卓之战对汉末时局造成的影响是非常深远的。正是因为孙坚、曹操等联军官兵的浴血奋战，迫使残暴的董卓不得不龟缩于长安一线。同时，这场战争从根本上打破了汉代数百年来大一统的格局，开启了一个乱世割据的局面和天下势力重新洗牌的过程。战后不久，袁绍夺取冀州，并逐渐成为中国北方地区实力最为强劲的割据势力；袁术与孙坚一起扩充势力，成为江淮一带的割据势力；曹操虽在战时寄寓袁绍的手下，但之后不久便开始向兖州、徐州方向发展实力，并脱离袁绍组建了属于自己的政治、军事集团。汉末的局面从此变得更加复杂、混乱。

9. 后话

多年之后，曹操回忆起当年声势浩大却虎头蛇尾的关东联军征讨董卓之战，不胜唏嘘，写了《蒿里行》诗一首，对战争做了这样的描述：

关东有义士，兴兵讨群凶。初期会盟津，乃心在咸阳。

军合力不齐，踌躇而雁行。势利使人争，嗣还自相戕。

淮南弟称号，刻玺于北方。铠甲生虮虱，万姓以死亡。

白骨露于野，千里无鸡鸣。生民百遗一，念之断人肠。

作为关东联军征讨董卓之战的当事人和见证者，曹操总结了这场战争胜败的关键，也看到了在这场战争中平民百姓所遭受的沉重灾难。正是这场战争，东汉历史进入了战乱不止、精彩纷呈的前三国时期。曹操通过这场战争对时局有了更加深刻的了解，看清了未来的发展方向。兵微将寡的他，即将为实现理想而展开艰苦卓绝的奋斗。

不过，历史进程并不是一帆风顺的。首先在汉末群雄割据中脱颖而出，成为实力最强者的并不是曹操，而是关东联军原统帅、汉末世家大族的代表人物——袁绍。

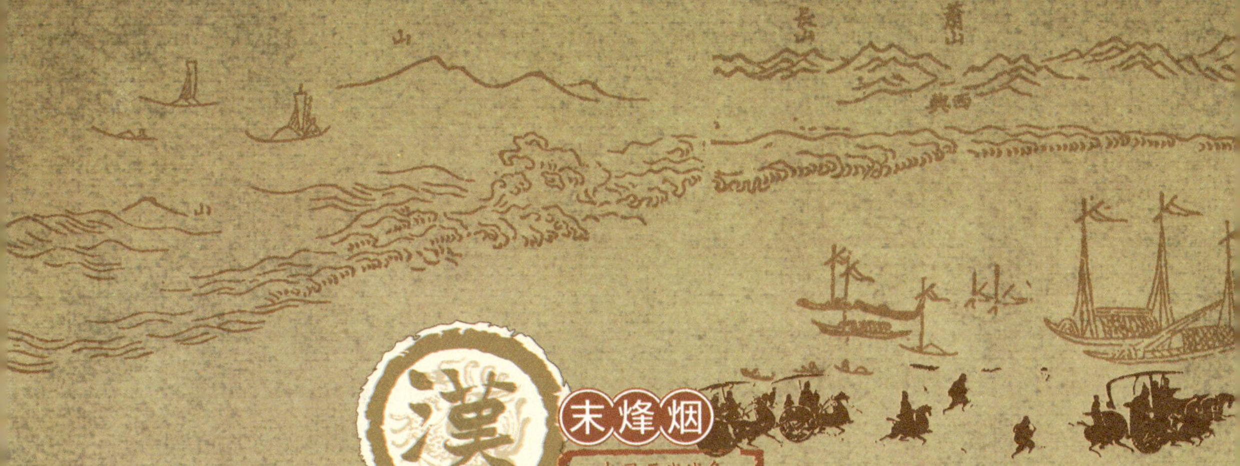

汉末烽烟

—中国历代战争—

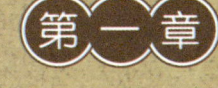

第一章

袁绍统一河北之战

——袁绍霸主地位的确立

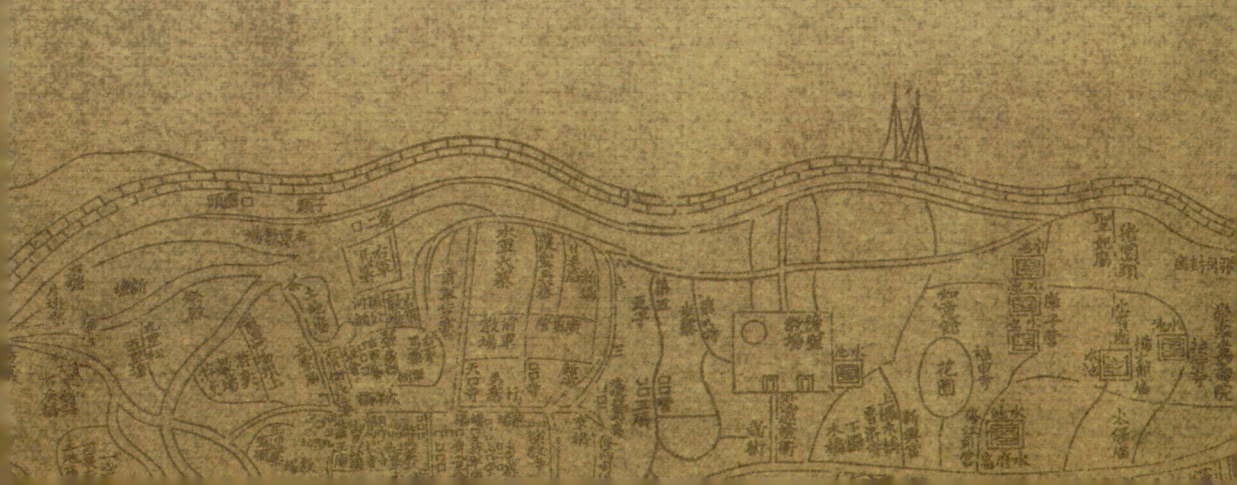

引　子

汉献帝初平二年（公元191年）六月，河内郡（今河南省武陟县西南）。

关东联军统帅袁绍此时正坐在自己的府第，满脸阴沉。他的身边是心腹谋士、南阳人逢纪。

逢纪说道："将军立志成就大事，但现在却要仰人鼻息，依靠别人提供的粮草才能生存，这样下去绝对不行！如果不能拿下一个富裕的州，别说成就大事，只怕连生存都成问题！"

逢纪说的是不久之前冀州牧韩馥切断袁绍粮草供应的事情。袁绍当时对此火冒三丈。

只听袁绍忧郁地说道："冀州兵强马壮，咱们的队伍连饭都吃不饱，哪来的战斗力？这个时候仓促发动进攻，不但难以取胜，最后会连立足之地都没有。"

逢纪微笑着对袁绍说："将军大可放心。韩馥是个没用的家伙，咱们不用强攻，只用智取。一定会让韩馥将冀州拱手相让的！"

袁绍望着逢纪胸有成竹的样子，大为宽慰。忽然想起了一年前与曹操对话时自己的豪言壮语："我打算南据黄河，北靠燕、代，兼有少数民族强悍的兵士，然后向南夺取天下！"这时，他的嘴角露出了笑容。

是时候将自己的理想变成现实了！想到这里，袁绍不禁攥紧了拳头……

1. 战争

关东联军征讨董卓无疾而终之后，中原各路诸侯开始明目张胆地走上了割据称雄的道路。中原大地逐渐形成了两大敌对阵营，一方是以袁绍、刘表、曹操为首，另一方则以袁术、孙坚、陶谦为代表。

作为原联军统帅、名震天下的世家大族代表，袁绍不断招兵买马，积极扩充实力。但是，由于河内以西地区是董卓的势力范围，发展难度较大，袁绍便以河

第一章 | 袁绍统一河北之战
——袁绍霸主地位的确立

北地区作为重点发展目标。

河北地区包括冀州、青州、幽州、并州四个州，不但有韩馥、公孙瓒这样的强大对手，同时还有号称百万大军的黑山军张燕所部，形势复杂。面对如此形势，袁绍将第一个目标选定在韩馥占据的冀州地区，企图将冀州作为根据地后再图谋青州、并州、幽州等地。

冀州，汉代十三刺史部之一，下辖魏郡、巨鹿、常山、中山、信都、清河、赵公国等七个郡国。它不仅幅员辽阔、人口众多，同时也是汉代重要的粮食产地，素有"天下重资"之称，且战略位置非常重要。它毗邻并州、兖州、幽州、凉州等地区，自古以来便是兵家必争之地。谁占据了冀州，谁便拥有统一河北地区的主动权。如此要地，袁绍自然志在必得。

此时，占据冀州的是州牧韩馥。

韩馥，字文节，颍川郡（治今河南省禹州市）人。董卓入主洛阳后，封韩馥为冀州牧。袁绍逃至勃海，被董卓封为勃海太守，受韩馥节制。袁绍家族具有极强的号召力，袁绍在河北宣誓对抗董卓，结果一呼百应。韩馥见人心归附袁绍，忌恨袁绍得到众人拥护，便对袁绍严加防范。他唯恐袁绍起兵，特地派遣手下带兵守住勃海外围，将袁绍牢牢地控制了起来，并曾经一度打算抓捕袁绍投靠董卓以保证自己对冀州的控制权。关东联军成立后，韩馥不得不配合袁绍这个联军统帅对付董卓，但却经常借故停止对驻扎在河内郡的袁绍军队的粮草供应，这也引起了袁绍的强烈不满。早在关东联军讨伐董卓之时，袁绍就指使兖州刺史刘岱给韩馥手下的治中从事刘子惠写信，威胁将在讨伐董卓的战争结束后夺取冀州。这封信后来被韩馥截获，韩馥怀疑刘子惠私通袁绍，差一点将刘子惠杀死。至此，双方矛盾愈发激化。

此时占据幽州地区的则是中郎将公孙瓒和幽州牧刘虞。公孙瓒，字伯珪，辽西令支人。他在幽州从军，在对鲜卑族和黄巾军的作战中屡立战功，并逐步形成了一支盘踞在幽州的强悍的军阀武装。他收编幽州善骑射的精锐数千人，每人配给白马，时人称这支精锐骑兵为"白马义从"，无论是关外胡骑还是关内诸侯，无不畏惧。东汉开国皇帝刘秀建国，依靠的就是一支来自幽州的精锐骑兵——幽州突骑。如今公孙瓒拥有如此强悍的骑兵军团，难免令人联想到汉初

那支横扫天下的突骑部队。公孙瓒有这样的实力,自然希望利用乱世对外扩张,建立霸业。

公孙瓒与刘虞的矛盾由来已久,双方都想将对方击败,独占幽州。而袁绍则站在刘虞的一方,这让公孙瓒非常恼火,双方之间的芥蒂由此而生。公孙瓒的战略企图与袁绍基本相似,打算在占据幽州之后向青州、冀州地区发展。

因此,冀州也就成了袁绍、公孙瓒的必争之地。谁能拿下冀州,谁就将在河北地区的争斗中获得主动权。

也就是在这种复杂背景下,袁绍抢占冀州的行动开始了。不久,战争规模逐渐扩大,并演变成一场席卷河北地区、耗时八年的漫长战争。

2. 袁绍巧夺冀州

汉献帝初平二年(公元191年),原河内太守张杨及匈奴王子、南单于于夫罗投靠袁绍。之后,韩馥的部将麹义与韩馥反目,率部来到河内。这三股力量的到来,使袁绍的实力得到了极大增强。尤其是麹义的依附,更是让袁绍如虎添翼。

麹义,凉州人氏,当地豪族。汉末来到中原,他成为韩馥的部将,是年七月背叛韩馥。韩馥派兵征讨,被麹义打败,之后麹义投靠袁绍,麹义的叛乱给了袁绍一个难得的机会。通过与麹义的联合,袁绍手中又多了一支有生力量,这支骁勇善战的凉州军队也在之后袁绍夺取河北地区的战争中发挥出巨大作用。

随着张杨、于夫罗、麹义的到来,小小的河内郡已经难以承受巨大的粮草供应负担。此时韩馥早已停止了粮草供应,这让袁绍非常恼怒。谋士逢纪献计:秘密联络公孙瓒,以夺取冀州之后共同瓜分为条件邀请公孙瓒进攻韩馥。等到韩馥难以应付之时再派说客去劝说韩馥让出冀州给袁绍。

逢纪的建议让一筹莫展的袁绍豁然开朗。袁绍立即秘密写信给公孙瓒,要求公孙瓒率部向冀州发动进攻,同时为了继续对韩馥施加压力,他命麹义继续在冀州各地进行骚扰,打乱韩馥的兵力部署。

袁绍的计策很快便收到了成效。公孙瓒收到袁绍的来信后信以为真,果然派军向冀州北部地区展开进攻。韩馥闻讯,随即调兵抵抗,双方在安平地区(今河

第一章 | 袁绍统一河北之战
——袁绍霸主地位的确立

北省冀州市）爆发激战。疏于战阵的韩馥不是强悍的公孙瓒"白马义从"的对手，很快败下阵来。公孙瓒的大军进入冀州东北部，沿途诸郡纷纷投降。与此同时，麹义所部又在冀州腹地进行袭扰，冀州形势陡然间急剧恶化。突如其来的强大压力，让韩馥疲于应付，他此时狼狈不堪。

袁绍一看时机成熟，率领大军从河内进至延津（今河南省延津县）一线，与对岸韩馥部将赵浮、程涣所部对峙，对韩馥形成夹击之势。

在完成军事部署后，袁绍马上派遣说客劝说韩馥让出冀州。此次出使邺城的是袁绍的外甥高干和与韩馥关系密切的荀谌。

荀谌见到韩馥后，直截了当地向韩馥说明了冀州当前面临的危局，询问韩馥有何应对之策。韩馥心烦意乱，表示自己也想不出办法解困。看到韩馥已经完全乱了方寸，荀谌随即对韩馥进行了一番"诱导"，荀谌表示：

目前公孙瓒所率幽州铁骑已经杀入冀州，所部骁勇善战，难以阻挡。袁绍又是一代豪杰，虽然寄寓冀州，但绝对不会屈居将军之下。将军所辖的冀州，历来是中原地区的战略要地。如果公孙瓒与袁绍联合起来对冀州发动进攻，将军一定难以抵挡，到那个时候不但冀州易主，将军的性命也都难保。不过，袁绍此人原本就是将军的故旧，又是关东联军的统帅，还不如将冀州让给袁绍。一旦袁绍得到冀州，公孙瓒无法与之抗衡，如此一来袁绍自然对将军心存感激。而将军主动让出冀州的美誉也将享誉天下，不仅冀州从此太平了，将军的身家性命也会得到保障。

荀谌的一番花言巧语，虽然没有让韩馥马上表态让出冀州，但却引起了韩馥的忧虑。荀谌，是韩馥统治冀州所必须仰仗的颍川集团代表人物。荀谌的表态，代表了颍川集团的意见，在这种情况下，如果韩馥不答应荀谌的要求，不但冀州仍然不保，就连性命也堪忧。很显然，韩馥所重用的颍川集团抛弃了他而选择袁绍，使得他仅有的政治资本也完全丧失。加上自韩馥担任冀州牧以来一直就对冀州本地势力采用打压的政策，使得冀州本土势力对韩馥一直都采取不合作态度。这些因素加剧了韩馥众叛亲离的过程。无奈之下，韩馥只得接受荀谌的建议，将冀州拱手让与袁绍。

得知韩馥即将把冀州让给袁绍的消息后，部分忠于韩馥的部属立即找到韩馥

进行劝阻。长史耿武、别驾闵纯、治中李历更是一针见血地指出：冀州拥有士卒百万，粮草供应可维持一年。袁绍势单力孤，军队连饭都吃不饱，完全依靠冀州供应，这种情况下怎能主动将冀州让给袁绍？冀州从事赵浮、程奂等人听说此事以后，更是日夜兼程赶到朝歌地区（今河南省淇县），派兵挡住袁绍的去路。他们认为目前袁绍虽有于夫罗、张杨、麹义等人，但并不足以抵挡冀州军队。只要双方交战，袁绍不出半个月必将土崩瓦解，根本不用韩馥以让位来保障冀州的安全。不过此时的韩馥主意已定，拒绝了部下提出的意见。

同年七月，韩馥迎接袁绍进入冀州州治邺城，将冀州让给了袁绍。袁绍兵不血刃拿下了被誉为"天下重资"的冀州。

袁绍占据冀州之后，立即重用荀谌、辛评、郭图等颍川集团人员，同时对长期以来被韩馥打压、排挤的冀州本地士人委以要职。田丰、沮授、审配等人进入袁绍集团，冀州的内部局势得以稳定。从此，袁绍得到了属于自己统一河北地区的第一块战略要地——冀州。

袁绍夺取冀州的策略是非常成功的。利用公孙瓒、麹义在冀州内外制造事端，使得冀州战事吃紧，韩馥无计可施，达到了搅乱韩馥的目的。接着又以韩馥所倚仗的颍川集团进行劝降，逼迫韩馥主动让出冀州，兵不血刃就将冀州占领，无论是在战略上还是在战术上都是汉末群雄争斗中的一次成功典范。而韩馥未能及早预见事态的发展，面对危局乱了方寸。他对荀谌等人的劝降与耿武的主战都缺乏认真、仔细的分析和权衡，最后导致冀州易主，他是一个彻头彻尾的失败者。更加可悲的是，就在韩馥让出冀州后不久，他就被旧部朱汉将府第重重包围，他的儿子也被打断了双腿。韩馥惊恐之下，只好离开冀州去投奔兖州的陈留太守张邈，最后也以自杀身亡结束了性命，从此消失在汉末政治舞台。

不过，袁绍这次成功的战略计划也留下了一个巨大的隐患：当初是他联络公孙瓒夹击冀州，并许诺与其瓜分冀州，公孙瓒才暂时放下双方之间的冲突出兵进攻。然而公孙瓒并没有意识到这原本就是袁绍的诡计，在达到目的之后，袁绍自然不会兑现当初的承诺，并没有给予公孙瓒半点好处。

公孙瓒辛苦一场，算是白忙活了。公孙瓒大怒，双方矛盾日益加深，战争一触即发。

3. 公孙瓒的报复

公孙瓒的报复在几个月之后便开始了。

正在袁绍忙于稳定冀州内部局势之际，公孙瓒已经迫不及待地开始了对冀州的进攻。汉献帝初平二年（公元191年）十一月，青州的黄巾军余部在张饶的率领下进攻冀州所属的勃海地区（今河北省南皮县东北），部众达到三十多万人。黄巾军计划与活跃在冀州、并州地区的黑山军会合。公孙瓒见有机可乘，借口消灭黄巾军，率领步骑二万人进入冀州，在勃海西南的东光地区（今河北省东光县）与黄巾军遭遇，战斗随即打响。黄巾军在公孙瓒的突袭之下伤亡惨重，阵亡三万多人，军需物资损失过半，不得不转而北渡黄河。公孙瓒抓住对方渡河、首尾不能兼顾之时，再次发动突袭。黄巾军猝不及防，数万人被杀，被俘七万余人，被公孙瓒缴获的军需物资不计其数，鲜血染红了河水。公孙瓒声名大震，不但被封为奋武将军、拜蓟侯，同时也借机进入了冀州地区及青州地区，并驻扎在冀州所辖巨鹿郡的广宗地区（今河北省威县东部），摆开夺取冀州的架势。公孙瓒与袁绍之间的争斗进入白热化。

为了确保与袁绍之间的战争取胜，公孙瓒在战争开始之前，让弟弟公孙越率一千余骑兵加入袁术的军队，以此加入袁术阵营，企图利用袁术与袁绍的敌对关系对袁绍进行牵制。

就在公孙瓒紧锣密鼓进行战争准备之时，从豫州传来消息：公孙瓒的弟弟公孙越被袁术派往豫州协助盟友孙坚与袁绍、曹操在豫州的代理人周㬂所部进行战斗，在一次战斗中被流箭射死。这个消息令公孙瓒更为恼怒。于是，他昭告天下，历数袁绍所谓的"十恶不赦"之罪，宣称将与袁绍展开决战。在公孙瓒强大军力的震慑下，冀州东北部地区和南部不少郡县纷纷背叛袁绍转而投靠公孙瓒，一时间袁绍阵营风声鹤唳，岌岌可危。

对于公孙瓒的报复，袁绍其实有了心理准备。自从得到冀州的那天起，袁绍就无时无刻不在防备着公孙瓒。但是，公孙瓒在短短数月之间便能从自己手中抢得如此之多的冀州郡县，是袁绍所没有预料到的，其军事准备也未能及时完成。面对公孙瓒咄咄逼人的进攻态势，袁绍不得不采用拉拢的方式来尽力化解当前

的危机,为今后的决战赢得宝贵时间。

不久,袁绍便做出和解的姿态,任命公孙瓒的堂弟公孙范担任勃海太守,欲缓和与公孙瓒之间的紧张关系。不料公孙范接受袁绍的任命在来到勃海之后,不但没有劝说堂兄改变立场,反而带着勃海的军队投奔了公孙瓒,袁绍的企图落空。公孙瓒士气大振,随即命部将严刚为冀州刺史、单经为兖州刺史、田楷为青州刺史,又在自己控制的冀州地区任命郡县级地方行政官吏,进一步蚕食袁绍的地盘。袁绍眼看形势危急,率部向广宗东部的界桥(今河北省威县东部)推进。双方兵力云集于界桥一线,决战即将展开。

4. 战前形势分析及兵力部署

战争开始之前,袁绍与公孙瓒都进行了大规模的兵力调整及布置。

自献帝初平二年(公元191年)年底开始,公孙瓒调兵遣将,在冀州及周边地区进行了大范围的兵力部署及战前准备。他力图在多条战线对袁绍占据的冀州及周边地区发动进攻,抢夺冀州地区的控制权。公孙瓒采取的主要步骤有:

(1)以主力向界桥方向推进,与袁绍展开会战。公孙瓒主力有三四万人,其中包括三万步兵、一万骑兵及其最为精锐的骑兵——"白马义从"。

(2)以一部向袁绍的老巢邺城方向运动,诱使清河地方势力季雍投降并占据鄃县(今山东省平原县西南),公孙瓒随即派兵驻扎该城。在公孙瓒的威胁下,冀州部分地区出现混乱。巨鹿太守李邵甚至做好了随时归顺公孙瓒的准备,冀州腹地形势也变得对袁绍愈发不利。

(3)以青州刺史田楷为统帅,进入青州地区,后占据平原并任命刘备为平原相,在继续向青州地区渗透的同时对冀州东部地区形成威胁,分散袁绍的兵力。

(4)与活跃在并州及冀州邺城、河内、汲郡、中山等太行山南麓地区的黑山军进行联络,在冀州各地制造混乱,扰乱袁绍的注意力,使其不得不留下部分兵力驻守各地。同时,公孙瓒将黑山军首领张燕派来助阵的部将杜长所部调往界桥地区,增强在界桥地区的军队实力。

(5)以武力威胁兖州刺史刘岱,意图迫使刘岱将袁绍安置在兖州的家眷交出

第一章 | 袁绍统一河北之战
——袁绍霸主地位的确立

作为人质。在遭到刘岱的拒绝之后，即命驻扎在兖州监视刘岱的范方率部北上，对袁绍进行夹击。

面对公孙瓒咄咄逼人的强大压力，袁绍的战略调整为：

（1）亲自率领数万主力向界桥地区挺进，准备与公孙瓒展开一场大规模的会战以消灭公孙瓒的主力，取得冀州争斗的主动权。

（2）以部分留守兵力驻扎冀州重要地区，防止公孙瓒进一步渗透。在得知巨鹿太守李邵等人立场动摇之后，立即任命董昭为巨鹿太守，成功杀死李邵以稳定巨鹿地区局势。

（3）以曹操所部为主力进入兖州、青州地区。在东郡郡治濮阳打败黑山军白饶部，消除冀州侧翼的威胁，并对范方部进行袭扰、攻击。之后，曹操进入冀州，屯兵顿丘（今河南省浚县）地区。又向西进入黑山地区，攻打黑山军于毒部大本营，逼迫于毒回军救援。之后，曹操在冀州内黄地区（今河南省内黄县西北）与黑山军睦固及背叛袁绍的于夫罗部激战，大获全胜，暂时缓解了黑山军对冀州南部及中部地区的巨大威胁。

从战前总体局势来看，公孙瓒处于进攻的一方，占有一定优势。尤其公孙瓒亲率的四万大军实力更为强劲。公孙瓒常年在幽州地区与乌桓、鲜卑等游牧民族作战，战斗经验丰富，其手下骑兵（尤其是"白马义从"）更是当时闻名天下的劲旅。这支骑兵机动性强、行动迅速，是公孙瓒纵横幽州的最大本钱。反观袁绍所部，基本以步兵为主，移动较为缓慢，加之士兵大部分都是在夺取冀州之后从韩馥旧部中改编而成，战斗力不强。与公孙瓒的强大军事实力相比，袁绍趋于劣势。也就是在这种不利的局面下，界桥之战开始了。

5. 界桥之战

汉献帝初平三年（公元192年）正月，袁绍与公孙瓒的大军同时向界桥方向集结，在界桥以南二十里附近遭遇。

袁绍投入的总兵力有三四万人。凉州骁将麹义率领八百重装步兵担任全军先锋，之后是一千名弩兵，大军主力紧随其后，而袁绍则在距离界桥十余里处待命。

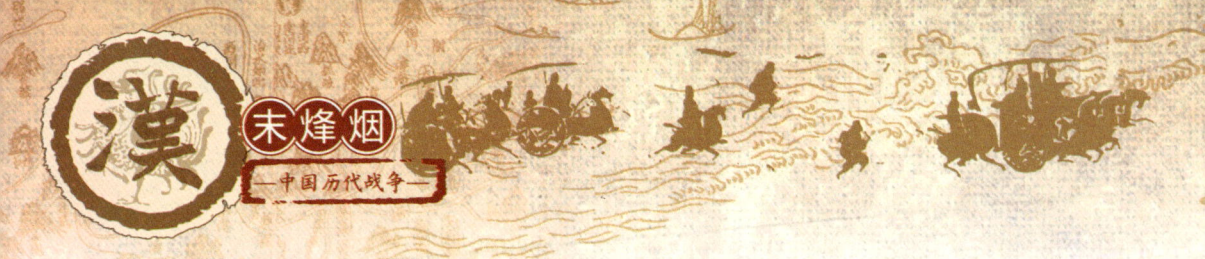

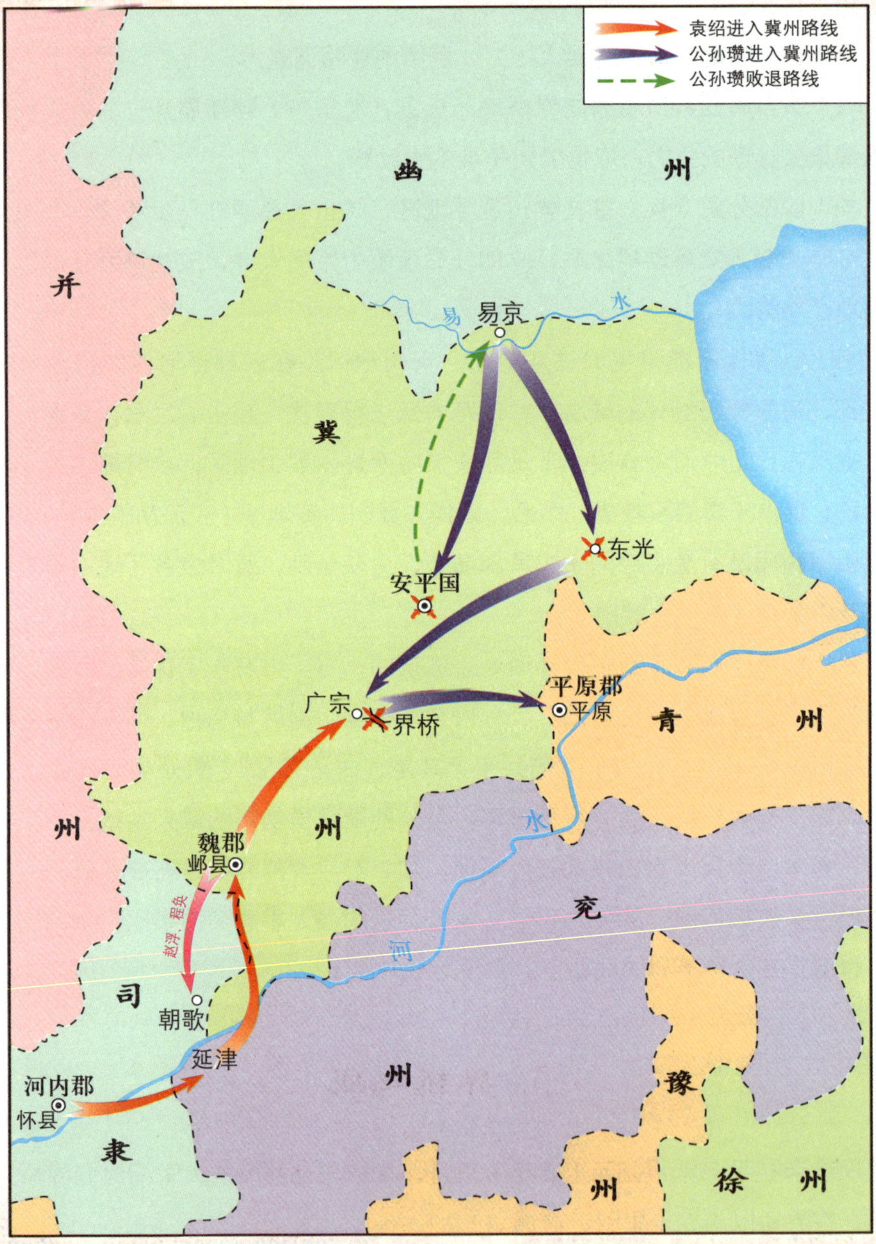
袁绍进入冀州路线
公孙瓒进入冀州路线
公孙瓒败退路线
幽
州
并
州
易
水
易京
冀
州
东光
安平国
广宗
界桥
平原郡
平原
青
州
魏郡
邺县
赵浮、程奂
朝歌
延津
河内郡
怀县
司
隶
水
河
兖
州
豫
州
徐
州

界桥大战

第一章 | 袁绍统一河北之战
——袁绍霸主地位的确立

公孙瓒投入的总兵力约四万人，除了三万步兵之外，骑兵一万人，其中包括精锐的"白马义从"。公孙瓒将步兵排成方阵，以骑兵作为方阵的两翼。"白马义从"也分成两队作为全军的中坚，计划在阵前左右交叉掩护，以擅长的骑射战术杀伤敌军。除此之外，一直活跃在冀州、并州地区的黑山军首领张燕也派出部将杜长等人参加战斗。

两军在界桥以南二十里处摆开阵势，激战开始。

麹义首先与公孙瓒的骑兵遭遇。公孙瓒眼看麹义所部兵力较少，便改变战术。他没有采用以"白马义从"交叉掩护进行骑射大量杀伤敌军、再以步骑进行绞杀的惯用做法，而是直接命令在以"白马义从"进行骑射的同时，两翼骑兵对麹义所部进行冲击，不料这个战法正中麹义的圈套。

麹义早年曾在凉州地区长期与羌族骑兵作战，对于骑兵战法非常熟悉。他看到公孙瓒轻敌冒进，立即命令手下八百步兵一动不动地匍匐于地，以藤牌抵挡"白马义从"的骑射，弩兵则在步兵的掩护下张弓搭箭做好射击准备。等到公孙瓒的"白马义从"及两翼骑兵距离近至数十步时，麹义命弩兵开始射击，八百步兵随后进行冲锋。

麹义的战术很快便收到奇效。在麹义一千弩兵猛烈的射击下，公孙瓒精锐的"白马义从"及骑兵损失惨重，部分幸存者刚刚躲开弩兵的射击，惊魂未定，又遭到麹义步兵的砍杀，阵形大乱。公孙瓒见战事不利，只好改变战术，企图守住界桥，挡住麹义的冲击。不料，此时麹义与袁绍主力一阵掩杀，公孙瓒大军士气全无，顷刻溃败，公孙瓒所任命的冀州刺史严刚也在这场战斗中被俘。袁绍大军乘胜追击，一直杀到公孙瓒的军营，军营的营门大旗都成了麹义的战利品。

此时，距离界桥尚有十余里的袁绍听说公孙瓒遭遇失败，心中大喜，命令全军展开进攻，自己则带领少数士兵在原地休息。就在袁绍为前方战事进展顺利而欣喜之时，意外发生了。从界桥战场上溃败下来的两千多骑兵在公孙瓒的带领下逃至该地，与袁绍不期而遇。眼看遭遇小股敌军，公孙瓒展开进攻，将袁绍等人团团围住，箭矢如雨而至。此时袁绍身边只有数十弩兵及手持大戟的百余侍卫，毫无防备，虽拼命抵抗，但因实力悬殊，伤亡不断，形势岌岌可危。别驾从事田丰眼看情况危急，劝说袁绍躲到附近房屋的空墙中躲避。

袁绍将头盔扔在地上，厉声喝道："大丈夫就当倒在冲锋的路上，岂能躲在墙里

苟活？"袁绍的大无畏气概感染了身边的将士。尽管敌众我寡，但在袁绍指挥下，箭矢如蝗，他们仍打死、打伤了不少敌军将士，硬是将公孙瓒的进攻挡住了。眼看战场形势不利，加之并不知道袁绍就在这群敌兵中，公孙瓒无心恋战。见久攻不下，担心麹义所部尾随而至，他便率部撤退。至此，界桥会战以袁绍的胜利宣告结束。

就在公孙瓒兵败界桥，被迫退回蓟城（今北京市西南）之时，袁绍立刻挥军向东，派遣大将朱灵向公孙瓒占据的冀州鄃县（今山东省平原县西南）展开进攻。鄃县县令季雍将朱灵的母亲、弟弟挟为人质，逼迫朱灵投降，但朱灵不为所动，仍猛攻鄃县。最终朱灵家人被害，城池被朱灵占领，季雍也被活捉。之后，袁绍

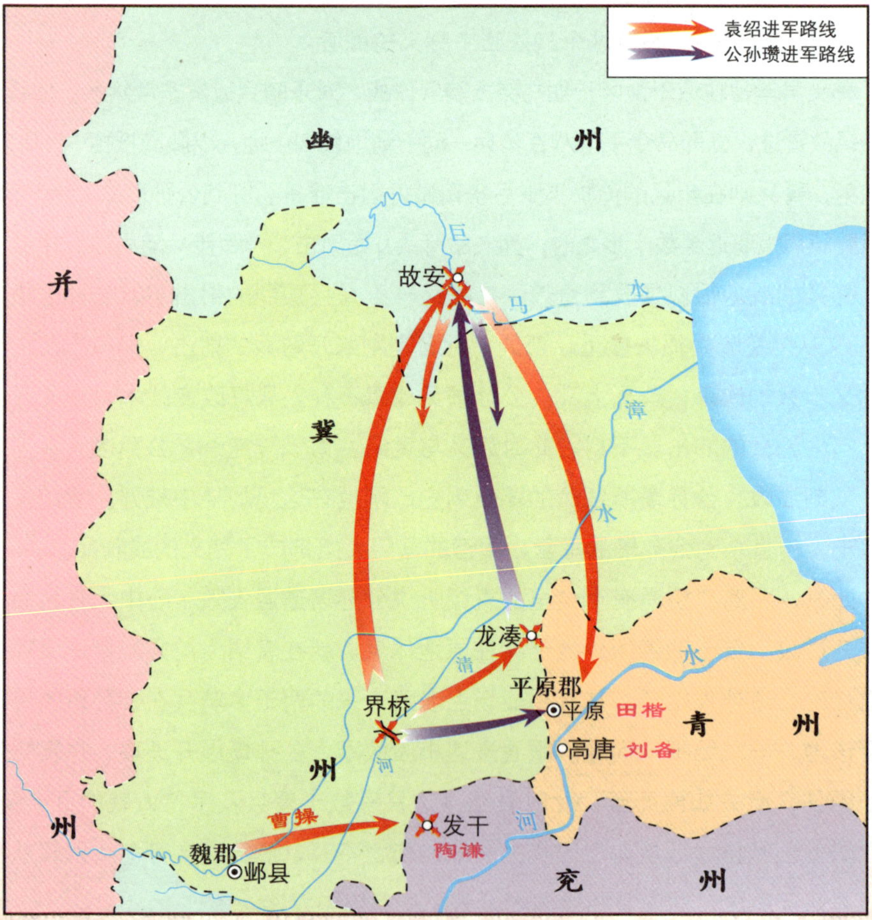

袁绍公孙瓒后续战争形势图

第一章｜袁绍统一河北之战
——袁绍霸主地位的确立

继续发动进攻，公孙瓒无力抵抗，其占领的冀州大部地区先后被袁绍夺回。

6. 后话

就在界桥之战结束后数月，袁绍派遣将领崔巨业率领数万大军攻入幽州。很快崔巨业便打到了幽州涿郡地区并开始围攻故安（今河北省定兴县以南）。在这里，袁绍遭遇了公孙瓒的强烈抵抗。

公孙瓒得知袁绍大军进入幽州的消息，连忙招兵买马，扩充兵力。故安被围后，公孙瓒一面命令故安守军加紧防御，一面调集三万兵马前往增援。此时，崔巨业久攻不下，军队士气下降，向南回撤。公孙瓒的三万大军在巨马水附近与崔巨业所部遭遇，双方展开混战，结果公孙瓒打败崔巨业，斩杀七八千人。袁绍军队节节败退，公孙瓒一路追击，重新进入冀州东北部地区。

巨马水一战的胜利，让公孙瓒重拾往日雄心。为进一步削弱袁绍的实力，他以一部继续深入冀州内部，另一部向青州地区发展，企图将青州地区纳入控制范围。

青州，汉代十三刺史部之一，辖平原、济南、千乘、北海、东莱、齐公国等六郡国。它北靠勃海，东接幽州，与冀州、兖州、徐州接壤，战略位置十分重要。占领了青州，即可从西面威胁袁绍占领的冀州，又可与徐州的盟友陶谦相互策应。

在公孙瓒强大兵力的威胁下，青州部分地区迅速落入公孙瓒之手。公孙瓒以青州刺史田楷屯兵平原、刘备屯兵高唐、徐州陶谦部屯兵发干，向袁绍及曹操控制的冀州、兖州等地发动进攻。袁绍顿时陷入三面受敌的不利局面。

为粉碎公孙瓒的图谋，袁绍奋起反击。同年九月，袁绍与曹操一起打败陶谦，消除了陶谦对曹操占据的兖州的威胁。之后，袁绍又将青州作为与公孙瓒交锋的主战场，在青州地区与公孙瓒展开了近两年的拉锯战。战事难分难解，不仅伤亡惨重，就连军粮都无法及时供应，最后连地里的青草都被饥饿的士兵吃光。眼看战事不顺，袁绍后委任长子袁谭为青州刺史，指挥与田楷作战。经过苦战，才将田楷打败，最后取得了青州的控制权。

汉献帝初平三年（公元192年）年底，袁绍与公孙瓒又在龙凑（今山东省德州

市东北）地区展开了一次规模较大的会战。在这场战斗中，公孙瓒遭受致命打击，元气大伤，只能退回幽州，对于冀州的图谋宣告失败。

从汉献帝初平四年（公元193年）三月开始，袁绍又对盘踞在并州及冀州地区的黑山军发动猛攻。在消灭于毒部之后，袁绍立即从仓岩谷（今河南省淇县以西）出发向北进军，将黑山军将领左髭丈八等部歼灭。随后，袁绍又向刘石、青牛角、黄龙、左校、郭大贤、李大目、于氐根等人的大本营发动进攻，斩杀数万人。黑山军将领仓皇逃走。同年六月，袁绍亲率大军在常山（今山西省浑源县东）与黑山军张燕部展开决战。双方激战十几天，均伤亡惨重、疲惫不堪。袁绍、张燕各自罢兵休战。从此，黑山军主力被压缩至黑山一线，无法对冀州形成威胁。

汉献帝兴平二年（公元195年）年中，袁绍派遣部将麹义与刘和等人一起率兵十万余人在鲍丘（今北京市密云附近）与公孙瓒爆发激战。战事开始之后，麹义等人逐渐掌握了主动权，将公孙瓒所部击溃，斩首二万余级。公孙瓒损失惨重，不得不向南溃退，退守老巢易京地区（今河北省雄县西北）。麹义等人趁机向幽州其他地区发动进攻。不少遭到麹义等人进攻的将领向公孙瓒求援，遭到公孙瓒的拒绝，因此，幽州地区的代郡、广阳、上古、右北平、渔阳等多郡先后落入袁绍之手。之后，麹义率兵围攻易京地区，双方围绕易京的攻防战持续达一年之久。

汉献帝建安元年（公元196年），麹义等人久攻不下，粮草供给严重不足，麹义只得率部撤退。在麹义撤退途中，公孙瓒派兵偷袭成功，麹义所部车辆辎重悉数被公孙瓒缴获。尽管袁绍未能在此战中消灭公孙瓒，但却占据了幽州大部地区，进一步削弱了公孙瓒的实力。之后，公孙瓒只能龟缩在易京地区，再也无力出击。与此同时，袁绍的长子袁谭又在青州地区与田楷展开战斗并攻占平原地区，两年之后将田楷赶出青州。至此，青州地区也落入了袁绍之手。

汉献帝建安三年（公元198年），袁绍大军开始向易京逼近，易京附近不少公孙瓒的军队哗变，袁绍很快便攻至易京城门。第二年春天，袁绍利用截获的公孙瓒与其子公孙续的信件，设计将公孙瓒引出易京进入早已布置好的伏击圈，将公孙瓒主力击溃。公孙瓒眼看固守易京无望，难以逃脱，便将妻子儿女杀死后自

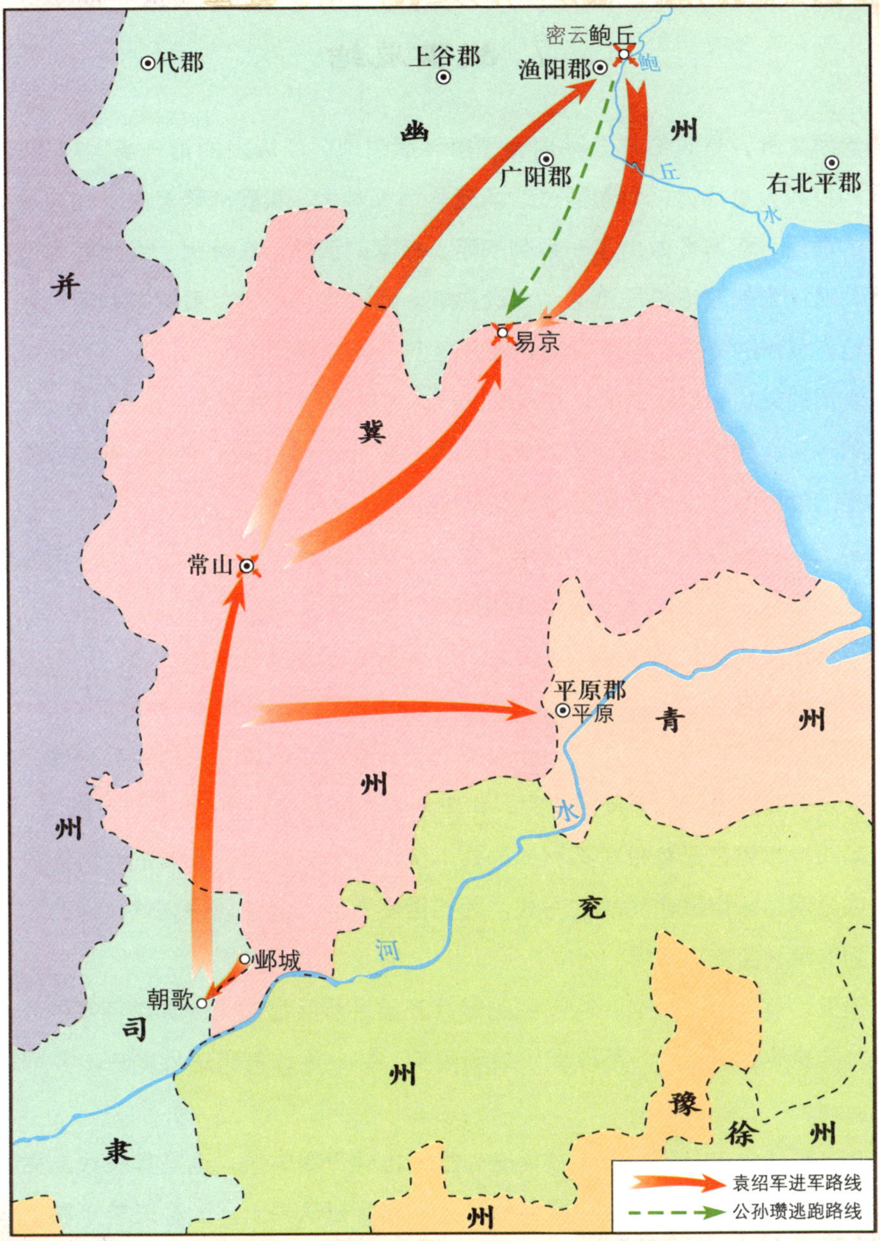

第一章 | 袁绍统一河北之战
——袁绍霸主地位的确立

常山会战和易京之战

杀，易京之战结束。袁绍终于统一河北地区，成为汉末诸侯割据中的霸主。

7. 战事总结

界桥之战，是袁绍与公孙瓒为了争斗冀州地区所爆发的第一场大规模战事。双方均投入大量兵力，力图通过这场战争消灭对手，实现战略意图。在这场战争爆发的前后，双方均做出了一系列战略、战术的调整，在冀州、青州等多地展开角逐，对汉末的政治格局造成了深远影响。通过这场战争，袁绍成功遏制住了公孙瓒抢占冀州的势头，为争夺河北地区打下了坚实基础。

袁绍的成功不是偶然的，在战略、战术方面都有其独到之处。

第一，袁绍很早就确定了以冀州地区为重点，并向河北地区扩展的战略，并在实施的过程中一步一步坚定地贯彻实施。

第二，袁绍以兵不厌诈的战术诱使公孙瓒出兵冀州，又以强大的心理战诱使韩馥将冀州拱手相让，兵不血刃占据冀州。这样不但避免了过早消耗实力，同时在拿下冀州之后拉拢冀州官员、士人，以最快的速度扩充力量，为以后的发展奠定了坚实的基础。

第三，袁绍坚持以稳定冀州为重点，稳扎稳打。先以主力打败公孙瓒，之后再回军消灭冀州内部其他反叛势力，牢牢地将战局掌控在手中。

第四，袁绍在形势相对不利的局面下沉着冷静。面对公孙瓒的全面进攻，袁绍主次分明，采用联合作战的方式，团结盟友曹操，消除后顾之忧，保证了其战略计划的顺利实施。

第五，袁绍战术得当，以精锐的弩兵及重装步兵挡住了公孙瓒精锐的"白马义从"及骑兵的进攻，一举改变了战场劣势，并一鼓作气迅速发动总攻并取得了胜利。

在这场战争中，公孙瓒轻敌冒进，战术出现严重失误，这是其失败的关键所在。最重要的原因，恰恰出在其最为精锐的骑兵部队身上。公孙瓒常年在边境地区与北方游牧民族作战，对其强悍骑兵的巨大威力有着深刻的认识和了解。因此，公孙瓒借鉴了外族骑兵的优点，建立了一支强大的骑兵部队作为军中精锐。

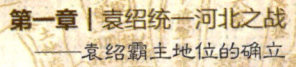

公孙瓒原本认为以自己纵横幽州十余年的强大骑兵来应付以步兵为主的袁绍军队应该不成问题。可惜事与愿违,公孙瓒低估了袁绍的实力。公孙瓒遇上的对手,是久居凉州、同样精通与骑兵交战的悍将麹义。因此,初战不利,导致全线受挫,损兵折将,最终其精锐的"白马义从"也在此战中损失殆尽,其实力受到严重削弱。

不过,正当袁绍意气风发准备在汉末复杂的局势中大展身手之际,他突然意识到:兖州、豫州、徐州也先后易主,成为另外一人的控制范围。这个人,曾经是自己的战友、部下,与自己一样也有着统一全国的宏伟目标和理想。不久,他们俩就将为了同样的目标而爆发了一场决定汉末中原地区归属的血战。

这个人,叫作曹操。

第二章

兖州之战
——魏武王不舍的基业

引 子

汉献帝初平三年（公元192年）四月，兖州东郡东武阳（今山东省莘县南）曹操府邸。大堂中坐满了曹操手下众多文武。

陈宫慷慨激昂地说道："如今天下大乱，本州刺史刘岱又刚被黄巾贼寇杀害。州中不可一日无主，就让我去游说兖州的各级官吏，推举曹将军您担任兖州牧。请将军放心，我保证一定能成功！如果将军控制兖州，励精图治，扩大力量，将来一定会成就霸王之业！将军就等着我的好消息吧！"

曹操看着陈宫激情洋溢的神态，沉默不语。此刻，他的脑海里浮现出不久之前战死沙场的挚友鲍信的身影，想起了他之前振聋发聩的言语：如今奸臣当道，王室衰微，天下英雄奋起反抗，为的是国家的大义。然而如今袁绍担任盟主，为的却是一己之私，不但无法复兴汉室，只会造成更大的混乱，必将成为另外一个董卓。如今以我们弱小的力量，不但无法阻止他，反而会被其所害。不如将黄河以南地区作为发展目标，先壮大力量，再根据时局变化做出应对之策。

鲍信说的黄河以南，指的不就是兖州吗？诚如陈宫所言，拿下兖州作为基地，进一步壮大实力，在这乱世当中就有了生存和发展的空间了。

想到此处，曹操站了起来，斩钉截铁地对陈宫说道："公台（陈宫，字公台），你去吧！"

不过，令曹操没有料到的是，两年之后，他便为控制兖州付出了惨重的代价，差点连性命都不保，而眼前这位极力劝说自己的陈宫也变成了死敌……

1. 兖州故事

关东联军征讨董卓的战争结束后，中原各路诸侯纷纷走上了割据称雄的道路，逐渐演变成以袁绍、刘表为首的和以袁术、公孙瓒、陶谦为首的两大敌对阵营的对峙，双方展开了激烈的争夺。在这场群雄混战当中，曹操加入了好友袁绍

第二章 | 兖州之战
——魏武王不舍的基业

的阵营。不过,在寄寓袁绍时期,曹操对袁绍的政治野心非常不满,萌生出脱离袁绍、独立发展的想法。就在此时,鲍信向曹操提出控制黄河以南地区作为发展目标的战略设想。鲍信的建议无疑给当时困惑中的曹操指明了一条发展之路。因此,尽快摆脱袁绍的控制建立自己的政治、军事集团并夺取立足点成为曹操的当务之急。

机会终于在汉献帝初平二年(公元191年)八月来临了。

当时,活跃于中原地区的黑山叛军在睦固、于毒、白饶的带领下进攻魏郡和东郡(今河南省濮阳市以南)。东郡太守王肱根本无法抵御叛军的进攻。此时青州的黄巾叛军也正兵分两路向河北方向进逼,大有与黑山叛军会合的趋势。如果这两大叛军会合,整个中原地区将陷入更大的混乱之中。而袁绍刚刚占据的冀州也将陷入危急之中。

曹操主动向袁绍提出前往东郡阻击青州的黄巾叛军。袁绍此时正忙于应付冀州境内的黑山军,对于曹操的请求求之不得。他不但同意了曹操的请求,同时给曹操提供了不少粮食和兵器。曹操终于可以摆脱袁绍的羁绊向理想迈进了。

战事进行得很顺利,曹操在东郡郡治濮阳很快打败了黑山军白饶部,取得了

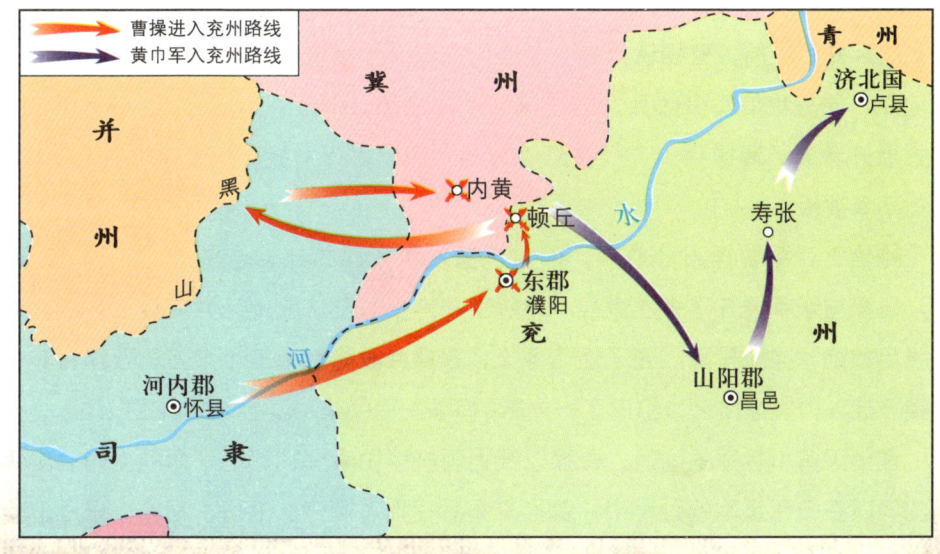

曹操回援兖州

东郡战事的首胜。冀州的威胁得到了缓解。曹操趁机向袁绍建议，留在东郡协助打击黑山军，同时还建议袁绍任命鲍信为济北相，协助自己稳固冀州的侧翼。此时袁绍即将与公孙瓒展开战略决战，便爽快地答应了曹操的请求。这样，曹操终于可以毫无顾忌地在兖州地区大显身手。

不久，黑山军于毒部联合睢固、匈奴于夫罗等向曹操发起进攻。曹操沉着应对，先是在顿丘（今河南省清丰县西南）打败了于毒率领的黑山叛军，接着在又在内黄（今河南省内黄县以西）地区大破睢固的黑山叛军和于夫罗率领的匈奴军队。

就在曹操专心对付黑山军的同时，盘踞在青州的黄巾叛军进攻河北受阻后突然转战兖州。任城相郑随惊慌失措，任城失陷，郑随被杀。面对汹涌而来的叛军，兖州刺史刘岱不顾鲍信的劝阻，一意孤行，贸然出击，结果死于非命。一时间，偌大的兖州陷入群龙无首的境地，局势越发变得扑朔迷离。

面对兖州的危急局势，东郡人陈宫主动请缨游说兖州地方势力，让曹操入主兖州。此时，陈留太守张邈、兖州州吏万潜等兖州地方豪强势力也将注意力集中到曹操身上，他们认为只有曹操才有能力稳定兖州的局势。在张邈、万潜等人的大力支持下，曹操很快成为兖州地区的新主人——兖州牧。

同年四月，曹操与黄巾叛军的战事爆发。

战斗开始之前，曹操认为寿张（今山东省东平县境内）地区是奇袭叛军的上佳地点，便与鲍信及少数兵力前往该地考察战场。不料在途中与叛军不期而遇，双方展开激战。曹操兵少，很快陷入被动，鲍信拼死力战，掩护曹操成功突围，鲍信不幸被杀。

鲍信之死令曹操万分悲痛，同时也激发了曹操的斗志。在接下来的几个月里，曹操与叛军展开了多次激战，将叛军从寿张赶至济北地区并完成了合围。叛军弹尽粮绝，弃械投降。到了这年冬天，曹操共收降叛军三十余万。曹操将其中的精壮战斗力挑选出来，组建了一支新的军队——青州兵。

在消灭黄巾叛军的同时，曹操以武力驱赶了由李傕、郭汜任命的兖州刺史金尚。同时在镇压叛军的过程中，曹操又先后招揽了满宠、毛玠、程昱、乐进、李典、吕虔、典韦等诸多文武人才，这些人都在曹操集团后来的发展道路上发挥了

第二章 兖州之战
——魏武王不舍的基业

巨大作用。

为了进一步稳定兖州局势,曹操又在汉献帝初平三年(公元 192 年)下半年与入侵的袁术割据势力展开激战并将其驱逐出兖州。汉献帝初平四年(公元 193 年)春,不甘心失败的袁术亲自披挂上阵,率兵进入兖州所属的陈留地区,并屯兵封丘(今河南省封丘县西南),再次与曹操展开较量。曹操先在匡亭(今河南省长垣县以南)地区将其打败,后将其主力包围在太寿(今河南省睢县一带)城中。曹操命令部下挖开太寿城附近的渠水,引水灌城,水淹太寿。袁术遭遇大败,无奈之下只得再次率军突围而出,朝豫州宁陵(今河南省宁陵县)方向退却,一直退守到扬州的九江(今安徽省寿县)地区。袁术集团对兖州的威胁彻底解除。

然而,曹操还没来得及享受胜利的喜悦,便收到父亲曹嵩及弟弟曹德在从徐州赶往兖州的途中被陶谦部将袭击、曹家上下数百口死于非命的噩耗。曹操随即做出了进攻徐州为家人报仇雪恨的决定。同年七、八月间,曹操以主力开始了对徐州的疯狂进攻。战事一度对曹操极为有利。

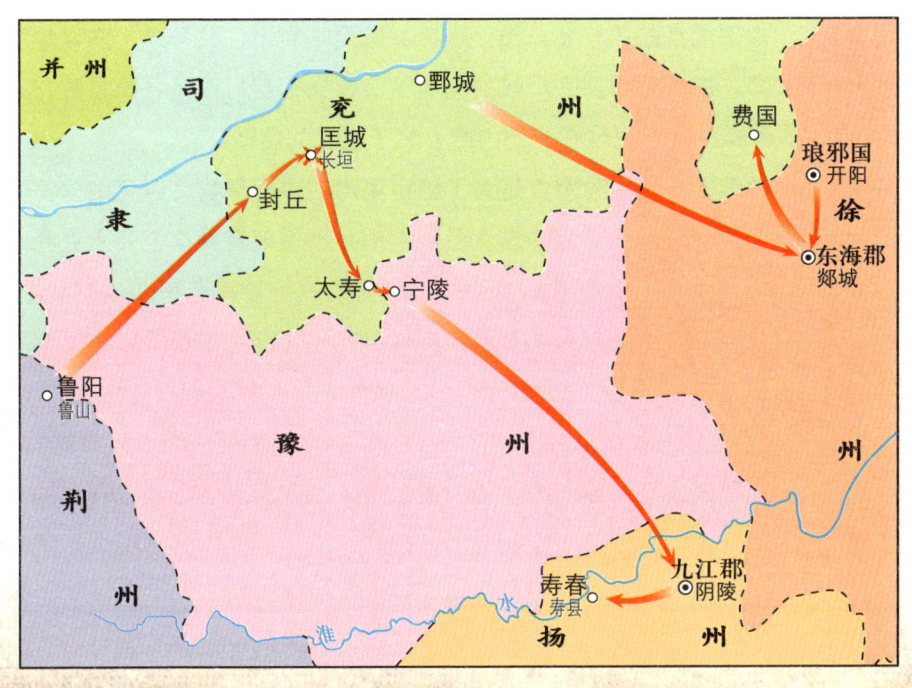

曹操战袁术、攻徐州

045

但由于战前准备仓促，粮草供应不足，曹操大军无法继续进攻。无奈之下，他只得撤兵退回兖州。令曹操没有料到的是，此时的兖州亦是暗流涌动，兖州豪强势力暗中勾结，准备利用时机将曹操赶出兖州。这些人中为首的竟是曹操一直非常信任的张邈、陈宫等人。

这又是怎么回事呢？

2. 战争起因

原因还要从曹操在兖州的发展及其与兖州地方势力的关系说起。

曹操能担任兖州牧是因为得到了兖州主流势力的支持。其中既有兖州地方割据势力的主要代表人物陈留太守张邈、兖州州吏万潜等官员，也有陈宫等在兖州具有一定影响力的名士、豪族。在这些人的大力支持下，曹操得以迅速在兖州站稳脚跟，并积极扩充实力。但随着曹操实力的日益加强，情况也发生了变化。

曹操入主兖州之后，很快取得了对黄巾军战斗的胜利。半年左右的时间便完成了稳定兖州内部局势的第一步。接下来曹操又面临袁术、公孙瓒、陶谦集团的夹击，战事频繁，应接不暇。在严峻的局面下，曹操不仅打败了各路强敌，力量也日益壮大。曹操的迅猛发展在兖州内部引起了很大的震动。

张邈等人邀请曹操入主兖州，是为了稳定兖州的内部局势，避免由于黄巾余部入侵给兖州地方势力带来严重冲击。但他们也并不希望曹操这个外人在兖州地区生根发芽、扩充实力，担心曹操对兖州地方势力的控制对兖州造成不利影响。因此，双方之间的矛盾出现并逐渐加剧。当时，兖州青年名士高柔看出了兖州即将面临的危局，预言张邈等人与曹操将会为了兖州地区的控制权反目成仇。

面对兖州地方势力的恐惧、抵制，曹操采取了较为激进的方式加以弹压。在控制兖州之后，曹操便将与兖州地方势力关系密切、在兖州有很强号召力的名士边让处死，并将其家人一并杀害。此举不但激起了兖州民众的强烈憎恨，同时也激起了兖州本地势力的恐慌，张邈等人随即秘密联络各方势力，准备加强力量与曹操对抗。而曹操为了强化对兖州的控制，又利用兖州的一个豪强势力——胡母班家族，将张邈的主要盟友之一、原河内太守王匡杀死，解除了张邈与王匡勾结这个心腹大患。双方的矛盾进一步激化。

除了与张邈等人矛盾激化之外，曹操最没有料到的是当初极力主张自己入主兖州的名士陈宫的意外背叛。

陈宫，字公台，兖州东郡人。性格刚直果敢，自幼就和海内知名之士结交，年轻的时候已经是兖州地区的名士。汉末天下大乱之时，陈宫投奔了曹操集团，并为曹操在兖州地区的立足和发展立下了汗马功劳。

陈宫进入曹操阵营之后，极力游说兖州本地势力，推荐曹操入主兖州。在陈宫的积极努力下，曹操终于获得了兖州本地势力的首肯，成为兖州地区的最高行政长官。在这个时期，陈宫对曹操很有好感，对曹操的评价也非常高。不过，双方的良好关系随着曹操在徐州滥杀无辜及在诛杀边让等事件产生了巨大裂痕。曹操血洗徐州改变了陈宫对曹操的看法，诛杀边让又让这个自幼就与海内知名之士结交、深受名士熏陶的陈宫深恶痛绝。当初是陈宫的力荐才说服兖州官吏和士族阶层接受曹操，现在曹操的卑劣行径不能不说令陈宫在兖州官吏和士族阶层的名声、威望受损。所谓"道不同不与为谋"，之前陈宫也想跟着曹操有一番作为，但与曹操的政见和思路却截然相反。于是，陈宫选择了背叛曹操，与张邈、张超、许汜、王楷等人一起密谋从曹操的手中夺回兖州。

而此时的曹操却错误地认为兖州的反叛势力已经瓦解，贸然以主力继续征讨徐州，造成兖州兵力空虚，给了张邈等人以可乘之机。

3. 战前准备与兵力部署

为了保证叛乱的突然性和成功率，张邈和陈宫等人做了充分的准备。

第一，张邈及陈宫等人在兖州内部秘密联络反对曹操的各地官员，计划在叛乱开始之际一起举兵对抗曹操。在张邈和陈宫的鼓动下，兖州所属的多个郡国的行政官员先后秘密向张邈等人表示效忠，广陵太守张超、兖州从事中郎许汜、王楷更成了叛乱的骨干分子。

第二，为了增强实力，陈宫向张邈建议，将刚刚与袁绍反目的并州集团的首脑、名将吕布拉入自己的阵营，对抗曹操。陈宫认为吕布为人骁勇善战，所向无

敌，手中更握有天下闻名的虎狼之师——并州铁骑。张邈采纳了陈宫的建议，立即派人秘密与吕布进行联络，双方很快达成一致。

第三，张邈等人又派人与豫州刺史郭贡取得联系，希望郭贡在战事打响之后派兵进入兖州进行配合。

为了达到叛乱的突然性，张邈、陈宫等人在完成战前准备之后随即对即将爆发的兖州之战进行了周密部署。他们将发动叛乱的时间定在曹操主力东进征讨陶谦、无法及时回援兖州之时。计划战事开始后，以吕布主力向曹操的大本营鄄城（今山东省鄄城县）发动进攻；另一路则由豫州刺史郭贡率领，横穿兖州，直扑东郡地区；陈宫率部进犯东阿（今山东省阳谷县东北）；汜嶷进入范县（今河南省范县东南）。从战前张邈、陈宫等人的准备和部署可以看出，这次叛乱计划非常周密，分工非常明确且有针对性。

对于张邈、陈宫等人即将发动的叛乱，曹操几乎毫无准备。他率大军主力前往徐州征讨陶谦，兖州的留守兵力严重不足。仅司马荀彧、寿张县（今山东省东平县境内）县令程昱镇守鄄城（今山东省鄄城县）、东郡太守夏侯惇屯兵濮阳（今河南省濮阳县南）、东阿县县令枣祗驻扎东阿（今山东省阳谷县东北）。同时，不明真相的曹操又让这场叛乱主谋者之一的陈宫率领兵马驻守东郡。这样一来，局势变得对曹操更加不利。

兖州之战就是在这种一方准备充分、部署完毕，另一方却毫无察觉、兵力空虚的情况下开始了。

4. 战争进程

汉献帝兴平元年（公元194年）四月，是曹操第二次统率大军进行东征。曹军一路势如破竹，连克五城，兵锋所指，直达东海一带。眼看徐州就要落入曹军之手，张邈、陈宫、吕布等人却打响了兖州之战。

战争打响之后，吕布、郭贡、陈宫等人按照战前的预定部署发动进攻。由于准备充分、计划周密，兖州各地纷纷响应。郭贡所部横穿兖州，兵临鄄城；吕布大军向濮阳挺进，同时将范县县令靳允一家大小俘获；汜嶷则进入范县对靳允进

第二章｜兖州之战
——魏武王不舍的基业

行劝降；陈宫的大军也向东阿前进。战局对他们非常有利。

为了迷惑对手，在展开行动之时，张邈还利用兖州曹军消息不通的弱点，派出一名叫作刘翊的官吏来到鄄城通知荀彧，谎称吕布前来兖州帮助曹操进攻陶谦，希望荀彧提供粮草及其他军用物资。就在这危急时刻，曹操手下的头号谋士司马荀彧发挥了关键性作用，避免了曹操在兖州地盘全失的严重局面。

刘翊的到来，并没能迷惑荀彧。荀彧清醒地意识到，一定是张邈等人发动了叛乱，而吕布则是这支叛军的外援。于是，荀彧召集军队做好了应变措施，并飞马通知东郡太守夏侯惇火速赶来以防不测。荀彧的及时提醒取得了良好的效果，

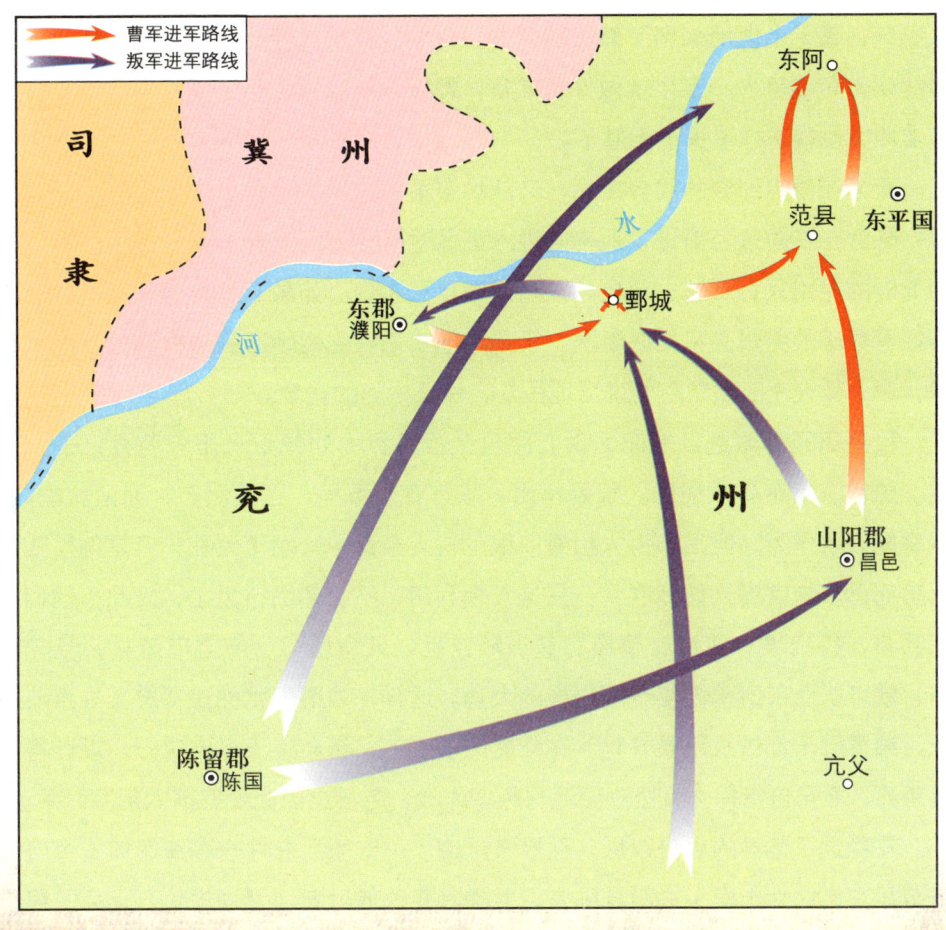

兖州之乱

夏侯惇在赶往鄄城的途中与吕布所部遭遇，双方爆发激战。随后，夏侯惇进入鄄城，斩杀了城中叛军奸细数十人，稳定了鄄城的局势。面对吕布的进攻，荀彧沉着冷静，指挥得当，成功守住了鄄城。吕布见久攻不下，只得转向濮阳。

就在荀彧、夏侯惇等人刚刚清除了鄄城城内的奸细之时，张邈叛军的援军——郭贡率领的数万之众兵临城下。郭贡派人前来提出要荀彧出城相见。夏侯惇等人在一旁劝阻，认为此行必有危险。荀彧则认为：郭贡与张邈之间向来没有什么密切的关系，而这次郭贡的进展速度如此迅速，反而说明郭贡并没有拿定主意，趁着这个时机去劝说郭贡，就算不能为我所用，也可以使他保持中立。如果在这个时候对郭贡不理不睬，就等于直接将其推到了张邈的阵营里。于是荀彧单人独骑，毫无畏惧地来到了郭贡的军营。荀彧的镇定自若让郭贡不知所措，郭贡最终认为荀彧等人一定早就做好了准备，鄄城难以攻打，于是便率部撤离。一场流血冲突也就这样消弭于无形了。

荀彧在稳定鄄城的局势之后，又从吕布军中投降的将士口中得知了叛军的部署：陈宫正在向东阿前进，氾嶷则进入范县对靳允进行劝降。荀彧立刻意识到目前此时的兖州只有鄄城、范县和东阿尚在自己手中。如果三地全部失陷，曹操辛苦经营数年的兖州必将彻底断送。于是，他找来在兖州地区名望极高的寿张令程昱，命令其火速回到东阿劝说当地民众，保证东阿的安全。

程昱离开鄄城赶回东阿之时，路过范县，极力劝说靳允坚守范县，不向张邈、陈宫、吕布等人屈服。程昱指出：陈宫背叛曹操，迎接吕布，而诸城响应，似乎能有所作为。但吕布为人粗暴而很少与人亲近，又刚愎无礼，只是仰仗匹夫之勇而已。陈宫等人与他联合，只是互相利用，不会奉吕布为主，因此，他们虽然兵多，终究难有所成。曹操智慧谋略盖世，天命所归。您坚守范县，我守东阿，就可以立下田单恢复齐国那样的大功。这样，难道不比你违背忠义去跟随恶人，结果母子都被杀死要好吗？在程昱的劝说下，靳允终于下定决心，设计将氾嶷杀死，并亲自指挥士兵坚守城池与叛军作战，范县也因此没有落入叛军之手。

在稳定了范县的局势以后，程昱又派遣了一支骑兵守住仓亭津渡口（今河南省范县东南约六十里）去阻挡陈宫，并使其无法渡过黄河发动进攻。之后，程昱又赶回了东阿。此时，东阿县令枣祗已经率领军民拒城坚守。程昱又与兖州从事薛悌共同商议，加强三地的防御，拼命抵挡叛军的进攻。

就在荀彧、程昱竭尽全力抵御叛军之时，吕布大军也开始向濮阳发动了进攻。火速从鄄城赶回濮阳的夏侯惇不敌，军需物资被吕布夺走，濮阳落入吕布之手。之后，吕布设计，以部将假装投降而进入夏侯惇军营，鼓动部分曹军将士哗变并将夏侯惇挟持为人质。幸好夏侯惇的部将韩浩斩杀哗变士兵，稳定住了局势。不过此时已无力夺回被吕布占领的濮阳。

得到张邈、陈宫等人在兖州爆发叛乱的消息之后，曹操心急如焚，立即停止了与陶谦的攻势，全军回援兖州。他清楚地意识到，即将面对的将是连番恶战，胜负难以预料。

等曹操回到东阿，得知吕布久攻鄄城不下转而屯兵濮阳之时，曹操悬着的一颗心终于放下了。吕布的这一举措使得曹操立即判断出吕布的真实能力。曹操认为：吕布在如此大好的形势下，如果占据东平（今山东省东平县东）、切断亢父（今山东省济宁市任城区）及泰山间的通道，凭借地形之利进行拦截，自己想要夺回兖州难度将大大增加。但吕布等人竟然没有想到这个方案反而屯兵濮阳，可见其能力之低下。面对这样无能的对手，自己必将夺回兖州，取得最后的胜利。

5. 血战濮阳

曹操回到兖州之后，立即屯兵濮阳附近，计划以主力来对付叛军之中最为彪悍的一支武装——吕布的并州铁骑。此时，吕布也将主要兵力驻扎在濮阳一线。双方激战由此爆发。

吕布，字奉先，五原郡九原县人（今内蒙古包头九原区）。原为凉州割据势力董卓的部将，后来与王允联合诛杀董卓，但随即被凉州人驱逐，率领部下逃出关中，奔往河北。他又依附袁绍，大破黑山军，但袁绍厌恶他，想命人将其处死，吕布再次亡命天涯。就在此时，兖州方面有人主动联络，吕布正无处可去，双方一拍即合。从此，吕布成为兖州争夺战中张邈、陈宫叛军里最为强悍的一支武装力量。

汉献帝兴平元年（公元 194 年）八月，曹操得知吕布有一支部队在濮阳以西驻守，便连夜发动进攻。吕布得到消息之后，立即率部增援。不料等吕布赶到战场，该部已经被曹操击溃，但曹操尚未来得及撤出战场。于是，吕布一马当先，杀入曹军之中。战斗异常激烈，从清晨一直打到太阳偏西，两军相持不下，曹操无法脱身。眼看情况不对，曹操连忙组织将士阻挡吕布凶猛的攻势，伺机撤出战场。

此时，曹操手下司马、陈留人典韦率领部众挡在了第一线。面对吕布军队弓弩齐发，典韦毫无畏惧，高声对部下喊道："等敌军到了十步的地方通知我！"部下回答："已经十步了。"典韦又说："等相距五步的时候再通知我！"此时，吕布的士兵蜂拥而至，典韦部众惊慌失措，一边抵抗一边喊道："敌军已在眼前了！"只见典韦大吼一声，舞动铁戟冲入敌群，敌军应声而倒。士兵们在典韦的鼓舞下，奋勇杀敌，将吕布军队的攻势击退，吕布被迫后撤。此时天色已晚，曹操趁着夜色终于撤出了战场。

此战之后，吕布见识了曹操军队的勇猛，再也不敢轻敌。不久，吕布经过一番谋划，主动向曹操展开了攻势。

吕布派濮阳城内的大户田氏联络曹操，谎称将与曹操里应外合占领濮阳。曹操不知有诈，率部进入濮阳并烧毁东门以示决心。吕布见曹操果然中计，立即发动反攻。曹操战败，部众四散。曹操本人也被一小股敌军包围。幸好这股敌军不认识曹操，向这位真正的曹操询问曹操的去向。曹操急中生智，顺手一指，胡扯了一句骑黄马者便是曹操，敌兵扔下曹操进行追击。曹操趁乱逃出濮阳，并在部下司马楼异的护卫下回到自己的大营，此时，曹操才意识到左手掌在突围的时候被烧伤。

曹操脱险后，立即下令赶制攻城器械，再次向濮阳发动攻击。这场攻防战持续百余日，最终因为蝗灾爆发，双方军粮供应均出现了问题而不得不休兵罢战。吕布因粮尽退出东郡、济阴等地转而驻扎山阳。曹操的情况更为凶险，不但军粮供应得不到保障，战场形势也未得到丝毫好转，无奈之下只得向袁绍求援。袁绍却向曹操提出了一个苛刻的要求：让曹操将家小迁到自己的老巢——邺城，实际上是打算以曹操的家小作为人质，进一步控制曹操。

袁绍的图谋逃不过曹操的眼睛，但是此时的曹操眼见兖州新失，军粮将尽，

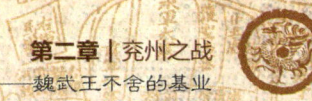

第二章 | 兖州之战
——魏武王不舍的基业

处境艰难，无奈之下打算答应袁绍的要求。程昱闻听此事，立刻给曹操进行了一番透彻的分析和建议。程昱表示：

"我觉得将军大概是临事畏惧，不然为什么考虑如此不周？袁绍占有燕、赵地区，有吞并天下的野心，但他的能力却达不到这种水平。将军以为能在他手下做事吗？将军以龙虎之威，愿意去做他的韩信、彭越吗？如今兖州虽已残破，还有三城控制在您的手中，能战之士不下万人，凭将军之神武，再加上荀彧和我这班手下齐心协力，完全可以成就霸王之业，请将军重新考虑！"

程昱的劝阻使曹操抛开了幻想，打算完全凭自己的力量和吕布交锋。不过，曹操的拒绝并没有让袁绍弃曹操于不顾。之后，袁绍亲自率领五千将士进入兖州地区协助曹操，曹操军力得到了极大的增强。曹操于当年九月回到鄄城。

濮阳之战，是曹操与兖州反叛势力的第一次大规模交锋。尽管这场战斗不分胜负，但通过与吕布的较量，曹操对这支兖州叛军中人数最多、实力最强的军队有了深刻的了解，这也为日后作战的胜利积累了宝贵的经验。同时，通过这场战争扭转了自当年四月以来的被动局面，将劣势转变为均势。更为重要的是，曹操得到了袁绍的大力支持，并摆脱了全线受制的不利局面，拥有了一个较为稳定的后方。袁绍军队的介入，对于兖州战局造成了重要而深远的影响。胜利的天平在袁绍军队的介入之后开始慢慢扭转。

作为兖州叛军的主力，吕布则在战略和战术上都存在着严重的错误。首先，吕布没有及时占据东平、切断亢父及泰山间的通道，凭借地形之利拦截曹操回援兖州的大军，而是屯兵濮阳，战略出现重大失误。在濮阳之战中，他未能利用曹操贸然进城的致命失误迅速将曹操主力击溃，造成濮阳长期遭到围困从而使自己实力受损。在濮阳之战进入相持阶段之时，他又未能保证军粮供应，不得不退出重镇濮阳，使曹操得以从容地休整军队。这一切都为吕布日后的失利埋下了伏笔。

6. 曹操夺回兖州

濮阳之战后，曹操的不利局面慢慢开始好转。曹操派遣部将、乘氏地区（今山东省巨野县西南）的豪族李乾返回乘氏安抚当地民众及周边各县。同年八月，

吕布从濮阳退至该地，令别驾薛兰、治中李封劝说李乾背叛曹操，遭到李乾的拒绝。薛兰、李封等人将其杀害，激起李乾家族的强烈反抗。曹操命令李乾的儿子李整统领其父旧部，并会同其他将领一起向吕布发动进攻，将薛兰、李封等人赶出了乘氏地区。吕布无奈，只能屯兵山阳地区（今山东省金乡县西北）。

在袁绍的协助下，曹操于当年十月驻扎东阿，开始了大规模的战前准备。汉献帝兴平二年（公元195年）春，曹操的准备工作就绪，开始向吕布军队驻守的济阴郡定陶地区（今山东省定陶县）发动进攻。济阴郡太守吴资调集兵马在南城进行抵抗，曹操久攻不下，这时吕布亲自率军增援。曹操随即调整部署，以一部继续围困南城，主力对付吕布的援军。战斗在定陶城外开始。吕布措手不及陷入被动，被曹操击败。这样，济阴郡回到了曹操的手中。

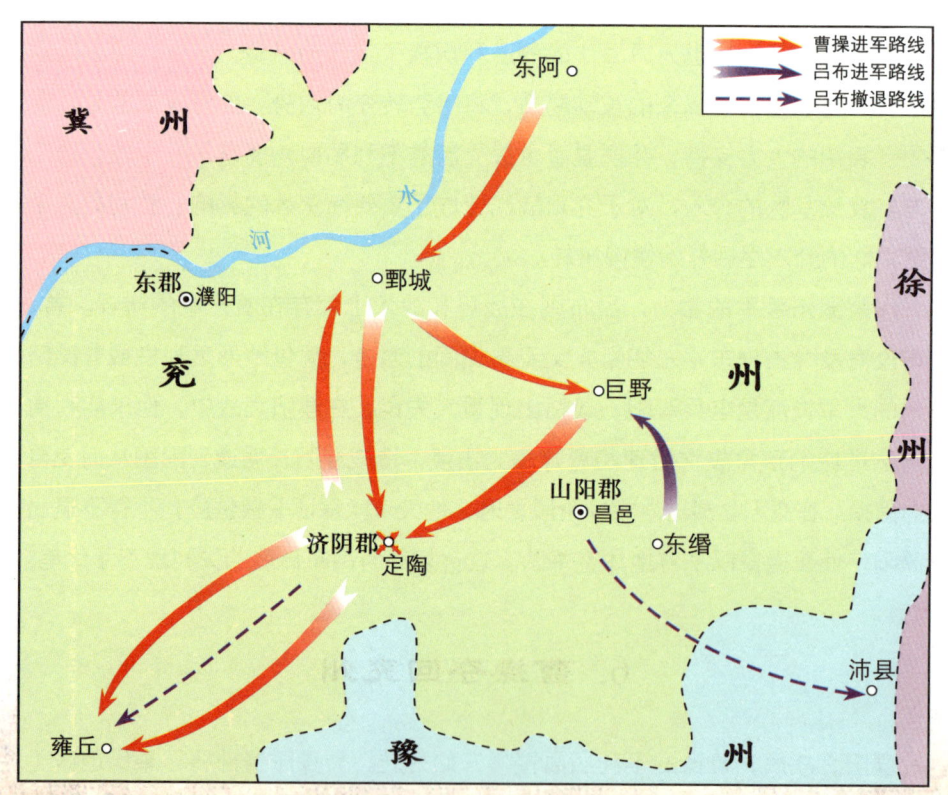

曹操反攻图

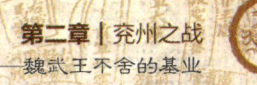

第二章 | 兖州之战
——魏武王不舍的基业

汉献帝兴平二年（公元195年）夏天，曹操率部从定陶向东直扑山阳郡，向吕布主力盘踞的定陶巨野地区（今山东省巨野县东北）发动进攻。此时，陈宫率领的一支叛军也赶到了东缗县（今山东省金乡县东北）与吕布所部会合。兖州之战中具有决定性的战役由此拉开了序幕。

此时，镇守巨野地区的是吕布手下的别驾薛兰、治中李封。其部卒之前败于曹操，兵力不足，士气低落。曹操利用这个有利时机向该地发动猛攻，巨野之战进入了第一阶段。

面对曹操的凶猛进攻，薛兰、李封难以招架。他们一面勉强支撑，力保城池不失，一面向吕布求援。吕布闻讯后，率部向巨野驰援。曹操则仍然采用之前在定陶的老办法围点打援，以主力向赶来增援的吕布发动反击。吕布再次中计，一场激战之后再度败北，不得不放弃增援，退往东缗与陈宫会合。吕布的撤退使得巨野守军陷入绝境，在曹操的进攻之下，守军损失惨重，城池失守，薛兰、李封等人也被曹操斩杀。

吕布退至东缗之后，与陈宫商议后决定向曹操发动反击，重新占领巨野这个山阳郡（今山东省巨野、金乡一带）的战略重镇。巨野之战的第二阶段开始。

就在吕布与陈宫合并一处以一万多人的兵力向巨野发动进攻时，正逢巨野地区粮食收获季节。曹军镇守巨野的大部分兵力均被曹操派赴该地周围的农田进行收割，城中兵力空虚，能作战的士兵不足千人。此时，吕布、陈宫大军突然兵临城下，形势非常危急。

面对危局，曹操不慌不忙，沉着冷静。他命令城中的妇女扮作士兵进入防御阵地，自己则将手中仅有的一千多士兵组织起来在城西布防。恰巧在曹操布防处不远有个大堤，大堤的南面有一大片树林，树木幽深，非常适合设伏。但此时曹操手中已再无一兵一卒可派，只能眼巴巴地看着这片树林心中懊恼。此刻，曹操兵力薄弱，只要吕布发动进攻，这点兵力根本不是吕布的对手，巨野城也将落入吕布之手。

尽管这片树林中没有曹操的伏兵，但引起了吕布的怀疑。经过与曹操的数次交锋，吕布深知曹操用兵多变，伏击战更是其拿手好戏。当吕布大军来到大堤南面的树林时，吕布命令全军停止前进。在观察良久之后，吕布仍然心有余悸，对

部下表示：此处树木茂盛，非常适合派军埋伏，曹操用兵诡诈，一定会在此布置军队，咱们不能上他的当。于是，吕布竟然下令全军撤退，退至巨野南部十余里处扎营，曹操侥幸躲过一劫。

到了第二天，吕布发觉上当，再次向巨野发动进攻。此时，曹操早已做好准备，正等着与吕布打一场恶战。曹操以少量士兵在大堤以外布防，开战之后在此处主动向吕布搦战，主力则隐藏在大堤之内，计划以堤外的士兵作为诱饵，造成该处兵力不足的假象，诱使吕布上当。

曹操的战前预料果然没错。战斗开始之后，堤外曹军的主动搦战使得吕布判断出现失误，吕布认为这里的曹军只不过是故布疑阵，仅以一些战斗力较差的轻兵迎战。眼看吕布中计，曹操随即命令埋伏在大堤内的主力向敌军发动猛攻，迅速歼灭这股敌军后，从侧翼向吕布军队发动总攻。

进攻部队侧翼被袭，令吕布惊恐万状，慌忙率部迎战，不过为时已晚。曹操士气高昂，一鼓作气将进攻巨野的吕布所部击败，缴获了敌军的战车。之后，曹军乘胜追击，一直追至位于城南十余里处的吕布营地。此战过后，吕布、陈宫所部伤亡惨重，不得不连夜向定陶方向撤退。

巨野之战，是曹操与吕布、陈宫等兖州叛军进行的一场关键性战役。在这场战役中，曹操战术运用得当，以围点打援的战术将吕布援军击败，成功占领重镇巨野，获得了战役的主动权。之后，曹操又成功迷惑吕布，迫使吕布放弃了利用曹操兵力空虚夺回巨野的企图。在之后进行的决战中，曹操以劣势兵力对抗强敌，集中所有兵力于一点进行突破，造成吕布全线崩溃，最终取得了决定性胜利。反观吕布在曹操兵力空虚时未能果断发动进攻，在曹操严阵以待之时，又出现兵力部署失误。他将战斗力不强的轻兵派往城西大堤，造成该部迅速被歼导致全线动摇。

这场战役决定了兖州之战的最后结局。为了不给吕布喘息之机，巨野之战后，曹操立即以主力进攻并占领定陶（今山东省定陶县），此后分兵平定兖州地区叛乱诸县。吕布大势已去，只得带着张邈、陈宫一起逃至徐州投靠刘备。叛乱的另一主谋、张邈的弟弟张超则带着张邈的家属退兵至雍丘地区（今河南省杞县）负隅顽抗。汉献帝兴平二年（公元195年）八月，曹操包围雍丘并于十二月攻占

该城，张超本人及其三族被杀。张邈则在前往袁术处搬救兵的途中被杀。至此，经过一年九个月的艰苦鏖战，曹操终于击败吕布、张邈、陈宫等人发动的叛乱，夺回了兖州的控制权。

7. 后话

在夺回兖州之后，曹操一鼓作气，于第二年开始向兖州以南的豫州进攻。汉献帝建安元年（公元196年）正月，曹操攻占豫州所属陈国，逼降袁嗣；二月，曹操又占领汝南（今河南省息县一带）、颍川（今河南省禹州）等地，将盘踞在豫州地区的黄巾军余部何仪、刘辟、黄邵、何曼击败，将豫州大部地区纳入势力范围。同年七月，汉献帝摆脱李傕、郭汜等凉州割据势力的控制，从长安向东逃至洛阳。不久，曹操主动前往迎接汉献帝，将其牢牢地控制在手中。

同年八月，曹操将献帝转移至许县，加强了对汉末朝廷的控制，进一步巩固势力，并在所控制地区采取大规模的富国强兵、用贤任能措施。同时，曹操采纳了荀彧提出的从身边较为弱小的对手入手各个击破，然后再与袁绍集团展开大决战的战略构想，并从汉献帝建安二年（公元197年）正月开始展开扫清周边障碍的战斗。经过两年多的鏖战，终于将袁术、张绣、吕布等割据势力先后消灭，控制了徐州、兖州、豫州等地区。汉献帝建安五年（公元200年）开始，曹操与袁绍展开了争夺汉末中原地区控制权的战略决战——官渡之战。

8. 总结

兖州之战，是曹操集团草创时期的关键性战役，通过这场战争，曹操亲手创建的政治、军事集团正式成形并迅速扩张。在这个过程中，曹操不仅获得了固定的发展基地，也组建了文武班底，为未来图谋中原打下了坚实的基础。

但是，兖州之战的起因却是曹操自己的失误造成的。他主动挑起并激化了与兖州地方势力之间的矛盾，造成兖州地方势力的不满。面对这种状况，曹操不但没有进行调解、缓和，反而以强硬的方式加以镇压，不但逼迫兖州地方势力举兵

反抗，连部下陈宫也成了叛乱的主谋之一。曹操的失误还在于，当兖州本地势力的不满因遭受镇压而转入密谋叛乱之时，曹操误以为行动已经收到了效果，放心大胆地继续东征陶谦，造成兖州地区兵力空虚。叛乱发生之后，除鄄城、范县和东阿之外的其他郡国悉数落入叛军之手，自己也不得不立即回军救援，开始了长达一年多的血战。因此，是曹操处理与兖州地方势力关系的失误导致了兖州之战的爆发。

兖州之战开始后，曹操战术运用得当，利用濮阳之战逐渐将兖州局势转化为均势。之后又借助袁绍的力量摆脱困境，并在乘氏、定陶等地对叛军进行了沉重打击。在巨野之战中，曹操战术灵活，成功运用计谋两次将叛军打败，对叛军予以重创，彻底扭转了战场形势。此后，曹操的兵锋势不可挡，数月之间便将叛军主力吕布、陈宫所部赶出了兖州，并斩杀张超等人，取得了兖州之战的最后胜利。

作为兖州之战的另一方，张邈、陈宫、吕布等人计划周密，行动迅速，开战之初便取得了主动权。不过，叛军主要首脑战略谋划能力不足，未能抢在兖州大部归顺、曹操尚未及时回援之际迅速占据东平、切断亢父及泰山间的通道，凭借地形之利对曹操的主力进行拦截，反而屯兵濮阳，放任曹操主力进入兖州与自己进行争斗，犯下了致命的战略错误，导致局势由己方优势变成了均势。

兖州之战开始后，叛军数度与曹操交锋，但战术素养及谋略水平明显逊于曹操，因此在定陶、巨野等战役中，屡次中了曹操的圈套，导致战事失败，实力大损，最后以失败告终。

正当曹操为兖州之战的胜利而欢欣鼓舞时，一位少年英雄也在长江中下游一带的广大区域展开了一系列战争，并最终取得了该地区的控制权。

这位少年英雄叫作孙策。

第三章

江东之战
—— 孙吴帝国奠基战

引 子

汉献帝初平四年（公元193年）年底，徐州广陵郡（今江苏省扬州市东北），张纮家中。

十九岁的孙策眼巴巴地盯着眼前这位比自己大二十岁的中年人，苦苦等着这位徐州名士——张纮给自己指一条明路。为达到这个目的，他已经前来拜访过张纮很多次了，但每次张纮都是笑而不答。这一次，孙策打定了主意：如果张纮不开口，自己就坚决不回去！

张纮慢慢吞吞喝下一口茶，轻轻地将茶杯放下，清了清嗓子，终于开口了，孙策的心中一阵狂喜。

张纮缓慢地说道："春秋时期国运衰落，齐桓公和晋文公先后称霸一时，延续了周朝数百年的基业。如今天下大乱，诸侯并起，在这种局势下将军你打算秉承父亲的遗志，可谓正当其时。以将军的骁勇善战，如果前往丹杨投奔舅舅吴景并在那里招兵买马、积蓄和发展力量，然后向扬州和荆州方向发展，将这两个地区纳入控制范围。之后再凭借长江天险发展势力。到那时再平定各地的叛乱、匡扶汉室，其功绩等同于当年的齐桓公和晋文公。如果将军按照这个思路发展下去，就一定能够成就一番伟业，到那时我也一定会与好友一起渡江南下协助将军……"

还没等张纮把话讲完，孙策已经控制不住自己的情绪：不愧是江淮名士呀，一番话真是振聋发聩，现在我终于明白该怎么做了！

想到这里，孙策的眼眶变得湿润起来……

1. 孙家故事

孙策，字伯符，吴郡富春人，出生于汉灵帝熹平四年（公元175年）。当时，东汉的社会矛盾日益激化，老百姓流离失所、苦不堪言，全国各地都爆发了规模不等的农民起义。为了巩固统治，东汉朝廷不得不进行武装镇压，孙策的父亲孙坚就是在这场镇压农民起义的过程中以战功逐渐登上了东汉的政

第三章 | 江东之战
——孙吴帝国奠基战

治舞台。就在孙策出生之时,孙坚就因战功被委任为县丞,并在数年之后由佐军司马、别部司马、议郎升任为长沙太守。由于常年征战在外行踪不定,孙坚很早就将自己一家安置在寿春。孙策的童年时期是和母亲吴氏一起度过的。

在母亲吴氏的细心照料下,孙策接受了良好的教育,性格开朗随和。十几岁的时候就已经以善于交朋结友而闻名于世。在他所结交的这帮朋友当中,孙策与一个叫作周瑜的同龄人关系最好。这个名叫周瑜的孩子是汉末的一个世家大族子弟,少年时期已经闻名江、淮一带。之后,周瑜劝说孙策一家搬去自己的家乡舒县(今安徽省舒城县)生活,同时还为孙策一家准备了一座上好的宅院居住。从此,孙策一家便离开寿春来到了舒县。移居舒县之后,孙策与周家的关系日益密切,两家结成了通家之好。在周瑜的积极协助下,孙策积累了广泛的人气和声望,并很快成为江、淮一带的知名人物。

不过,就在孙策闻名江、淮之时,其父孙坚的日子却并不好过。自从参加由关东诸侯所发起的讨伐董卓之战,孙坚就一直陷入是非的漩涡之中。在北上途中他擅自杀害了荆州刺史王睿和南阳太守张咨,引起袁术等世家大族的不满。讨董之战开始之后,袁术即以停止供应军粮要挟、控制孙坚。孙坚好不容易与袁术拉上关系,被袁术推荐为豫州刺史,没想到袁绍和曹操又趁派出周㬂等人抢夺豫州,逼得孙坚与袁术一起开始了与袁绍、曹操之间的诸侯混战。汉献帝初平二年(公元191年)年底,孙坚奉袁术之命向刘表所占据的荆州发动大规模进攻,他意外死于刘表部将黄祖的手中。此时的孙策年仅十七岁。

孙坚之死,对于青少年时期的孙策打击巨大,同时也激发了孙策为父报仇的雄心。在处理完父亲的丧事之后,孙策做出了两个重大决定:举家离开舒县迁往江都(今江苏省扬州市江都区),后迁往曲阿(今江苏省丹阳市);同时将原本由自己继承的乌程侯的爵位让给了弟弟孙匡,自己则开始了复仇雪耻的大计。

为了明确发展方向,孙策专门请教江淮名士张纮并得到了占据吴会壮大力量的策略。孙策表示:目前天下大乱,汉室倾覆,各路诸侯纷纷拥兵自重图谋一己之私,却没有一个人能够站出来扶危救困协助朝廷平息叛乱。父亲孙坚当年曾经与关东联军一起征讨董卓,并在夺取洛阳一役中获得了巨大的成功,并打算利用夺取洛阳的有利时机一举消灭董卓这个祸乱朝廷的奸贼。但父亲的理想却因为关

东联军的内讧而破灭，父亲也在征讨荆州刘表的战斗中意外被黄祖杀害。如今自己虽然年少愚昧，但却有着平定天下叛乱的远大志向，打算向袁术讨还父亲当年留下的兵马，再去投奔在丹阳担任太守的舅舅吴景，然后招兵买马，占据扬州东部的吴郡、会稽一带并发展势力。之后向刘表盘踞的荆州发起进攻，为父亲报仇雪恨，并协助朝廷实现天下太平的理想。

张纮则认同了孙策的既定规划，认为孙策可以暂时投靠袁术以获得父亲孙坚的旧部作为日后发展的基础，然后摆脱袁术独立发展。在占据吴郡、会稽之后，立即向扬州和荆州地区发展。然后据守长江天险，建立一个割据性的地方政权，最后打着"匡辅汉室"的旗号，统一天下。这个建议对于年轻的孙策而言，不啻是振聋发聩。它不仅拓宽了孙策的思路，也改变了孙策一心复仇的狭隘想法，并为孙策集团日后的发展指明了一条道路，张纮提出的战略规划后来便成了孙策的发展蓝图。

2. 江东乱局

汉末的江东地区，其实就是时人对扬州地区的俗称。扬州，是东汉十三刺史部之一，含九江、丹阳、庐江、会稽、吴郡、豫章等六郡。除九江和庐江两郡地处长江以北之外，其他四郡都在长江以南。扬州地区毗邻荆州、徐州、交州、豫州等地，疆域辽阔，同时又有长江天险，战略位置十分重要。

汉末政局日趋复杂之际，扬州的局势也混乱不堪，不但袁术、袁绍、刘表等政治势力在此进行多年的较量，远在长安的李傕、郭汜集团也试图染指。因此，短短数年时间里，扬州刺史一职先后换了五个：陈温、袁遗、陈瑀、袁术、刘繇。这五个刺史分别代表了不同的政治势力，他们在任期间与所属政治势力相互勾结，排斥异己，造成扬州境内冲突不断，战事连绵。同时，扬州境内有众多地方豪强势力，他们为了各自的利益，整日钩心斗角，相互争夺，自行其是，丝毫不把当地官吏放在眼里。因此，地方官吏对当地局势难以掌控，社会环境日益恶化。除此之外，扬州境内亦有很多少数民族生活居住，与当地官吏矛盾尖锐，经常爆发战争。整个扬州地区处于混乱而失控的边缘。

第三章 | 江东之战
——孙吴帝国奠基战

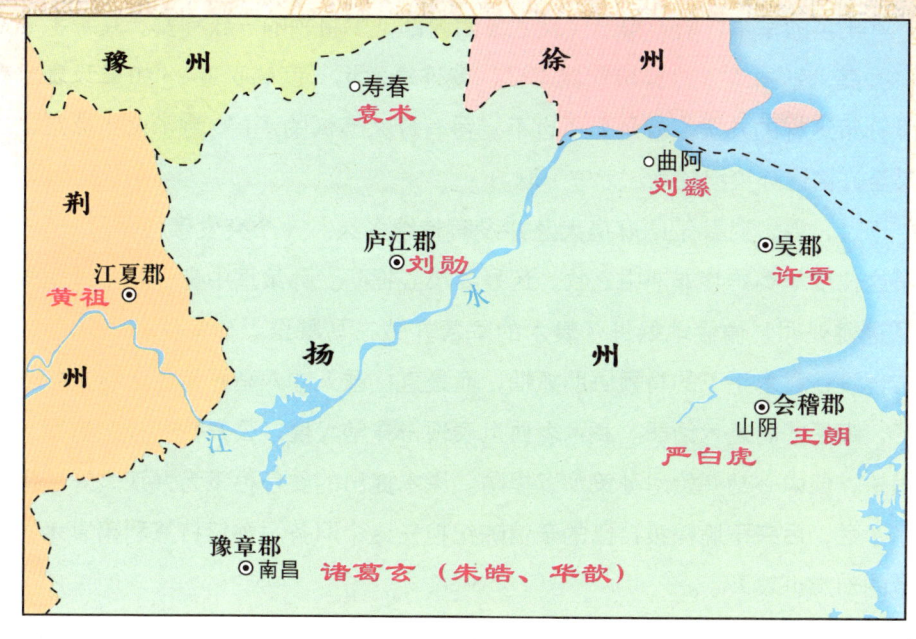

孙策渡江时期扬州地区割据

也正是在这个时候,孙策投靠了袁术。

汉献帝兴平元年(公元 194 年),孙策来到寿春找到了袁术,要求袁术归还父亲生前的旧部。尽管袁术也非常欣赏孙策,但唯恐孙策不受控制,就是拖着不给,同时还打发孙策到丹阳郡自行募兵。无奈之下,孙策只能来到丹阳。在丹阳太守、舅舅吴景的协助之下,好不容易招募到了数百人,随后便与吴景、孙贲等人一起征讨泾县(今安徽省泾县以西)渠帅祖郎。由于缺乏战斗经验、兵力较少,孙策的第一次作战以惨败告终,不仅新招的数百名士兵损失殆尽,自己也深陷重围。如果不是孙坚的旧部程普掩护孙策突围,孙策很可能命丧祖郎之手。

就在孙策垂头丧气的时候,父亲孙坚的另外一名旧部——丹阳故鄣人朱治及时出现在孙策的面前。在朱治的建议下,孙策回到寿春并再次向袁术讨要父亲的旧部。看到孙策灰溜溜的样子,袁术的戒心稍有松懈,便将孙坚旧部一千多人交还给了孙策。从此,这一千多人便成了孙策集团最基础的一支武装力量。

在得到这支规模不大的武装力量之后,孙策在治军方面的天赋便立刻展现出

来，其出色的军事才能也得到了袁术集团内部不少将领的一致称赞。袁术手下的大将乔蕤、张勋等人对孙策钦佩不已，就连袁术也一度感叹道："如果我袁术有个像孙策这样的儿子，就是死了也不觉得有什么遗憾的了！"为了拉拢孙策，袁术甚至许诺让孙策担任九江太守一职。

不过，袁术对孙策的麻痹大意并没有持续多久。一个突发事件提醒了袁术：孙策这位少年英雄终非池中之物，还是要小心提防。孙策军中有一名犯错的骑兵为了逃避处罚，偷偷地躲进了袁术的军营并藏在马厩里。孙策既不提前通知袁术，也没让袁术手下的将领协助抓捕，而是直接派人冲入马厩将此人抓走并当即处死，事后才向袁术请罪。袁术表面上表现得非常大度，公开赞同孙策治军严谨的做法，但内心却开始对孙策加以提防。原本提出的委任孙策为九江太守一事也不了了之，后来干脆提拔自己的亲信陈纪担任这个职务。孙策打算利用袁术扩充力量的幻想也破灭了。

孙策投靠袁术原本是权宜之计，所以平时积极寻找外放的机会，但袁术始终对孙策充满戒备，这让孙策失望之极。此时，他所能做的，只有耐心等待。

在这段难熬的日子里，孙策始终没有忘记张纮所提出的战略规划，他的目光也一直死死地盯着混乱的江东地区。

同年年底，陶谦因病去世，在徐州豪强及袁绍的支持下，刘备登上了徐州牧的宝座。袁术自称徐州伯，集结军队，准备向立足未稳的刘备发动进攻。为此，袁术要求庐江太守、江东大族陆康提供三万斛军粮，遭到陆康的拒绝。袁术让之前与陆康有过一面之缘的孙策前往庐江交涉。陆康又借故不见孙策，只是派出一名主簿应付孙策。袁术闻讯之后勃然大怒，立即命令孙策进攻庐江，并许诺孙策一旦拿下庐江，就将太守之位授予孙策。不过，在孙策经过半年时间的进攻拿下庐江之后，袁术再次变卦，又将太守职务授予了另外一名亲信刘勋。

孙策正为找不到一个合适的借口摆脱袁术而苦恼之时，机会意外地出现了。

皇室宗亲刘繇被李傕、郭汜控制的汉室朝廷任命为扬州刺史。刘繇来到扬州后才发现当地情况恶劣，不仅内乱不止，周边各割据势力也对扬州虎视眈眈，就连扬州的州治历阳（今安徽省和县）也被淮南割据势力袁术所占据。无奈之下，

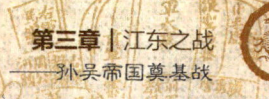

刘繇只能以丹阳郡的曲阿（今江苏省丹阳市）作为自己的办公地点。之后，刘繇下令将时任丹阳太守的吴景和丹阳都尉孙贲强行驱逐。李傕、郭汜等人得知此事之后，加封刘繇为扬州牧、振武将军，周尚为丹阳太守。刘繇军威大振，俨然有与袁术旗鼓相当之势。

刘繇的强硬行径立即招致了袁术的强烈反击。袁术以牙还牙，私自任命惠衢为扬州刺史，并命令吴景为督军中郎将，与孙贲一起率部进攻张英等人。双方在横江（今安徽省和县东南）地区展开激战，持续了一年有余仍难分胜负。直到孙策取得庐江之战胜利，横江津的战事仍然处于胶着之中。这让一心想在扬州地区扩充势力的袁术非常焦急。

孙策等待已久的机会终于到来了。

此时孙策看准了袁术焦躁的心态，趁机向袁术要求，让自己前往横江地区助战。孙策告诉袁术，自己的家族在江东一带有很大的影响力，希望能够前往横江协助舅舅吴景作战。一旦拿下横江之后可以就近招募三万人马，到时候这些兵马就会用来协助袁术。

袁术深知孙策对自己有着强烈的怨恨之心，如果真的可以招募到三万兵马，孙策肯定一去不复返。但是横江津战事吃紧，袁术又无法立即派出更加得力的战将增援，无奈之下袁术只好答应了孙策的请求。

至此，江东之战拉开了序幕。

3. 战前布置及力量对比

为了抵御袁术即将发动的进攻，扬州牧刘繇在赶走吴景和孙贲之后，随即对扬州各地进行了一系列的战前部署。他派遣部将樊能、于糜驻扎在长江渡口横江津（今安徽省和县东南）、张英驻军横江津以北的当利口；在牛渚（今安徽省当涂县西北）建立军需物资大营，派驻重兵把守；以彭城相薛礼镇守秣陵（今江苏省江宁区东南）、下邳相笮融屯兵秣陵县南。刘繇计划以此三道防线作为抵御进攻的主要战术手段，凭借地利与孙策展开较量。同时，刘繇任命部将朱皓为豫章（今江西省大部地区）太守，出兵豫章郡，将袁术任命的豫章太守诸葛玄赶走，

重新控制了豫章郡。

除了刘繇采取的各项战前部署之外，江东地区的地方豪族对于袁术的敌对态度也是孙策即将面临的重大挑战。由于孙策在之前的庐江之战中击败守军，赶走了在江东地区极富名望的望族陆康等人，引起了江东大族对袁术及孙策的强烈反感。江东大族大都选择了站在刘繇的一方来抵御袁术派来的"外来者"。

除了地利、人和的因素之外，刘繇在兵力数量方面也占有绝对优势。此时，刘繇的兵力也达到了数万人之多。

那么，作为进攻一方的孙策的实力又是怎样的呢？

孙策此时的兵力少得可怜。尽管袁术答应孙策进攻江东，但没有给孙策一兵一卒。离开袁术之时，孙策的手中仅有一千多步兵和几十名骑兵，愿意跟随作战的宾客也不过数百人。孙策十分清楚，单凭这点兵力不但无法夺取江东，就连性命也难保。

如何才能在进攻开始之前补充兵员、壮大实力呢？孙策很快便想到了办法。

孙策出发之后，没有直接赶往战场与刘繇交战，而是来到了历阳（今安徽省和县）。这里有他的舅舅吴景、堂兄孙贲，还有好友周瑜的从父、丹阳太守周尚。显然，孙策是来求援的。孙策提出将三人手中的军队全部交由自己指挥。由于孙策在之前的战斗中骁勇善战、指挥有方，吴景等三人都一致同意了孙策的要求。周尚还主动提出负责供应大军的粮草供应。好友周瑜又带着部分士兵赶到历阳，他将这些士兵也交给了孙策指挥。因此，在历阳逗留期间，孙策兵力大增。离开历阳之际，他的军队数已经达到了五六千人。随同参战的将领有吴景、孙贲、周尚、周瑜、程普、黄盖、蒋钦、周泰、吕蒙、徐琨等数十人。

在完成扩军之后，孙策于汉献帝兴平元年（公元194年）十二月，开始了夺取扬州六郡的战争——江东之战。

4. 击败刘繇夺取二郡

战事开始之后，孙策将第一个目标选择在由刘繇部将樊能、于麋、张英等人驻守的横江津、当利口、牛渚大营。横江津、当利口是长江沿线的重要渡口，也是刘繇防御体系中的重点。孙策采纳了姑姑、徐琨母亲的意见，用芦苇做筏，快速渡过长江，以迅雷不及掩耳之势打败樊能、于麋、张英并占领横江津、当利口，之后又向牛渚大营发动进攻。守军战败，孙策顺利攻占该地，并缴获了大量物资和粮草。此时为汉献帝兴平二年（公元195年）。

同年春天，孙策转向笮融所在的秣陵县南并发动进攻。笮融率部出城迎敌，被孙策击溃，五百余人被杀。笮融见势不妙，连忙退回城内防御。孙策见一时难以攻入城中，以部分兵力继续围攻笮融，造成主力仍然留在秣陵县南的假象，其主力秘密疾驰至秣陵城下，并对该城突然发动袭击。守将薛礼完全没有想到孙策突然兵临城下，心怀恐惧，城池很快失守，他只好带着少数随从突围而出。秣陵城落入了孙策之手。

得知孙策主力围攻秣陵城的消息之后，樊能、于麋等人以为有机可乘，立即集结残部向牛渚地区发动进攻，企图重新夺回这个战略要地，切断孙策的退路。孙策闻讯后，留下少数兵力驻守秣陵，主力回援，与樊能、于麋展开激战。樊能所部皆为横江津、当利口之战的败兵，士气低落、战斗力较差，很快也被孙策击败，部众一万多人变成了孙策的俘虏。

连番恶战的胜利使得孙策军队士气大振。孙策命令所部马不停蹄，返回秣陵县南，继续围攻笮融。在攻城的战斗中，孙策为流矢所中，大腿受伤，不能骑马，只能躺在车上。主帅受伤，大军的进攻只能中途停止，全军返回牛渚休整。此时，孙策手下有几个士兵叛变，向笮融报告说孙策已经伤重而死。笮融不明真相，误以为孙策真的死亡，大喜之下竟然忘记派人去核实这一消息的真实性，急不可耐地派出手下将领于兹向牛渚展开进攻，企图将孙策回撤的大军歼灭。

得知笮融贸然出击的消息后，孙策立即想好了破敌之策。他命令步骑数百人前去迎敌，大军主力则埋伏在不远之处，等着敌军中计。果然，笮融的军队发起进攻之后，这数百士兵稍作抵抗之后便悉数撤退，并将于兹所部引到了孙策早已布置好的包围圈，孙策主力掩杀而出。经过一番交战，敌军打败，被杀死的士兵达到一千多人。随后，孙策大军返回秣陵县南。孙策让士兵对着城里的守军高喊："孙郎（指孙策）现在究竟怎么样了？"此时笮融才猛然意识到，孙策不但没

死，派出去的于兹部也被孙策消灭了。从此，城里守军的士气更加低落，部分士兵甚至连夜离开笮融变成了逃兵。笮融眼见孙策士气正盛，只能加强城内的防御，无论孙策如何挑衅都不敢迈出一步。

面对笮融的死守战术，孙策及时改变策略，果断放弃对笮融的围攻，主力迅速南下，在梅陵地区（今安徽省南陵县）将守军击溃，然后回军向北进攻丹阳（今江苏省当涂县以东）、湖孰（今江苏省江宁以南）、江乘（今江苏省句容市以北），进入吴郡北部地区，直逼刘繇的老巢——曲阿。困守秣陵城南的笮融孤立无援，最后也只能逃往豫章地区。孙策最终不战而胜，将此处占领。丹阳郡大部地区处于孙策的控制之下。

得知孙策即将进攻曲阿，刘繇派出同乡太史慈及一名骑兵出城前往神亭（今江苏省丹阳市西）侦察敌情。此时，孙策正巧带着黄盖、韩当等十三人来到此处，与太史慈遭遇，展开了一对一的较量。这场单挑惊心动魄，险象环生。孙策夺取了太史慈插在脖子后面的手戟，太史慈也缴获了孙策的头盔。双方的援军各自赶来，这场生死搏斗才得以停止。

孙策的步步紧逼使得扬州牧刘繇惊慌失措，无心恋战，只能撤退至丹徒（今江苏省镇江）以躲避孙策兵锋，曲阿也随即落入孙策的手中。周边地区官吏及百姓风闻孙策将至，纷纷离开家园逃至山中躲避。

为稳定局势，孙策严令部下不得抢掠，对百姓秋毫无犯。孙策的措施收到了成效。百姓大为感动，纷纷走出深山欢迎孙策的大军。之后，孙策通知各县邑，凡是刘繇的部下前来投诚者，一律既往不咎；愿意从军者，免除全家人的赋税，不愿从军者也不做任何处罚。十多天之后，不少人跑到军营参军，孙策不但得到了两万多人的新兵，还获得了马匹千余。孙策军威大振，实力大增。

此时，从曲阿逃至丹徒的扬州牧刘繇惶惶不可终日，计划在丹徒短暂停留之后逃往会稽。名士许劭认为会稽地区经济发达，必将是孙策下一步进攻的重点，建议刘繇前往豫章（今江西省南昌市），向曹操和刘表求援。刘繇听从许劭的建议逃往豫章，吴郡北部地区也被孙策所控制。

同年年底，孙策命部将朱治向吴郡中部、南部地区发动进攻，加快占领吴郡全境的进程。朱治占领钱塘地区（今浙江省杭州市西南），立即北上。在由拳地区（今浙江省湖州市以南）与吴郡太守许贡所部交战，打败敌军。许贡只能向西逃往乌程地区（今浙江省湖州市以南），与吴郡地方豪强严白虎会合。至此，吴郡也基本落入孙策的掌握之中。

至此，孙策平定江东的第一阶段战事以基本占据丹阳、吴郡两地而宣告结束。

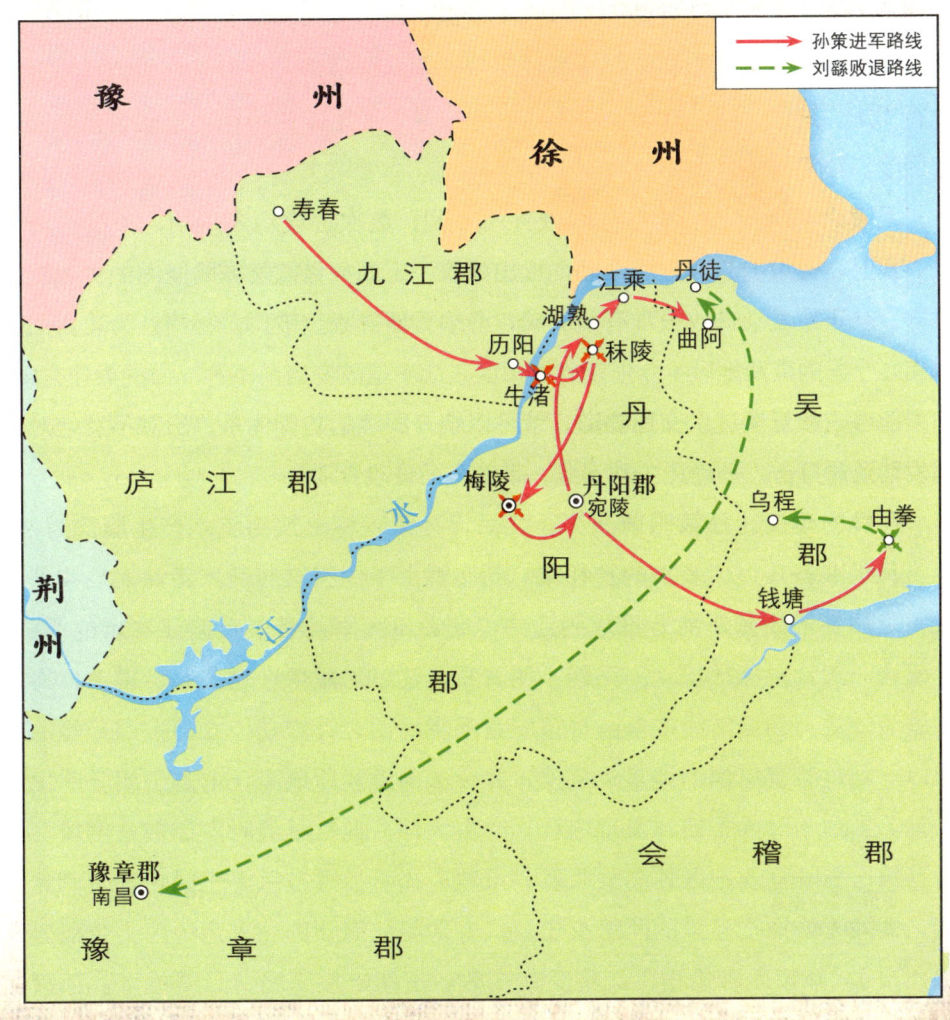

孙策攻陷曲阿

5. 攻占会稽稳定三郡

孙策占领丹阳、吴郡之后，吴郡地方豪强严白虎恃险不服，负隅顽抗。吴景建议孙策向严白虎发动攻击。经过慎重考虑，孙策决定采取一个令人意想不到的策略，决定置严白虎于不顾，挥军南下进攻会稽太守王朗。

汉献帝建安元年（公元196年）八月，孙策兵临浙江（今富春江），计划渡江向会稽郡固陵（今浙江省萧山区以西）发动进攻。得知孙策大军来犯的消息，王朗手下的功曹虞翻认为孙策骁勇善战，应该利用会稽地区地形复杂的特点与孙策进行周旋，建议王朗放弃固陵。但这个建议遭到了王朗的拒绝，王朗亲自率部驻守固陵。孙策平定江东的第二阶段战事打响。

固陵之战开始后，孙策的进展并不顺利，数次进攻均未成功，孙策焦虑不安。此时，孙策的叔叔孙静冷静地提出建议：王朗凭借固陵城防坚固的优势进行坚守，从正面发动进攻很难有所突破，必须重新寻找突破口。孙静认为攻占固陵以南几十里的查渎地区（今浙江省萧山区东北）是改变当前不利局面的最佳方案。如果能够占领查渎这个交通要道，就可以绕开固陵的防御体系，出其不意地对王朗发动致命打击。孙静还主动请缨，带领人马进攻查渎。

孙静的建议让孙策眼前一亮。之后，孙策以将士饮用脏水产生腹痛为由，让士兵们准备几百个装水的瓮和罐。到了晚上下令将这些瓮、罐灌上油并点上火，之后在沿江多处地方投放到江中，制造出大军趁着黑夜渡江进攻的假象。孙策这一策略果然很成功。王朗不明真相，注意力集中在这些瓮、罐上，将驻守固陵的主力调至前线戒备。孙策眼看调虎离山之计成功，立即按照孙静的建议以一部趁着夜色悄悄地靠近查渎，并突然向查渎所属高迁屯的王朗守军发动进攻。到这个时候王朗才发现中计，心中大惊，连忙派周昕率部前去增援。此时孙策已占领查渎地区并向周昕发动反攻。周昕战败被杀。王朗见固陵侧翼被袭，固陵无法抵抗孙策的两路夹击，只好乘船从海陆逃往东治地区（今福建省福州市）。孙策乘胜追击，又将王朗击败。王朗走投无路，只得投降。孙策控制了会稽郡。

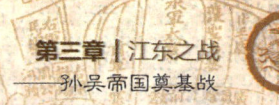

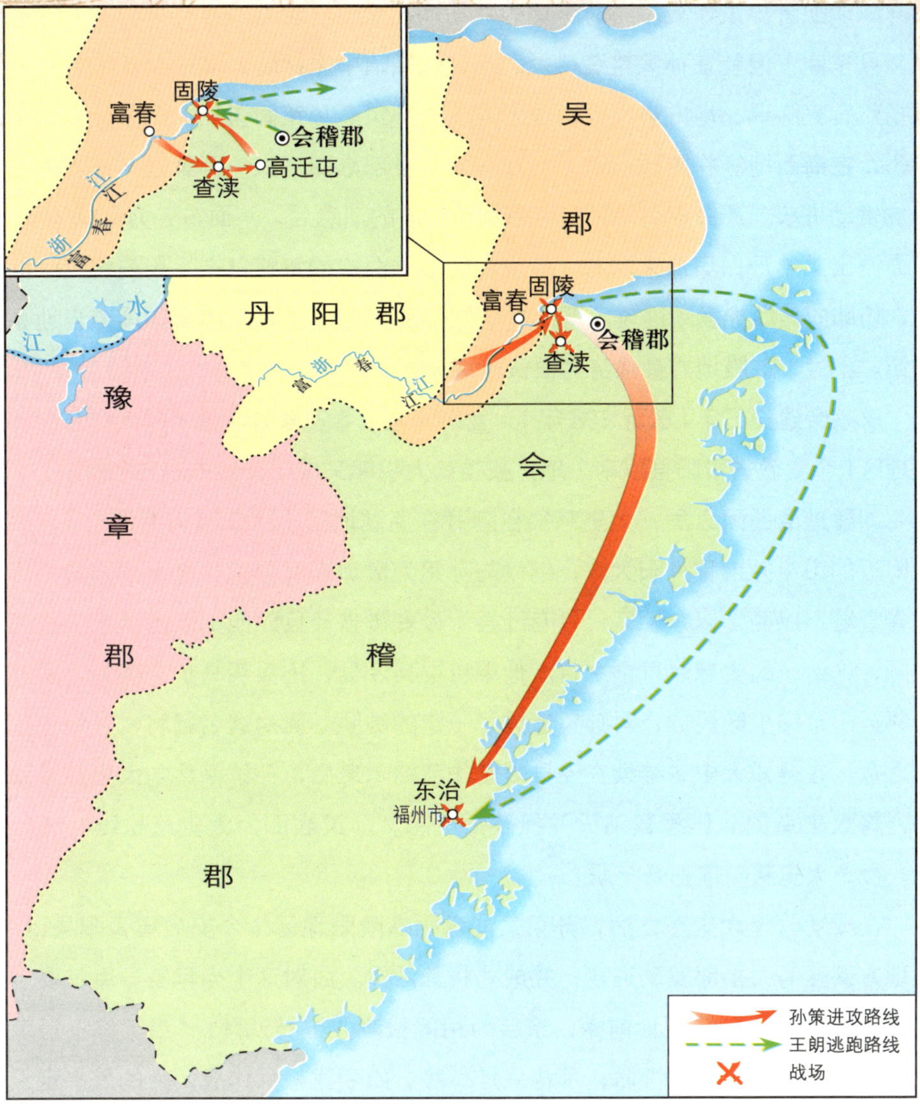

第三章 | 江东之战
—— 孙吴帝国奠基战

孙策平会稽

夺得三郡之后，孙策重新任命了各地官吏、稳定当地秩序。之后，孙策开始着手对盘踞在三郡地区的刘繇旧部及地方豪强势力展开清剿。

汉献帝建安二年（公元197年）秋，袁术在淮南地区称帝，曹操派议郎王浦前往江东，借汉献帝之名要求孙策派兵进攻袁术。同时让徐州的吕布与代理吴郡

太守陈瑀配合孙策作战。当时陈瑀的驻扎地在徐州广陵郡的海西地区（今江苏省灌南县东南）但就在孙策整装待发之际，陈瑀暗中派都尉万演来到江东秘密联络原扬州官吏陈瑀、地方豪强严白虎图谋袭击孙策。孙策闻讯后，命朱治出兵突入徐州，在海西地区将陈瑀击败，俘获其妻子及部众四千人。孙策则亲率大军向严白虎发动进攻。严白虎得知孙策即将发动进攻的消息后，一面布置力量据险据守，一面派出弟弟严白舆前来求和。孙策识破了严白虎的策略，亲手用戟将严白舆杀死，随即向严白虎发动进攻。严白虎自知不敌，向余杭方向逃窜，投奔当地豪强许绍。不过，这股地方豪强势力很快也被孙策所剿灭。

汉献帝建安三年（公元198年），盘踞泾县（今安徽省泾县）的太史慈部和陵阳地区（今安徽省青阳县以南）地方豪强势力祖郎又成了孙策的攻击目标。

刘繇逃离曲阿之后，太史慈独自隐藏在芜湖地区（今安徽省芜湖市），后逃入附近的山中并自称丹阳太守，继续与孙策为敌。当时孙策已经平定宣城（今安徽省宣城市以西）以东地区，只有泾县（今安徽省泾县以西）以西的六个县尚未归顺，这给了太史慈以可乘之机。他乘机屯兵泾县，招兵买马扩充势力，同时联合邻近山越等少数民族，对孙策造成了一定的威胁。面对这名猛将，孙策心生爱才之意。在得知太史慈继续在泾县地区作乱的消息后，孙策率兵向太史慈发动攻击，将太史慈的队伍悉数消灭并抓获太史慈。孙策当即为太史慈松绑并进行招降，授予太史慈门下都督一职。

在成功收降太史慈之后，孙策又向盘踞在陵阳地区（今安徽省青阳县以南）的地方豪强势力祖郎发动进攻，并成功将其活捉。面对这个当年差一点就要了自己性命的仇人，孙策不计前嫌，亲自为祖郎松绑并进行劝降："当年你不但袭击我，还差一点要了我的性命，那些只是私怨。如今我起兵作战，为的是平定天下的大事。这些往日的恩怨我并不计较，你也用不着担心我会因此而杀你。"祖郎深受感动，当即表示归顺。孙策授予其门下贼曹一职。当孙策胜利回营之时，祖郎和太史慈这两个孙策当年的仇敌一同在前面开道，全军都感到非常的荣耀。此后，刘繇病逝，太史慈又主动前往豫章地区，将刘繇遗留的万余旧部带回了江东交给孙策。

从汉献帝兴平二年（公元195年）年底孙策渡江之后，短短数年时间，孙策已经完全占领了丹阳、吴郡、会稽江东三郡，为统一江东奠定了坚实的基础。在占领三郡的过程中，孙策不仅表现出其出色的指挥才能，还根据战场的变化及时调整策略，同时亲临战阵冲锋陷阵，显示了其名将本色。

6. 夺取庐江平定江东

就在夺取丹阳、吴郡、会稽三郡并逐步稳定当地局势之时，江东及淮南地区的局势出现了新的变化。汉献帝建安四年（公元199年），袁术病死，其手下长史杨弘、大将张勋等人打算投奔孙策，但在半路被袁术的旧部、庐江（今安徽省庐江县一带）太守刘勋收编。之后，刘勋又陆续接收了袁术的众多残部并得到淮南名士刘晔等人支持，逐渐成为江淮一股实力较强的割据势力。为了进一步扩充力量，刘勋还通过各种手段向毗邻的豫章郡渗透。

刘勋在庐江地区的活动，引起了孙策的警觉，孙策决定加快夺取庐江、豫章等地的进程，及早统一江东地区，扩大势力范围。孙策平定江东的第三阶段战事展开了。

汉献帝建安四年（公元199年）夏，孙策派出使者向刘勋诈称豫章郡上缭（今江西省永修县）一带的豪强经常袭击自己的属地，由于道路不畅难以征讨，希望刘勋能够代为征讨。为了诱使刘勋上当，孙策还让使者带去大量的金银珠宝以表示诚意，同时又表示自己会出兵作为外援，对刘勋的进攻进行协助。

不过，孙策的计策被名士刘晔识破。刘晔认为，上缭地方虽小，但城防坚固，难以在短时间内攻破，到时候刘勋主力就会被牵制在上缭城下。如果孙策此时突袭刘勋的老巢皖城（今安徽省潜山县），刘勋难以立刻回援，庐江将落入孙策之手。但是，刘晔的准确判断并没有引起刘勋的重视。同年十一月，刘勋以主力征讨上缭，皖城及其周边地区兵力空虚。

孙策得知刘勋主力已经离开皖城，立即借口攻击荆州割据势力出兵石城（今安徽省池州市贵池区以西）。当刘勋到达海昏地区（今江西省永修县以东）时，孙策攻占庐江的行动也正式开始。他命令堂兄孙贲、孙辅率领八千将士前往彭泽（今江西省湖口县）堵住刘勋的归路，自己则与周瑜一起率部两万偷袭皖城并将

其攻占，俘获了原袁术部众三万多人，还有袁术、刘勋的家眷。随后，孙策命李术为庐江太守，以三千人马驻守该城，同时将俘获的人员悉数迁往吴郡。

被蒙在鼓里的刘勋还不知道孙策已经出兵攻占了自己的老巢。刘勋进入上缭之前，当地民众已经逃跑，给他留下了一座空城。刘勋一无所获，只能原路返回。在彭泽地区遭到了孙贲、孙辅的偷袭，刘勋战败，退走楚江，从寻阳（今安徽省黄梅县一带）步行来到置马亭（失考）。直到此时，刘勋才得知皖城失守的消息。于是，刘勋不得不放弃原定返回皖城的计划，转而赶往西塞（今湖北省黄石东南）并在流沂（今湖北省黄石东南一带）地区构筑防御工事进行固守，同时向荆州割据势力、江夏太守黄祖求救。黄祖派其子黄射率领五千部众赶来增援，与赶来的孙策展开激战。孙策大败黄射及刘勋，俘虏两千多人，缴获战船千余艘。眼看大势已去，刘勋与部将刘偕一道北投曹操。至此，孙策成功控制了庐江郡。

占据庐江之后，孙策命周瑜留守巴丘（今湖南省岳阳市西南），自己率部东下进入豫章郡，开始了平定江东之战中的最后一仗——占领豫章。

孙策进入豫章之后，战事顺利，不久便到达了椒丘一带（今江西省新建县西南），距离豫章郡郡治豫章城（今江西省南昌市）仅有一步之遥。为了尽快取得战争的胜利，孙策派出江东名士、功曹虞翻前往城中劝降。当时的豫章太守是江东名士华歆。面对孙策的强大军力，华歆自知不敌，在虞翻的劝说下不战而降，将豫章拱手交给了孙策。豫章郡被孙策轻松拿下。

之后，孙策从豫章郡中分出庐陵郡，以孙辅为庐陵太守。这样，加上之前孙策所占据的吴郡、会稽郡、丹阳郡、庐江郡，孙策先后占据了江东六郡，完成了江东之战，成为汉末长江中下游地区最大的割据势力。

7. 战事总结

从孙策发动江东之战开始的汉献帝兴平二年（公元195年）到汉献帝建安四年（公元199年），孙策仅仅用了四年多时间便完成了占据江东的战略构想，而此时的孙策也不过二十五岁。当得知孙策平定江东之后，就连曹操都非常感叹地说道："猘儿难与争锋也！"曹操对孙策也产生了的深深忌悼。

第三章 | 江东之战
——孙吴帝国奠基战

孙策的成功，原因是多方面的。这里面既有汉末时期中原及江东地区的复杂政治、军事形势的外部原因，又有孙策知人善任、运筹帷幄的内在因素。

孙策发动江东之战是在汉献帝兴平二年（公元195年）年底，当时中原主要的割据势力分为两派。一派以袁绍、曹操、刘表为首，另一派则是以袁术、公孙瓒为首。当时袁绍的主要发展方向是与公孙瓒争夺冀州、青州和幽州地区，而曹操则忙于兖州争夺战，刘表虽然占据荆州却安于现状，并无扩展势力的野心。因此，该集团对于孙策统一江东的战争并未造成任何实质性影响。到了建安年间，袁绍和曹操更是逐渐走向决裂，均无暇理会孙策，这也无形之中给孙策在江东的发展创造了一个有利条件。

袁术集团在遭遇袁绍集团的沉重打击之后，元气大伤，正在努力恢复实力。因此孙策投靠袁术，其实是增强了袁术集团的实力，虽然袁术对孙策颇有顾忌，但无奈孙坚的不少旧部仍然在袁术集团占有极其重要的地位和作用，袁术也只能对孙策的发展无可奈何。加之袁术早年一心想夺取徐州和兖州地区，恢复往日的势力，其发展重心并未放在江东地区。对于孙策出兵江东的计划，袁术一度认为是无法取得成功的。因此，在孙策出兵江东之初，袁术并未放在心上，一心忙于称帝。等到孙策占据江东数郡之时，袁术已经在寿春称帝，成为天下公敌，忙于应付来自曹操的进攻，对于江东地区已经是鞭长莫及。这些原因综合在一起，都对孙策统一江东地区起到了一个重大作用：孙策完全可以在没有外部干扰的情况下放心大胆地发动江东之战，无须顾忌其他割据势力带来的潜在威胁。

孙策举事之初，曾经多次拜访江淮名士张纮寻求发展方略。而张纮则为其制定了一个占据江东意图天下的宏伟蓝图，使孙策一开始就明确了发展的战略。在遭遇袁术冷遇之时，父亲孙坚的旧部朱治又及时提出了伺机夺取江东的主张。这些建议都让孙策在事业发展初期避免了冲动和盲目。其战略思想明确，在执行这一目标之时又坚定不移，是孙策取得最后胜利的关键。

战争开始之后，孙策展现了一名军事家的雄才伟略，战术运用十分精妙：

（1）集中优势兵力突破刘繇的沿江防线，取得了进攻江东的桥头堡，在造成对手极大心理震撼的同时鼓舞了己方的士气。

（2）采用突然袭击、阵地战、运动战等多种战术，打乱了刘繇的战略部署，

使得对手顾此失彼，疲于奔命，先后将刘繇的主要兵力击溃，使得刘繇再也无法利用兵力上的优势与自己抗衡。

（3）孙策巧妙地利用对手的疏忽，避实击虚，突袭固陵造成王朗全线崩溃，为占据会稽郡奠定了坚实的基础。

（4）采用兵不厌诈的策略巧取庐江，之后不惧荆州割据势力并与之激战，保证了庐江地区的安全。

（5）采用劝降战术瓦解对手，避免了兵力消耗。

（6）重用祖郎、太史慈等降将，为迅速夺取江东地区创造了极其有利的条件。

作为抵抗孙策统一江东的主要力量，扬州刺史刘繇疏于兵略，没有利用兵力上的巨大优势对孙策进行迎头痛击，导致战争开始阶段便节节败退，使孙策轻易进入江东地区。同时，刘繇手下缺乏能力出众的军事将领，战术死板僵化，难以组织起有效的进攻和防御，反而被孙策逐个突破。随着刘繇不久之后病逝，江东各地官吏更是各自为战，没有形成合力进行对抗。此外，江东大族及地方豪强势力一直处于一盘散沙的状态。这些原因都导致了江东军队无法与孙策大军抗衡，一战即溃。因此，孙策统一江东也就变得无法阻挡了。

8. 胜利背后的阴影

尽管孙策在战场上威风八面、战无不胜，但内政方面犯下了不少错误，导致江东局势在自己及弟弟孙权统治初期一直处于动荡之中。

孙策是以袁术属下的身份进攻江东的，在庐江之战期间孙策又逼死了江东大族陆康并杀死陆氏宗族百余人，引起江东大族强烈不满。这也造成此后孙策在对付扬州刺史刘繇为首的政府军的同时，还遭遇到江东大族的顽强抵抗。尽管孙策军队的强大战斗力使得江东六郡在短短四年时间里先后易主，但是江东大族的抵抗并未停歇。对于江东大族的反抗，孙策采取了异常严厉的镇压手段。吴郡太守许贡在不得已投降孙策之后，仍然暗中与把持汉末朝廷的曹操集团联系，希望借助曹操的力量推翻孙策。孙策截获了许贡与曹操之间的通信，当面斥责许贡并将其杀死。除许贡之外，江东大族如周昕、邹他、钱桐等人也都加入了抵抗当中，

这些人在孙策统一江东的过程中均先后被杀。在江东地区负有盛名的高岱、沈友等人也陆续死于孙策之手。

在孙策高压政策的影响下，不但江东大族对其采取了对抗的态度，一些寄寓江东的士人宁愿离开江东也不愿为孙策效命。如名士徐奕、徐宣、陈矫、王朗、华歆等人都先后离开江东投奔曹操，名满天下的许靖则远赴交州。另外一些在诸侯混战时期来到江东的士人也采取了观望的态度，与孙策集团保持距离。在这些人中就有之后在东吴集团发挥过重大作用的鲁肃、诸葛瑾、严畯、步骘等人，这些人都是在孙策统治时期均不为孙策所用。在这些人中，鲁肃原本与周瑜关系密切，但是面对孙策的高压政策，鲁肃竟然打算向北投奔江淮豪强郑宝，足见鲁肃对孙策政策的强烈不满。

孙策的高压政策不但对稳定江东局势造成了消极的影响，同时也引起了孙策集团内部人士的担忧。孙策的母亲吴氏就曾经数次制止孙策对江东士人的杀戮。在孙策征讨江东的过程中，吴氏曾经出面要求孙策不要杀害与孙坚有旧交的江东大族王晟。在孙策打算杀害江东另外一位名士、功曹魏腾的时候，吴氏以投井相威胁，要求孙策立即释放魏腾。同时吴氏还告诫孙策：刚刚占据江东，百废待兴，应该礼贤下士，舍过录功。魏腾平时做事一心为公、循规蹈矩，在江东士人中享有盛名，今天如果无辜将魏腾杀了，势必造成江东大族更加强烈的不满和反抗。在吴氏的规劝下，孙策才勉强释放了魏腾。

总的来说，孙策处理与江东大族及寄寓江东士人的态度和方法是不成功的。究其缘由，既有孙策之前投靠袁术对江东所带来的负面形象，也有孙策自己的失误。作为一个依靠武力平定天下的一代英豪，孙策寄希望于仍然依靠武力来治理天下，这显然是难以获得成功的。因此，在孙策统治江东时期，江东地区的形势并不稳定。这一切都给后来孙权掌权初期造成了消极影响。

9. 后话

为巩固在江东地区取得的巨大胜利，孙策于汉献帝建安四年（公元199年）年底又与荆州割据势力发生了一场激战。当时黄祖屯兵沙羡（今湖北省嘉鱼县北

江）向孙策进攻。孙策于十二月十一日率领周瑜、吕范、程普、孙权、韩当、黄盖等人发起反击。孙策身先士卒，冲锋陷阵，并利用风势向黄祖发动火攻。两个时辰之后，黄祖溃不成军，狼狈逃窜。孙策不但俘虏了黄祖的妻子儿女七人，同时还斩杀了黄祖大将刘虎、韩晞及士兵两万多人，缴获战船六千多艘。随着黄祖的完败，荆州割据势力刘表集团对江东地区的主动挑衅戛然而止，不得不采取更加稳妥的防御策略防止孙策集团向荆州地区扩张。

就在孙策一面努力稳定内部局势，一面密切关注中原地区诸侯混战，准备乘机向中原地区扩展势力之际，一场蓄谋已久的谋杀开始了。

汉献帝建安五年（公元200年），孙策在一次狩猎时被许贡的门客伏击，身负重伤。临终前，孙策将江东的未来托付给了年仅十九岁的弟弟孙权。同年四月，孙策病逝，终年二十六岁。

就在孙策临终之际，中原地区的战事也愈演愈烈。同年，一场决定中原地区霸主地位的重大战役打响。这场战役的一方，是当年兵微将寡的曹操，他的对手则是原关东联军统帅、当时河北地区最大的割据势力首脑袁绍。

第四章

官渡之战
——定鼎中原的关键战役

引　子

汉献帝中平六年（公元189年），关东联军初建。袁绍和曹操并肩站立于高山之上，临风远眺，大地苍茫。

曹操问袁绍："本初（袁绍，字本初），咱们起兵反抗董卓。若事不成，你打算怎么办？"

袁绍哈哈大笑，胸有成竹地答道："那时候，我就南据黄河，北阻燕、代，兼有戎狄之众，南向以争天下，何愁大事不成？"

袁绍说罢，瞅了瞅自己的"小老弟"曹操，随口问道："孟德，到那时候你打算怎么办？"

曹操手按佩剑，淡定而果断地答道："我任天下之智力，以道御之，无所不可。"

一阵山风袭来，淹没了二人说话的声音。二人望着山上的松柏随风摇曳，心中各自想着未来……

1. 袁、曹故事

汉末大乱，群雄并起，在北方各路军阀中，以袁绍、袁术、公孙瓒、曹操和陶谦的实力较为强大，这其中，袁绍和袁术又是实力最强的两大诸侯。因此，在全国焦点的黄淮流域，实际上以袁绍和袁术兄弟为首，形成了对立的两大战略同盟，即袁绍、曹操同盟与袁术、公孙瓒、陶谦同盟。两大同盟相互征伐，战火连年。

袁绍和曹操两人年纪相差不多，曾是发小，他俩都曾做过汉末精锐部队——西园军的校尉，又曾一同起兵反对董卓。这种"兄弟加战友"的情谊令二人在起事初期形成了战略伙伴关系，主导者是袁绍。

袁绍在河北激战公孙瓒，曹操则以兖州为根据地与吕布、陶谦、刘备、袁术等军阀对抗。这二人联手，数年间各自击溃对手，将黄河流域控制。

第四章 | 官渡之战
——定鼎中原的关键战役

在河北，袁绍从界桥之战后逐渐掌握河北主动权，占据了富庶的冀州、并州、青州和幽州大部，并一步步将公孙瓒逼至绝境。

而在河南，曹操先是击败了吕布掌握兖州，紧接着在汉献帝建安元年（公元196年），他采纳谋士荀彧等人的建议，迎立出逃关中的汉献帝于许县（今河南省许昌），自此，曹操拥有了最大的政治资本——"挟天子以令不臣"。曹操站在了政治和道德制高点，获得了拥汉派和新兴世家大族的支持，逐步掌握了兖州、豫州、司隶、关中和徐州一带的中原地区。在残酷的战斗中，他又先后击败吕布、张绣、袁术和刘备，实力得到极速蹿升。

袁绍曹操同盟经历了数年"蜜月期"，终于要走到尽头了。

曹操实力的迅速扩张引起了袁绍的警惕，对于他的这个"小老弟"、老部下，袁绍很不放心，他已经意识到曹操不可能再回到他的麾下，而且双方已经显露出不可调和的矛盾。曹操早在兖州起兵时就背着袁绍和关中汉朝廷取得了联络，当曹操将汉献帝迎立于许县取得了巨大的政治优势的时候，袁绍曾命徐勋为使者帮助曹操迎立汉献帝，并让曹操将汉献帝送到距离河北较近的甄城，结果被曹操拒绝。曹操又自封为大将军，袁绍听说后大发雷霆，曹操一看袁绍生气了，吓得他急忙将大将军的封号让给了袁绍。时为汉献帝建安元年（公元196年），这个时候的曹操还不敢和袁绍翻脸。

曹操之所以不敢得罪袁绍，是因为他和袁绍对比还是处于明显的劣势。虽然从疆域上看两人势力范围差不多，但实际上，遭受了乱世战火蹂躏的河南远不如河北富庶。袁绍控制的冀州乃是汉末最为强大富有的一个州，被称为"天下之重资"，"带甲百万，谷支十年"，而其统治中心邺郡更是汉末最为富庶的大郡。后来曹魏的"五都"首推邺城，曹魏的屯田也主要在许和邺附近，而魏王的国土更是以邺郡为中心。可见冀州和邺对于当时黄河流域的重要性。

所以，袁绍无论从人口还是钱粮上，都要超过曹操。

反观曹操，虽然他从收编"青州兵"到迎立汉献帝，实力不断扩张，但是，他所控制的地区是遭受战火毁坏最为严重的地区。曾经是中国经济中心的河南，一片荒凉，"白骨露于野，千里无鸡鸣"，关中等地甚至出现人吃人的惨景。虽然曹操也在许昌一带进行了卓有成效的屯田，招揽流民，增加了人口。但比起来动

辄以数十万户口计的冀州,曹操的实力明显较弱。另外,曹操占据的中原地区四通八达,被称为"四战之地",前面有袁绍居高临下,西面有韩遂、马腾,背后又有孙策、刘表、张绣、吕布和刘备等人,曹操要处处设防,这样一来,原本就不多的兵力更加分散了。

当然,曹操的暂时妥协不代表他放弃了和袁绍的较量。相反,他在表面恭顺袁绍的同时,抓紧时间消灭周边的敌对势力,为最后的战略决战扫除后患。

时间推移到汉献帝建安四年(公元199年),曹操用了四年时间,通过一系列艰苦卓绝的战斗,终于消灭了盘踞在徐州的吕布,收编了刘备和张绣等人。他不仅占据了兖州、徐州、豫州等地,同时也锻造了一支强有力的军队,为专心对抗袁绍打好了基础。

汉末诸侯割据形势(199年)

几乎是与此同时,袁绍将公孙瓒逼至绝境,统一河北已经指日可待。

袁曹都意识到,两人最后的决战要来了。

汉献帝建安四年(公元199年)春,袁绍攻破易京要塞,剿灭公孙瓒,成为掌握冀、并、幽、青四州的霸主。他手握雄兵数十万,虎视天下,而且他又对塞外乌桓"宠其名王收其精骑",组建了一支强大的骑兵部队。

当北方所有对手都被消灭以后,袁绍、曹操这对宿命中的对手要结束两人的同盟关系,走向对立,为争夺天下霸权进行一场殊死的战略决战,而这场战役必将是以中原地区作为赌注。

2. 战前庙算

《孙子兵法》有云:"夫未战而庙算胜者,得算多也;未战而庙算不胜者,得算少也。多算胜,少算不胜,而况于无算乎!"

庙算,指古代进行战争前,君主要召集文武大臣在祖庙里进行战前谋划,分析敌我形势优劣所在,战争是否有把握,对是否进行战争做决策,这个运筹过程就叫作庙算。所谓多算胜,少算不胜,就是指战争双方要做到知己知彼。

官渡之战爆发前,袁曹双方关于这场战略决战分别进行了战略辩论。

袁绍的谋士田丰、沮授认为:"我军连年征战,百姓疲敝,粮仓中没有多余的粮食,赋税兵役又如此沉重,这是值得忧虑的事情。我们应该先表奏皇帝,献捷报于朝廷,如果没有回馈,我们就说是曹操阻隔我们的王路。然后进军黎阳,逐渐渗透河南,作舟船,造攻城器械,然后分遣精骑袭扰曹操边境。令对手不得安宁,而我们却得以休养生息。不出三年,则大事可定。"

袁绍另外两位谋士审配、郭图则对袁绍说:"兵书上说,十倍于敌人就应该围困,五倍于敌人就应该进攻,能够战胜敌人。如今以明公之英明神武,又拥有河朔之众,讨伐曹操,易如反掌。今天不取,日后只怕难以取胜。"

沮授反驳说:"救乱诛暴,被称为'义兵',恃众凭强,被称为'骄兵'。义兵天下无敌,骄兵必败。曹操迎立天子于许,如今我们举兵南下,在道义上就已经先输了。况且庙算胜败的关键不在于兵多兵少。曹操法令森严,士卒精练,绝

非公孙瓒那种坐以待毙之人可比。如今我们放弃万无一失的道路，强要起不义之兵，我实在为主公担忧啊。"

郭图继续说："武王伐纣，不能称之为不义，我们对曹操用兵还愁找不到借口吗？况且主公麾下将士都竭尽全力，心怀愤怒，人人想着为主效力，如不及时定下大业，实在是失误。上天赐给你的你不取，到头来反会受到伤害，这就是越国称霸、吴国覆亡的原因啊。监军（沮授当时担任袁军监军一职）的策略实在是保守，不是随机应变的好法子。"

经过一番激烈的辩论，最后袁绍采纳了郭图等人的意见，决定起兵南下，与曹操展开战略决战。

曹操方面，早在曹操平定兖州时，袁绍曾派兵支援曹操，但同时，他又命曹操将家眷送到邺城作为人质。曹操差点同意，却被谋士程昱劝阻，程昱认为，曹操早晚会与袁绍兵戎相见，所以建议曹操不屈从袁绍。

曹操平定兖州之后，眼看袁绍控制了大半个河北，并将公孙瓒逼至绝境，对战胜袁绍集团产生悲观情绪。曹操曾经对谋士郭嘉表示：袁绍占据着冀州、青州、并州等广阔地区，不但实力强劲且多次挑起冲突。我自己曾经多次打算起兵征讨，但却觉得胜负难以预料。

就在曹操集团上下弥漫着一股忧虑、彷徨甚至是失败的情绪之时。郭嘉却坚定地认为：一旦与袁绍集团爆发战略决战，曹操集团一定会取得最终的胜利。为此，郭嘉还专门从政治、军事、道义、用人、用兵、决策、个人品行等十个方面，对袁绍集团和曹操集团进行了比较和分析，并向曹操阐述了自己的观点和看法，这便是著名的"十胜十败论"。郭嘉表示：

楚汉争霸之时高祖刘邦的实力不如项羽，但却能够取得最终的胜利，靠的是智慧，这就说明战争的最终结局并不能只单纯地以实力强弱而定。袁绍有十败，将军有十胜，就算袁绍兵强马壮，也终将失败。袁绍做事复杂烦琐，将军则顺其自然，这第一胜则为道胜；袁绍逆大势而为，形同叛乱，将军则尊奉天子，奉皇命号令天下，这第二胜为义胜；大汉王朝之所以数十年来出现如此混乱的局面，主要是因为法治过于宽松，有法不依，而袁绍则继续沿用这种失败的方式进行治理，因而无法改变其属地的局势，而将军却法纪严明、实施得力、落实到位，这

第四章 | 官渡之战
——定鼎中原的关键战役

第三胜则为治胜；袁绍外宽内忌，用人顾虑重重，所信任者只有亲戚，将军则用人不疑、唯才是举，只要是有才之人都会被安排在最合适的岗位上，这第四胜为度胜；袁绍多谋寡断并因此经常出现失误，而将军考虑清楚之后就立即实行并根据情况进行应变，这第五胜为谋胜；袁绍受世家大族名声的拖累，喜欢沽名钓誉，一些阿谀奉承之辈纷纷投入其门下，人浮于事，而将军则诚心待人，不喜虚美之词，对有功之人不吝赞扬和奖励，很多刚直而有才之人都愿为将军服务，这第六胜则为德胜；袁绍见到饥寒之人马上就会救济，但在他看不到的地方就不闻不问，这只不过是一种妇人之仁，将军对于一些小事经常忽略，但每逢大事则一丝不苟、周密细致，接济各地，恩惠所及之处往往超乎人们的想象，因而非常的周全，这第七胜为仁胜；袁绍手下文武经常争权夺利，逸言惑乱，影响整体的团结和稳定，而将军则治理有方，能将所有人紧密地团结在一起，那些逸言自然销声匿迹，这第八胜是为明胜；袁绍往往是非不分，而将军则是非分明，对待正确的事情以礼相待，遇到错误的事情则正之以法，这第九胜是为文胜；袁绍作战喜欢虚张声势，其实并不懂得作战兵法的精要，将军则经常以少胜多，用兵如神，可谓深谙兵法，士兵们依靠将军的神机妙算取得最终的胜利，敌人也因此闻风丧胆，这第十胜为武胜。

汉献帝建安四年（公元199年）年底，曹操已经通过多次的征战先后消灭吕布集团和袁术集团，收降张绣集团，中原地区除袁绍集团之外再无其他力量可以威胁到曹操的安全。这时，曹操集团与袁绍集团之间的战略决战已经迫在眉睫、难以避免了。此时，不少朝中大臣对于与袁绍集团决战仍然感到信心不足，甚至在公开场合散布悲观言论，少府孔融就是这类朝臣中的代表人物。孔融认为袁绍地广兵强，手下既有田丰、许攸这样的智谋之士为其出谋划策，又有颜良、文丑之类勇冠三军的名将冲锋陷阵。而曹操兵微将寡，难以取得最终的胜利。针对这种失败言论，时任侍中兼中书令的荀彧进行了针锋相对的批驳。

荀彧认为：袁绍虽然兵多但是法纪并不严明，难以形成强大的战斗力。谋士田丰等人尽管足智多谋，但是缺陷也非常明显：田丰性格刚直，容易犯上；许攸贪婪却从来不知道约束自己；审配专制却毫无谋略，逢纪果断但又刚愎自用。这

些人彼此矛盾重重。审配和逢纪作为袁绍镇守后方的主要谋士，他们与许攸的矛盾非常剧烈。假如许攸的家族成员触犯法纪，这两个人一定会想方设法地利用此事打击许攸，到时候许攸就一定会背叛袁绍；如颜良、文丑之流，只不过是匹夫之勇，一战就可以抓获，根本不足为虑。

面对内部的激烈争论，曹操终于表明了态度："我深知袁绍的为人，志大才疏，色厉内荏，外宽内忌，兵虽多但分划不明，将士骄傲而政令不一。土地虽然宽广，粮草虽然丰足，但这都是送给我的。"

袁曹双方各自经过了激烈的争论，终于定下战略决策。

袁绍放弃了稳扎稳打，缓步推进的战略，骤然起兵，主动寻求与曹操展开战略决战。曹操则全面分析袁绍的虚实，并针对袁绍的弱点制订了相应的部署。

庙算之数，曹操占据了上风。

3. 偷袭邺城计划流产

就在袁绍远在幽州发动对公孙瓒最后一战的同时，曹操率先动手了。

汉献帝建安四年（公元199年）四月，曹操偷渡黄河，进攻河内。表面上看，其目的是消灭盘踞在河内一带的黑山叛军眭固，实际上，他是要借河内为跳板，对袁绍的老巢邺城（今河北省临漳县西南）形成威慑。

曹军渡过黄河，曹仁率领的曹军精锐势如破竹消灭了河内叛军，占据了河内。按照既定方针，曹军应该马不停蹄转向东路进攻邺城，但是，偷袭邺城的计划却最终因为袁绍及时回师而胎死腹中，未能成行。曹操最后被迫退回河南，将河内交付给他的大臣魏种镇守。

进攻河内偷袭邺城的计划原本是曹操的军事机密，其前期行动也颇为顺利。之所以被袁绍及时提防导致计划破产，是因为刘备将这一计划告诉了袁绍，而刘备又是从何得知这一消息呢？泄露给刘备这一计划的人正是曹操，曹操事后恨恨的将自己的嘴唇咬出了血。

原来，刘备归顺曹操以后，曹操一直对刘备恩遇有加，"食则同席，出则

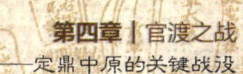

同车"，曹操就是在此期间将偷袭邺城的计划告诉了刘备。但是，曹操没想到，刘备在他手下是被迫无奈的。这个人一直在伺机摆脱曹操的控制，谋求独立发展。

汉献帝建安四年（公元199年）十二月，袁术在淮南无法立足，他只得去投靠哥哥袁绍，袁术一行欲假道徐州北上河北。刘备抓住这个良机，主动向曹操提出要去徐州阻击袁术，曹操对刘备过于信任，拒绝了谋士程昱、郭嘉等人"软禁刘备"的建议，将兵马交给刘备，命他去徐州阻截袁术。刘备未到徐州，袁术已经被部下杀死。完成任务的刘备并没有回许县，相反，他袭杀了曹操任命的徐州刺史车冑，占据了徐州，公开打出反对曹操的旗号。并在第一时间联络袁绍，谋求袁绍的庇护。刘备就是在这段时间将曹操偷袭邺城的计划泄露给袁绍的，因此袁绍才迅速回师，导致曹操的计划破产。

袁绍回到邺城，就立刻展开了针对曹操的攻势，他首先用"联盟主导者"的身份命令曹操将汉献帝送到邺城。在遭到曹操的拒绝后，袁绍立刻打出了"清君侧"的旗号。他命陈琳撰写了一篇讨伐曹操的檄文《檄豫州文》，指责曹操忘恩负义，鲜廉寡耻，挟持天子，为非作歹。

发布檄文的同时，袁绍拣选十万精兵，一万骑兵，进驻河北大营黎阳（今河南省浚县），随时准备渡黄河南下，展开对曹操的战略决战。

4. 曹操的部署

面对袁绍雷霆万钧的压力，曹操并没有慌乱。他首先在许县以北的官渡地区修筑工事，然后亲率大军驻守官渡。可以说，在战役没有开始之前，曹操就已经将决战地点选好。

曹操之所以选择官渡作为决战地点，并非漫无目的，而是精心选择了这里。官渡地处鸿沟上游，濒临汴水。鸿沟运河西连虎牢、巩、洛要隘，东下淮泗，为许县北、县东之屏障，是袁绍南下夺取许县的要津和必争之地。加上官渡靠近许县，后勤补给也较袁军方便。

曹操面对即将展开的战略决战，做出了以下部署：

（1）亲率精锐部队驻守官渡（今河南省中牟县东北），监视袁军动向，伺机而动。

（2）命琅琊相臧霸率精兵入青州，负责徐州地区的防务。

（3）命平虏校尉于禁率步兵两千驻守黄河渡口延津（今河南省孟津县以北），东郡太守刘延镇守白马津（今河南省滑县以东），防止袁军长驱南下。

（4）任命魏种为河内太守，负责河内等地的防务，对袁绍进行牵制并保障自己左翼的安全。

（5）命司隶校尉钟繇镇抚关中，负责监视并拉拢关中及凉州地区割据势力。

（6）命裨将军李通负责豫州地区的防务，防备荆州的割据势力刘表。

（7）任命刘馥为扬州刺史，负责监视占据江东地区的孙策集团，防止孙策从背后进行偷袭。

（8）留侍中兼尚书令荀彧、典农中郎将任峻等人留守许县，负责筹措钱粮。

（9）保留少量地方镇压和治安部队，比如东平相程昱七百兵守鄄城，汝南太守满宠率五百兵镇守汝南（今河南省息县一带）等。

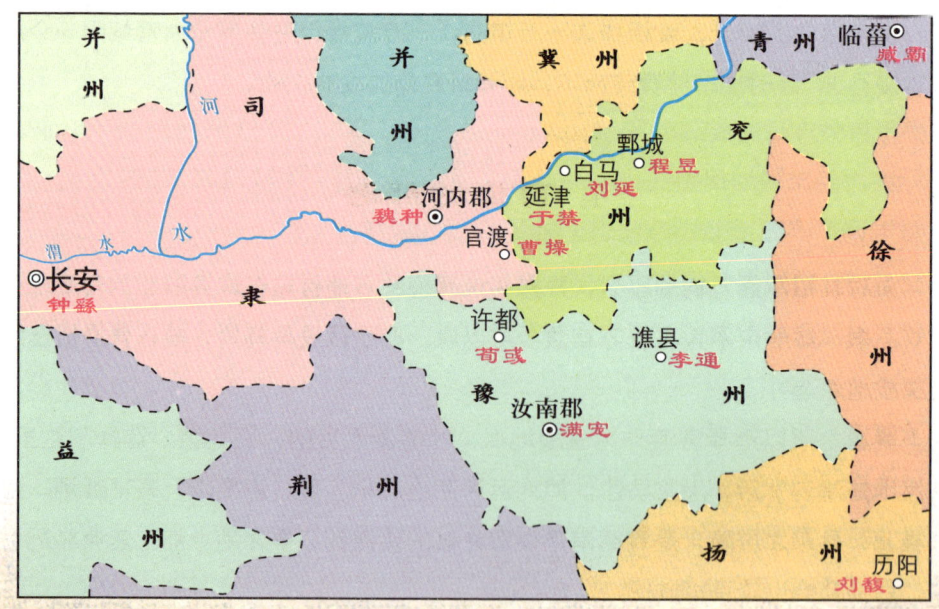

官渡之战战前部署图

除了以上部署，曹操迫切要解决的另一个隐患就是盘踞徐州的刘备。刘备曾掌管徐州，在本地颇有声望，他手下又有关羽、张飞这样的猛将，一旦与袁绍展开决战，刘备将成为威胁曹操后方的重要力量。因此，曹操要想专心对抗袁绍，必须尽快消灭刘备在徐州的军事力量。

5. 闪击徐州

袁绍在汉献帝建安四年（公元199年）冬就已经起兵，等同对曹操宣战。这时候刘备在徐州，留下关羽镇守下邳（今江苏省邳州市西南）。他本人亲临小沛（今江苏省沛县），随时准备配合袁绍的进攻。袁绍在前期也确实派来了几千人马配合刘备作战。

然而，令刘备始料不及的是，袁绍自此以后的两个月再无任何军事动作。

战场局势瞬息万变，曹操抓住了这短暂的时机，对刘备集团发起突然进攻。

从官渡到小沛有八百余华里，小沛到下邳二百余华里，往返足有两三千华里。按照当时军队的行军速度，曹操要想在强大的袁绍大兵压境的形势下率主力出击，就必须要打一场快速的歼灭战，否则，他就将陷入袁绍、刘备的前后夹击之下。

曹操最终选择了速战速决的方式。他亲率主力骑兵急袭小沛，只用了十几天就兵临城下。在小沛的刘备还在翘首盼望着袁绍的援军，可他盼来的却是曹操的铁骑，刘备根本想象不到曹操的行动会如此迅速。

突如其来的变故令刘备措手不及，他本人亲临前线望见曹操麾盖吓得六神无主，而他手下的士卒大部为曹军旧部，更是军心大乱。战斗意志已经瓦解的刘备丢下军队和妻儿，匹马穿城而逃。失去主将的刘备军队纷纷倒戈，曹操未费吹灰之力就夺下了徐州的前沿小沛城。接着，曹操马不停蹄，进攻镇守下邳的关羽。此时的下邳孤城一座，兵力薄弱，难以抵挡曹操的强大攻势。曹操顺利迫降关羽，占领下邳。曹操控制徐州之后，又火速率军回师官渡。当曹操的主力回到官渡之后，袁绍这才派出前锋进攻曹军的黄河防线。

刘备后来孤身前往河北投靠袁绍，这时他才知道袁绍从汉献帝建安四年（公

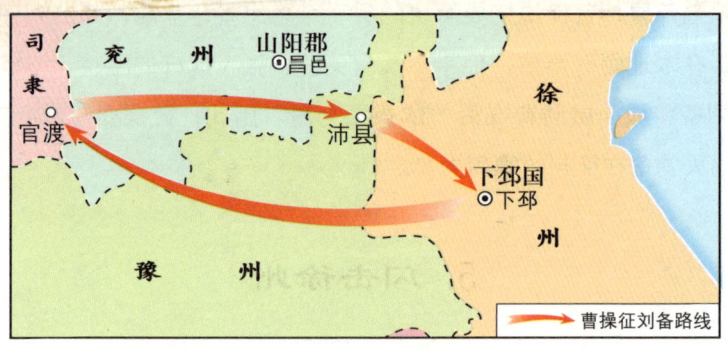

曹操征刘备

元199年）十二月到汉献帝建安五年（公元200年）正月没有大举南下的原因。原来袁绍最疼爱的幼子袁尚病了，袁绍心急如焚，不能理事，因此耽误了绝佳的出兵良机。

曹操从出兵到得胜回官渡，只用了不到两个月时间便胜利击溃刘备，占领徐州。曹操此次出兵往返行程达四五千华里，经历了几次小规模战斗，只用了不足两个月就彻底完成，这种速度在汉末堪称一场"闪击战"。

这次战斗曹操成功解决了盘踞在自己背后的敌对势力，占领了重要城市，为日后的战略决战扫除了后患。

6. 袁绍南下

在曹操击败刘备、主力从徐州撤回之后，袁绍这才重新集结大军，亲临黎阳，指挥军队开始南渡黄河，展开对曹操的全面进攻。

早在袁绍起兵南下的时候，他的谋士田丰就提出了不同意见。田丰对袁绍说："曹公善用兵，变化无方，兵力虽少，但不可轻敌，不如用持久战对付他。"他又劝袁绍说："您坐拥四州之众，应该深沟高垒，外结英雄，内修农战。然后拣选精锐，派出奇兵，寻找曹操的薄弱点，连续打击。如此袭扰，左右出击，则使曹操疲于奔命，我军不动而敌军疲惫，则大事可定。现在我们举大军与其战略决战，一旦有什么闪失，悔之不及啊。"

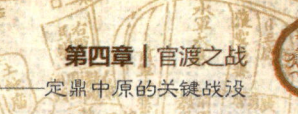

第四章 | 官渡之战
——定鼎中原的关键战役

应该说，田丰的建议是有道理，但袁绍未能采纳田丰的建议，反而以"惑乱军心"的罪名将田丰下狱。

汉献帝建安五年（公元200年）二月，袁绍派遣大将颜良为前锋，与郭图、淳于琼一起率兵进攻曹操的黄河渡口白马。这时袁绍另一位谋士沮授再次向袁绍建议："颜良此人有勇无谋，不能独自担任大军先锋。"但是这一建议又被袁绍否定，袁绍认为麾下大将颜良，以及与颜良齐名的大将文丑，"勇冠三军"，是击败曹操的尖刀，于是袁绍将主力骑兵交付给二人，命他们分别独自统军充当先锋南下。

面对袁绍的大举进攻，曹操安排在黄河防线的部队刘延和于禁顽强抵抗，直到汉献帝建安五年（公元200年）四月，曹操亲率主力支援白马、延津，在取得官渡之战前哨战的胜利之后才主动放弃渡口。

颜良大军面对门户洞开的黄河防线，准备大举渡河，全面进攻。就在此时，曹操开始反击了。

7. 白马延津前哨战

袁军首先南下的先锋是颜良，他攻破曹军黄河渡口白马，挥师南下。

就在颜良刚刚渡过黄河的时候，曹操亲率增援部队也已经抵达黄河南岸。面对兵力占据绝对优势的袁绍军队，曹操的谋士荀攸提出了建议："如今我们兵力太少，难以正面抗衡，只有充分调动袁军，使其兵力分散。曹公，您不如直接前往延津，扬言要渡黄河，抄截袁军后路。袁绍无谋，定会分兵向西支援，那时候您再率兵迅速奇袭白马，攻其不备，则颜良可擒。"

曹操采纳了荀攸的建议，派部队往延津大张旗鼓造势，扬言要渡黄河作战。袁绍听到这一消息信以为真，果然命大军转向西路。曹操抓住机会，命令部队调转，向东疾驰，直扑白马。从白马到延津只有区区五十余华里，轻骑兵很快就能赶到。

颜良接到的战报也是曹操主力要进攻延津，他万万没有想到曹军会突然出现在面前，颜良惊慌失措，仓促之间指挥军队抵抗。曹操命关羽、张辽为前锋，直扑颜良的中军。关羽一马当先，袁军无人可挡，结果关羽于万军之中刺杀颜良。

袁军士卒见主将战死，兵无斗志，纷纷溃散。曹操乘势掩杀，大获全胜。

白马一战，曹操用荀攸"声东击西"的战术大破袁绍前锋，斩杀袁军名将颜良，大大挫伤了袁军士气。

曹操战胜之后，并没有过多停留，他意识到白马一带不适合防守，于是主动放弃白马，率领军民沿黄河向西，准备逐步南撤回官渡大营。

袁绍初战失利，损兵折将，大怒。于是他再派另一员大将文丑率领精锐骑兵出战，命其追击曹操。

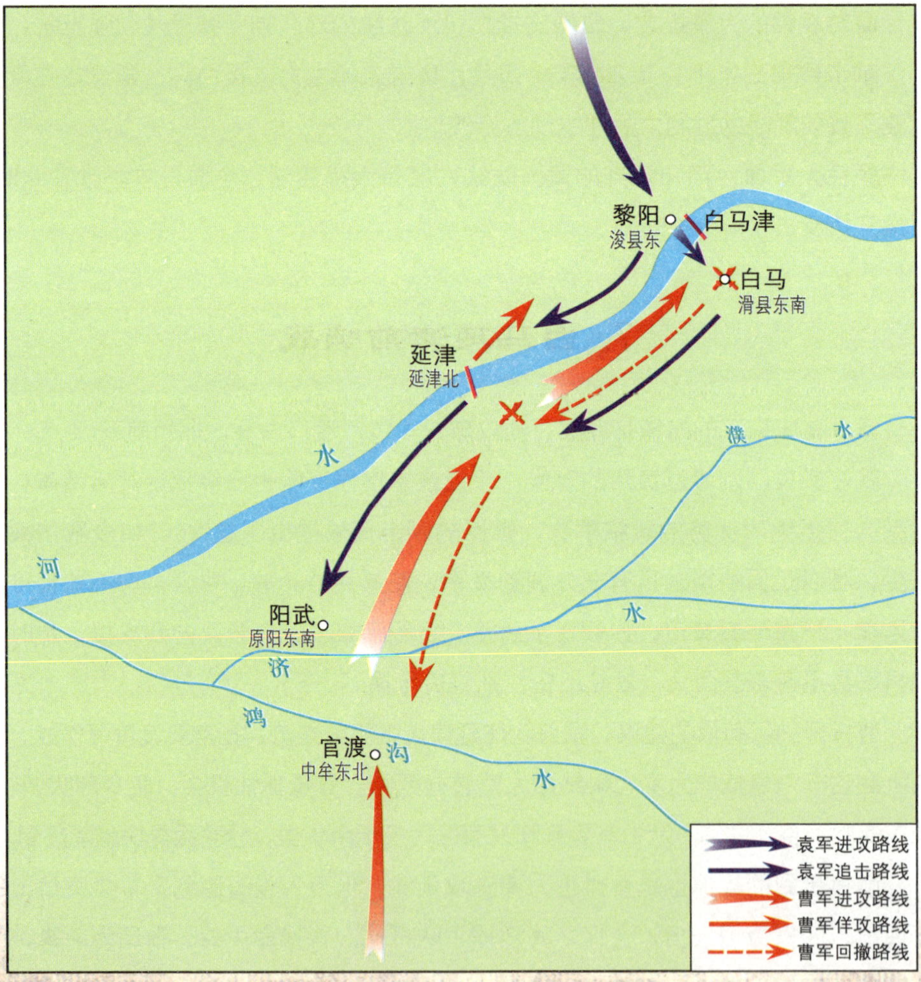

延津之战

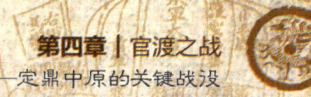

第四章 | 官渡之战
—— 定鼎中原的关键战役

由于受到白马之战曹操调兵之计的影响，此时的文丑距离延津渡口不远。他接到袁绍的命令，直接从延津渡过黄河，追击曹操。

曹操率领军队及白马百姓行至延津以南，这时文丑的前锋已经十分接近。曹操命人登高观看袁军情况。手下人汇报："有五六百骑追来。"不多时，又汇报说："敌军骑兵越来越多，更有数不清的大队步兵。"曹操听罢，断喝一声："别再说了。"他随即传令将士将辎重器械丢弃在大路两旁，众将皆不解其意。

此时，曹操手下仅有不足六百骑兵，众将认为袁绍军人多势众，难以抵敌，不如暂时退回官渡大营。这时荀攸却说："咱们将辎重器械丢弃就是为了诱敌，现在怎能轻易逃走呢？"曹操目视荀攸，笑而不语。

袁绍军大将文丑及刘备率领大军蜂拥而至，仅骑兵就有五六千骑，步兵数不胜数。曹军诸将看袁军大至，都劝曹操火速上马，但曹操却镇定自若："不急。"袁军士卒冲到阵前，忽见辎重器械丢弃遍地，曹军阵容松散，战马凌乱。他们轻视曹军，认为曹军是怕了他们丢弃辎重四散奔逃了，于是袁军皆肆无忌惮地下马争抢物资，数千骑兵顿时乱作一团。

曹操看时机成熟，立刻传令："上马击敌！"曹操一声令下，麾下骑兵迅猛冲出，向毫无戒备的袁军发起进攻。袁军措手不及，被杀得大败，大将文丑被曹军所杀，刘备率残兵败将仓皇逃走。

曹操再次获胜，顺利率军退回官渡大营，曹军士气大盛。

颜良、文丑皆为袁绍军中的名将，其统率的部队也都是袁军的精锐骑兵，结果白马、延津两战皆败，颜良、文丑更被临阵斩杀。袁军备受震撼，士气受挫，史书称"（袁）绍军大震"，其骑兵实力也被严重削弱。

虽然曹操旗开得胜，取得了辉煌的战果，但是，双方实力差距仍旧明显。袁绍兵力十倍于曹操，曹操只得继续退回官渡，准备下一步抵抗。

袁绍则进兵阳武（今河南省原阳县），尽起大军南渡黄河，向许县逼近。这时，袁绍的谋士沮授又向袁绍建议："兵凶战险，胜负难料，如今咱们应该分兵留守延津渡口，然后再进攻官渡。如果打赢了，兵马陆续跟进也不算晚，如果一旦败了，咱们就没有退路了。"沮授的建议是从全局考虑，思虑周全，但袁绍认为自己实力雄厚，完全没有做失败的打算，因此拒绝了沮授的建议。沮授临河叹

息:"上盈其志,下务其功,悠悠黄河啊,我怕是回不来了。"

8. 官渡相持

袁绍大军自黄河渡口南下,直扑许县而来。曹操将官渡大营主力悉数向北迎战,两军在官渡北面展开了一场激烈的战斗。结果曹军野战不利,被迫退回官渡大营据守。

这时沮授建议袁绍说:"北军(袁军)人数众多但不及南军(曹军)精锐,南军的钱粮不及北军多。故此,南军利在速战速决,而北军应该缓步推进。咱们应该扬长避短,稳步前行,不要急于与曹军决战。"袁绍不从,指挥大军东西联营数十里,直逼官渡曹军大营,展开了强攻。

曹操见袁绍大军进至官渡前沿,也将部队一字摆开,与之分营相当,画地而守。由于官渡地势水网交错,不利于袁军大部队展开。曹操在此经营多时,防备坚固,因此袁绍一时难以攻克。

袁曹双方就在官渡形成了僵持的局面。

袁绍为了攻破官渡大营,用尽了方法。他先是派部队登上高橹,筑起土垒,居高临下向曹军大营中射箭。曹军面对每天从头顶射来的剑弩,只得用盾牌蒙住头上移动,曹军军心动摇,皆怀恐惧。同时,袁绍又命人挖掘地道,妄图直通曹军营中。

为了应付袁绍全方位的进攻,曹操先是在营内堵死了袁军挖掘地道的路径,又筑起土山与袁军对射。于禁亲临土山,指挥士卒据守,挫败了袁军的进攻。然后又造"投石车",摧毁了袁绍的高橹土山,袁绍军称这种车为"霹雳车"。

袁曹双方在官渡一线激烈厮杀,袁绍面对曹操在官渡无懈可击的防守,短时间没内有很好的办法,一连两个月寸步未进。

面对袁绍巨大的兵力优势,曹操的处境逐渐变得十分艰难。不但进攻受阻,部分将士士气低落,甚至出现了少数士兵逃往袁绍阵营的现象。同时,粮草供应也出现严重短缺。此时,曹操的心中产生了动摇,打算放弃与袁绍的决战撤回许县。为此,曹操一面写信给远在许县坐镇的谋士荀彧问计,一面亲自与此

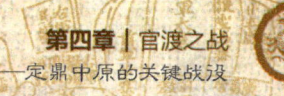

时已经随军出征参与军事谋略的贾诩探讨当前的局势,以及诉说自己打算撤军的想法。针对曹操的动摇,荀彧与贾诩都给出了相同的答案。荀彧认为,目前军中虽然军粮供应、将士士气、战争进程等诸多方面出现了问题,但是这种情况却不像当年刘邦与项羽在荥阳、成皋地区相持的情形。那时刘、项双方交锋于荥阳、成皋地区,刘邦倾尽全力都未能取得战争的胜利,而项羽却在久攻不下的情况下也未主动退兵。因为双方都知道,先行退却的一方就意味着从此失去了战争的主动权。目前我们以寡敌众,并扼守住了前线的各大战略要地,而且抵御住了袁绍十万大军的进攻长达半年之久,这就证明当初我们制定的战略战术是卓有成效的。尽管袁绍还占有一定的优势,但半年的坚守已经足以让其锐气受到了极大的打击。按照我的判断,不久的将来袁绍阵营就会出现混乱。到时候我们抓住有利时机就可以消灭袁绍主力,取得战争的胜利。而贾诩则是抛开具体的战术层面对战争的前景进行预测。从曹操与袁绍这两位领兵的统帅的性格和综合能力着手,向曹操提出了曹操必胜的"四胜论"。贾诩认为:无论从聪慧、果敢、用人、决断这四个方面,袁绍都无法与曹操匹敌。之所以战争进行了半年时间却无法取得决定性胜利,主要是因为曹操心中总想着万无一失,不敢出其不意的采取行动。贾诩表示,只要曹操能够抓住时机、当机立断,很快就可以取得官渡之战的胜利。

荀彧和贾诩的鼓励打消了曹操放弃官渡的想法,他沉下心来专心致志固守大营,伺机待变。

此时,官渡之战到了白热化阶段,所有综合因素都决定了这场战役的最后结果,双方任何的失误都有可能导致最后崩盘。

9. 危如累卵

曹操在官渡大营长期与袁绍的优势兵力对峙,军心开始动摇。从事徐他谋逆企图刺杀曹操,幸亏护卫许褚察觉,才让曹操躲过一劫。

然而,在官渡遇到的险境并不能涵盖曹操的所有压力。实际上,就在袁曹官渡相持的阶段,曹操后方的紧迫局势丝毫不逊于官渡战场。

袁军势大,大多数官吏百姓都没有信心战胜袁绍。如今袁绍十万大军进攻官渡,逼近许县,相持日久,百姓疲乏,很多人都纷纷投靠袁绍,造成了曹操军队缺少补给。比如,汝南(今河南省息县一带)是袁绍的老家,这里的豪强地主暗结袁绍的不在少数。官渡之战爆发,他们更是兴风作浪,幸亏曹操派满宠镇守汝南,才得保无事。曹丕称帝后,褒奖颍川士族的诏命中明言:"官渡之役,四方瓦解,远近顾望,而此郡守义,丁壮荷戈,老弱负粮。"可见当时的局势,即便是在曹操控制的疆域内,除了像颍川等地坚定地支持曹操以外,很大一部分地方都在观望,甚至明目张胆地帮助袁绍。因此,曹操拥司、兖、豫、徐等数州,在官渡和袁绍相持不到两个月,竟然连一万士卒都养不起,就是因为各地观望和反叛造成的乏粮。

袁绍派遣刘备到汝南一带联结当地土匪骚扰曹操后方。又派出战术分队,频繁袭扰曹操的补给线。以致曹军要用相当多的兵力将运粮队保护起来,才能将粮草运到前线。

另外曹操所处的中原地区腹背受敌,除了要应付正面的袁绍大军的进攻,还要时刻提防关中马腾韩遂、荆州刘表和江东孙氏的偷袭。即便江东霸主孙策在汉献帝建安五年(公元200年)四月已经去世,但这并不能令曹操完全放心,他必须派出刘馥、李通等人监视江南诸侯的动向。曹操派李通监视刘表,刘表诱降李通,结果李通的部下哭着对李通说:"如今到了孤穷危亡的时刻,内无粮草外无救兵,马上就要败亡了,不如归顺袁绍吧。"

所以,曹操在官渡与袁绍相持的阶段其实是危如累卵,稍有不慎就会土崩瓦解。而曹操之所以能够以十分之一兵力画地而守,使袁绍大军止步于官渡,这得益于他灵活的战术和一支精悍的骑兵部队。

10. 中原狂飙

除了官渡阵前的袁军主力,对曹操威胁最大的就是活跃于许县以南瀙强(今河南省许昌市临颍县东)一带的刘备。刘备从徐州兵败后投靠袁绍,袁绍命他诱降了归顺曹操的部将关羽。然后又命他率领一支军队,前往汝南联合当地匪盗,

第四章 | 官渡之战
——定鼎中原的关键战役

动摇豫州，威胁许县。

曹操的族弟曹仁向曹操建议："南方以为我军主力被困于官渡，无法相救，因此刘备才能轻易得手。刘备所率多为袁绍兵马，相互不能统属，我们若迅速出击，必能将其击败。"曹操遂派曹仁率领骑兵部队出击刘备。

曹仁乃曹氏宗族第一能征善战的战将，他早年跟随曹操起兵，拜别部司马，行厉锋校尉。在曹操统一中原的战争中，曹仁屡立大功。曹操器重他勇略过人，不让他担任郡守，而将全军最为精锐的骑兵部队交给他统率。

曹仁率领这支机动兵团出击，大破刘备，一战解除了这个威胁许县的隐患。

袁绍派将军韩荀率兵袭击曹军的运输队，而曹仁主动出击，于鸡洛山（今河南省郑州市新密市东南之径山，属嵩山山脉）击败"韩荀分队"。自此，袁绍不敢再分兵。

曹操不但用骑兵击败了袁绍派出的几路奇袭部队，而且还主动渗透到袁军后方，袭扰其补给线。

曹操派出了三路兵马，击破、袭扰袁军：

（1）于禁、乐进分队，该分队过黄河以北的汲、获嘉击破袁绍大营三十余屯，斩首数千级，迫降袁军将领何茂、王摩。袁绍兵屯阳武（今河南省原阳县东南），曹操又派于禁屯原武，击破袁绍别营于杜氏津（今河南省原阳县西北）。这支兵马后来回到官渡大营。

（2）曹洪、徐晃、史涣分队，这支分队先是击败濦强响应袁绍的山贼祝臂，然后又渗透到袁军后方，在故市（今河南省荥阳东北地区）抄截了袁绍的运粮队。

（3）曹仁、曹纯分队，这支分队是曹操机动兵团的主力。他们先是击败刘备，后又击破袁军韩荀部，纵横于中原战场，袁绍为之气夺。

面对曹操灵活多变的战术，袁绍在指挥的灵活性上明显不如曹操。

在袁绍指挥军队猛攻官渡曹军大营期间，袁绍的谋士许攸向袁绍献策："您不要和曹操在这打攻坚战，您应该分派机动部队抄袭曹军后方的许县，劫得皇帝，则大事可成。"袁绍不但没有采纳许攸的建议，反而赌气说道："我就是要先拿下这里。"袁绍的大将张郃又建议袁绍派出奇袭部队，绕过官渡，急袭曹军后方，结果这一建议也被袁绍否定了。

曹操分遣机动兵团四面出击，有力地保证了官渡主战场背后和侧翼的安全，同时也打击了袁军两翼，使其不敢轻易将大兵团展开。不但骚扰了敌军后方，而且迟滞了袁军南下的步伐，为曹操扼守官渡大营创造了条件。

11. 许攸归曹

曹操扼守官渡两个月，兵马困顿，粮草不济，局势越加窘迫。然而，就如荀彧所说的那样"此用奇之时"。

汉献帝建安五年（公元200年）十月的一个清晨，曹军大营外，从袁绍方过来的一个人打破了黎明的宁静，也彻底扭转了官渡战役的局面。这个人就是袁绍的谋士，同时也是曹操的老朋友，他就是许攸。

许攸，字子远，南阳人，年轻时与袁绍、曹操同为好友。后来袁绍起兵反抗董卓，许攸遂成为袁绍麾下谋士。荀彧曾评价许攸，说他"贪而无治"。许攸屡次献计于袁绍，皆不能用。恰巧袁绍另一个手下审配因故捉拿了许攸的家人并收狱关押起来，许攸怀恨在心，于是便弃袁绍投奔曹操。

许攸来到曹军营门，曹操当时正在睡觉，听说许攸前来，他激动地急忙跑出门外迎接，脚步都乱了。见到许攸，曹操拊掌大笑："子远，你来了，我的事就成了。"

两人进入帐中，许攸直接问曹操："贵军军粮可以用多久？"

曹操答曰："尚可支持一年。"

许攸再说："哪有这么多？说真的吧！"

曹操再答："还可以支持半年。"

许攸说："难道你不想打败袁绍吗？为何不说真话？"

曹操说："跟你开玩笑而已，其实军粮只剩此月的分量。"

许攸看曹操不愿吐露实情，他干脆就直截了当地对曹操道出了袁绍最大的军事机密："今孟德孤军独守，既无援军，亦无粮食，此乃危急存亡。现在袁军有粮食存于乌巢（今河南省封丘县以西），虽然有士兵，但无防备。只要派轻兵急袭乌巢，烧其粮草，不过三天，袁军自己败亡！"

袁绍粮草在乌巢，这是一个振奋人心的消息，若能一战拿下袁绍军粮草，则袁军

第四章｜官渡之战
——定鼎中原的关键战役

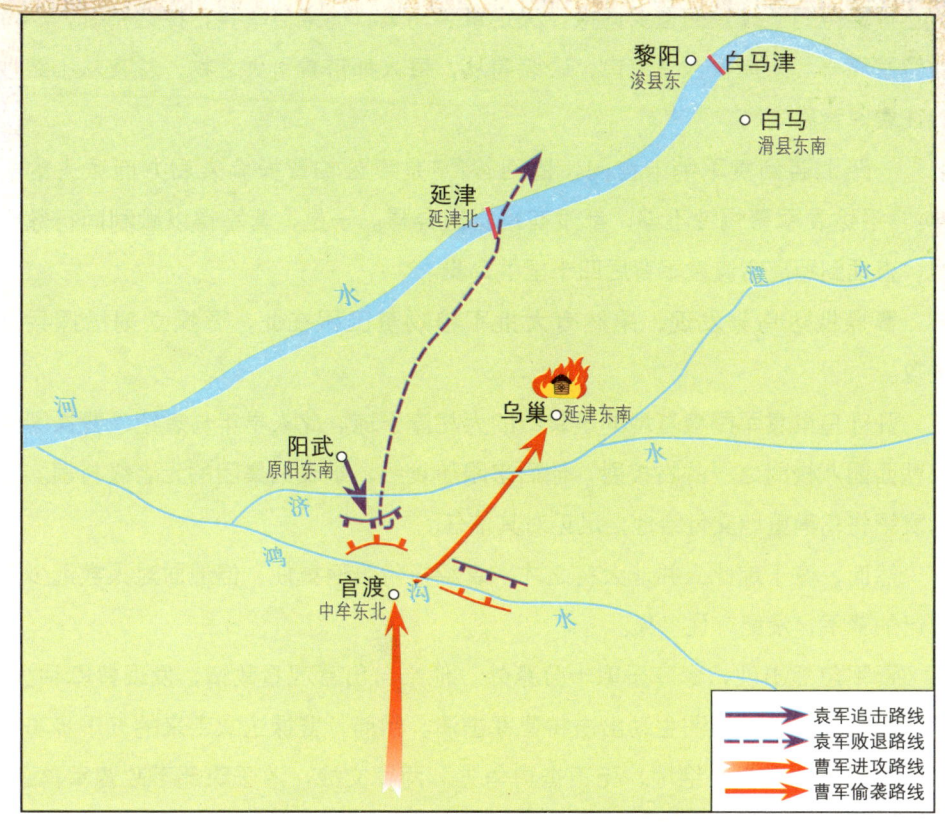

官渡之战

将不战自溃，但同时，这也是一个令人生疑的消息，许攸倒是真的投降还是诈降？

曹操身边很多将领不同意去乌巢，认为风险太大。此事事关重大，曹操必须慎重，他询问了荀攸、贾诩等人，荀攸、贾诩皆劝曹操前往乌巢。

最后，曹操当机立断，留下曹洪、荀攸等人守备官渡大营，亲自率领五千精锐步骑，他要以身犯险，偷袭乌巢。

12. 奇袭乌巢

早在袁绍派遣淳于琼率一万兵马押运粮草的时候，沮授就建议袁绍再派蒋奇率兵在外围巡逻，避免被曹军劫粮，但被袁绍拒绝了。

曹操得到了许攸的重要情报，决定奇袭乌巢。他亲自率兵，拣选精锐，尽打袁绍军旗号。人衔枚，马束口，轻装简从，每人都带着引火之物，趁夜从小路抄袭往袁军背后。

一路上遇到袁军哨卡盘问，皆回答："是袁公怕曹操偷袭后方而派去的援军。"沿途袁军警惕性不够，都没有察觉出异样。于是，曹军得以顺利同行数十里，直插到距离官渡袁军背后四十里的乌巢。

曹操抵达乌巢发现，果然有大批军粮物资囤积在此，曹操立刻指挥兵马进攻。

驻守乌巢袁军囤粮基地的是袁绍的大将淳于琼。此人早年与袁绍、曹操同为汉朝西园八校尉之一的右校尉，他后来跟随袁绍，是袁绍集团的元老级将领。这次袁绍将乌巢重地交付给他，足见对其信任。

然而，淳于琼此人并非大将之才，袁绍托付给他重任，但他面对人数远少于自己的曹军，没能守住乌巢。

曹军忽然出现，令淳于琼十分意外。他亲自出营观看敌情，发现曹军兵少，他就放松了戒备，妄图主动出击将曹军击溃。然而，曹操这次带来的五千步骑皆曹军精锐，他们身处绝地，无不奋勇争先。两军交战，淳于琼部不敌曹军勇猛，被逐回大营。曹操喝令将士猛攻乌巢，并四处防火，焚烧袁军粮草。霎时间，袁绍十万大军的粮草被点燃，烈焰冲天，照如白昼。

在官渡前线的袁绍这时才发觉乌巢粮草失守，在十万大军即将陷入巨大危机的时刻，袁绍再次暴露出他犹豫不决的个性。他不知道该将重点放在哪里，大将张郃建议道："曹操兵精，此次进攻淳于琼，淳于琼必然难以抵挡，一旦乌巢失守，则将军大势将去。我们应该迅速集中大军前往救援。"郭图这时却说："张郃的计策不妥，我们应该进攻曹军的官渡大本营，曹操一定会回援，这样一来乌巢之困就不救自解了。"张郃急忙说道："曹操在官渡的营盘十分坚固，我们定然无法迅速攻克。如果淳于琼被擒，那么我军都将成为俘虏了。"

袁绍面对两种意见，最后采纳了郭图的建议，只派轻骑兵救援乌巢，将主力部队派往官渡前线。他对长子袁谭说道："就算淳于琼被击败，我攻破曹军大营，曹操还是无家可归。"

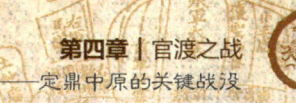

他命张郃、高览率领重装部队对官渡曹军大营展开强攻。

乌巢距离袁军大营只有四十里，曹操此时正在抓紧焚毁袁军粮草。忽然，身边的将士告诉曹操："袁军派来的增援骑兵已经到了背后，请主公分兵拒敌。"曹操头也不回，大喝道："等敌军到我的背后时再告诉我。"于是曹军皆不回头，努力向前，拼死猛攻乌巢袁军，终于大破淳于琼部。曹军占领乌巢，斩杀袁绍督将睦元进、骑督韩莒子、吕威璜、赵睿，并生擒淳于琼。曹军将淳于琼的鼻子割掉，曹操本打算饶其不死，这时许攸在一旁说道："等到明天他照镜子，就不会忘记今天的耻辱。"曹操没办法，便将淳于琼斩首了。

曹军将俘虏的袁军士卒皆割去鼻子，将牛马皆割去嘴唇舌头，然后放他们回官渡大营。这一招使袁军的精神再次遭到打击，心中越发对曹军产生恐惧。

曹操歼灭淳于琼部，焚毁了袁绍大军的粮草，凯旋官渡大营。

13. 逆袭

曹操焚毁袁绍在官渡的军粮，等于卡死了袁军咽喉，袁绍近十万人马陷入绝境。然而，这还不是唯一的坏消息，负责进攻乌巢的张郃、高览临阵倒戈了！

就在曹操进攻乌巢的同时，张郃就建议袁绍要全力支援乌巢，但是袁绍拒绝了张郃的建议，反而采纳郭图等人"进攻官渡，围魏救赵"的建议，派遣张郃出战，张郃无奈之下只得和高览强攻曹军营垒，但是，曹洪、荀攸等人早已严阵以待，张郃、高览猛攻不克。

乌巢被曹操攻破，淳于琼被杀，粮草被烧，郭图怕袁绍追究责任，便在袁绍身边献谗言道："张郃很乐意看到我军战败，说了一些冒犯您的话。"张郃听说后极为恐惧，无奈之下，张郃与高览率领部队阵前倒戈，投降了曹操。

乌巢军粮被烧，张郃、高览临阵投降，袁军士气跌落到底谷。

就如同许攸所预测的，未出三日袁绍大军就陷入了绝境，军心大乱，逃兵连连。曹操乘势出击，袁军瞬间崩溃，四散奔逃，十万之众土崩瓦解，败兵如潮水一样涌向背后的黄河渡口。

袁绍与长子袁谭仓促之间抛弃大军逃命，他几乎是单骑逃回河北，狼狈不

堪。由于袁绍事先在黄河渡口没有驻军，因此袁军无法有组织地撤退，大多数人被阻隔在黄河以南，成了曹操的俘虏，袁绍十万大军几乎全军覆没。

曹操一战得战俘七万，后来被曹操尽数坑杀。

当曹军士卒将袁绍的谋士沮授带到曹操面前时，沮授大呼道："我不是投降，是被俘虏了。"曹操曾与其相识，对他说道："咱俩中途相别，再也没有联系，想不到今日将你擒获。"沮授昂然答道："袁绍失策，自取败亡，我的智谋和力量都没有得到发挥，这才被你擒获。"曹操说道："本初无谋，不用您的计策，如今天下仍旧动荡，国家尚未安定，不如你与我共图大事。"沮授这时悲伤地说："我的叔父、母亲、兄弟都在袁氏手中，若曹公您为我好，就请速速将我杀死吧。"曹操看着沮授，叹息道："如果能早遇到您，天下不足为虑啊。"无奈之下，曹操命人将沮授赐死。

官渡之战以曹操大获全胜而结束，袁绍十万大军几近覆没，精锐尽失。此后，黄河流域袁曹双方攻守易形，曹操开始了长达七年的统一北方的战斗。

14. 后话

官渡之战后，曹军在袁绍大营中搜获了很多官员勾结袁绍的书信，送到曹操面前。曹操却连看都没看，命人付之一炬，尽数烧毁。身边众将不明原因，问曹操为什么不追究便烧毁罪证。曹操回答说："曾经袁绍强盛，我自己尚且难以自保，何况其他人呢？"

袁绍战败的消息传到邺城，有人告诉田丰："袁绍战败，您当初的言论应验了，今后必然会受到重用。"田丰却说："如果主公战胜，我必定能活，如今主公战败，我的死期到了。"

袁绍战败后，曾懊恼地抚胸痛苦说："我后悔没听田丰的策略，以至于今日之败。"袁绍又对逢纪说："冀州人听说我战败，都会惦记我，唯独田丰在战前就提出了不同意见，与众不同，我不好意思见他。"逢纪素来妒忌田丰，于是趁机进谗言道："田丰听说将军您战败，拊掌大笑，很高兴被他说中了。"袁绍自此便有了杀田丰之心。果然，袁绍回到邺城便对身边的人说道："我不用田丰的策略，今日果然被他嘲笑了。"遂将田丰杀死。

汉献帝建安七年（公元202年），袁绍在懊悔和悲伤中去世。汉献帝建安九年（公元204年），曹操攻破邺城。他亲临袁绍墓前祭奠，面对袁绍的墓冢，曹操落泪祭奠，并命人保护袁氏家眷，常年供养。

袁绍死后，他的儿子袁谭与袁尚为了争夺继承权爆发内讧，袁氏势力也被分成了支持袁谭与支持袁尚的两派，双方不断发生火并，这给了曹操坐收渔人之利的机会。经过数年征战，汉献帝建安十年（公元205年），袁谭被杀，冀州落入曹操之手，汉献帝建安十二年（公元207年），袁尚、袁熙在辽东被公孙康杀死，袁绍政治、军事集团最后的一点残余力量也灰飞烟灭了。中国北方地区被曹操统一。

汉献帝建安五年（公元200年）冬十月，震惊中原大地的官渡之战结束。曹操以弱胜强，击败了袁绍的主力部队，两年之后袁绍郁闷而死，其子不和。曹操经历七年时间平定河北，成为汉末中原地区的霸主。

刘备在官渡之战后无法在中原立足，他只得率领残部投靠荆州刘表，韬光养晦，招揽贤士，总结教训。

孙策临死之际将基业交给了他的弟弟孙权，孙权用张昭、周瑜等人之计励精图治，固守长江天险。

汉献帝建安十三年（公元208年），曹操北征三郡乌桓胜利，曹操称汉丞相，虎视天下。他造玄武池训练水军，将兵锋指向了南方，统一天下的战争仍在继续。

15. 战役总结

袁绍以绝对优势兵力发动了官渡之战，最后却全军覆没，只身逃亡。其整个战役犯了数次严重错误，才导致这一结果。

第一，他战前不采纳田丰等人提出的"休养生息，袭扰河南，疲惫曹军"的战略，贸然发动官渡之战，在战略上失去先机。

第二，作战部署的失误。就当时占地的交通情况而言，冀州、邺城至豫州、许昌之间，相距约五百里。最近的道路是经过黎阳、白马、阳武、官渡以直达许昌之线。其左右可以由北向南的包围迂回道路，至少尚有两条：在官渡以西，可

以取道修武，渡过孟津，直趋阳城、叶县，以进击许昌的背后；在官渡以东，可以取道兖州，沿济水至定陶，直趋睢阳、陈县、鄄城，以袭击曹军的后方。因此，在战略部署上，袁绍拥有精兵十万，又处于外线作战的有利态势，如果分兵几路，从几个战略方向上进行分进合击，可能使曹操的劣势兵力难以应付。而袁绍放弃了纵横辽阔的外线作战的大好条件，却把十万大军局限在一个战略方向上，只想下黎阳，夺白马，直捣许昌。这样，就使曹操得以集中他的有限兵力，在事先布置好的官渡阵地上与袁军决战，使袁军陷于被动。这是袁绍在战略上的失策。

第三，战术上的失误。袁绍单纯地实施正面突破，未采取战役、战术上的迂回、包围、奇袭来调动曹军脱离阵地，以求决战。而是将十万大军摆在官渡，形成阵地战。初战失利之后，虽曾派遣刘备等人袭扰曹操后方，并另派韩荀切断曹军后方补给线。这原本是个正确的战术，但袁绍派出的兵力较为单薄，又无应援部队，既没有达到奇兵的效果，在刘备败走、韩荀殒命之后便立即放弃这个战术。从此再也无法对曹操进行牵制，贻误了战机。

第四，在夜袭乌巢的决策和指导上出现了严重失误。曹操夜袭乌巢，袁绍坚持攻打曹操的大营，而不以主力救援乌巢，这个战术决策是非常致命的。之前袁绍曾经花费数月时间进攻曹营不果，说明曹营的防御力度是非短期可以攻占。袁绍仅仅派出部分骑兵前往乌巢救援，兵力不足，难以对曹操形成致命打击。如此分配兵力，左右失据，后来事态的发展也证明了袁绍这一错误决策会带来的致命恶果。

第五，袁绍军队的素质存在问题。数年前与公孙瓒交锋，袁绍在占尽优势的情况下仍然用了几年时间才取得胜利；官渡之战期间，十万大军被曹操几万人遏阻在官渡数月，一筹莫展；淳于琼率一万人坚守乌巢营垒，一夜之间被曹操的五千步骑兵突破。统帅指挥无方，部队素质劣弱，失败是早晚的事情。

第六，许攸与张郃的投降也是袁绍失败的重要原因之一。许攸的投诚，向曹操提供了袁绍军队弱点的最佳情报，这无疑为曹操战胜袁绍找到了一个最佳的方法；而张郃的投降更是意义重大，直接导致了袁绍的精锐部队在前线集体哗变，这对袁绍而言，后果是灾难性的。而导致许攸与张郃投降的重要原因，则是河北

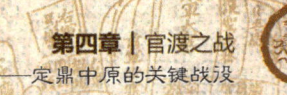

第四章 | 官渡之战
—— 定鼎中原的关键战役

集团的审配打击颍川集团的许攸，颍川集团的郭图打击河北集团的张郃。而在官渡之战的关键时刻，许攸、张郃分别向曹操投降，最后袁绍失败。

曹操以少量兵力战胜强敌，创造了中国历史上著名的以少胜多的经典战例，值得后人研究和学习。总结起来，曹操的取胜之道大致有以下几个方面。

第一，在政治上，曹操挟天子以令诸侯，占据了道德制高点，获得了以荀彧为首的拥汉派的鼎力支持。袁绍的统治以世家大族和旧门阀为基础，他纵容贵族兼并平民土地，对这些贵族他又没有好办法约束他们，只是一味地纵容姑息。河北四州在他的统治下，贫富差距极大，百姓越发困苦，这就为他最终迅速战败埋下了隐患。反观曹操，他以颍川（今河南省禹州市）、谯郡的新兴士族为基础，积极抑制豪强。并在许下进行屯田，招揽流民，安抚百姓。在用人上，他唯才是举，只要有才干，即便是"寒门庶子"他也照用不误，这些举措都获得了广大平民的支持。

第二，战前准备比较充分。其中冒险东征刘备至关重要。否则，刘备以数万之众偷袭许县，曹操将陷入袁绍、刘备两面夹击的危险境地。

第三，战斗力强悍。尽管曹操在军队人数上处于劣势，但曹操从起兵讨伐董卓到官渡之战，十一年间他的部队几经波折，连年恶战，锻造出了一支强有力的军队，尤其是他拥有一支人数不多但却十分精悍的骑兵部队。

曹操的骑兵发展有几个阶段。曹操拥有骑兵是在兖州破黄巾前夕。控制兖州以后，曹操的骑兵部队得到了较大发展。曹操屠徐州，前锋部队就是曹仁统率的骑兵。后来曹操收编关中以及张绣部队，也获得了相当数量的战马，汉献帝建安四年（公元199年）曹操剿灭吕布，吕布手下不少将领投降曹操，其中就包括名将张辽，吕布的精锐骑兵自然也多加入了曹操军中。官渡战役期间，钟繇又从关中送来战马两千匹。这些部队就构成了曹军骑兵的主力。曹军骑兵数量虽然不及袁军众多，但曹军骑兵实际上汇聚了包括幽州、并州、凉州等盛产精锐骑兵之地的精华。这支机动兵团曹操交给了他的族弟曹仁、曹纯兄弟。在官渡战役中，曹仁、曹纯等人统率的曹军骑兵部队大放异彩。袁绍的骑兵部队在与曹军骑兵作战中，丝毫占不到便宜。曹操就是用这样一支骑兵部队，屡次创造战争奇迹，将诸多不利因素一一化解。

　　白马和延津的两场战斗，曹操一举击溃袁军的主力骑兵，不但使袁军机动力大大受损，而且使袁绍对自己的骑兵优势产生疑问。官渡对峙时期，曹操运输队屡次受到袁绍袭扰，而在曹仁于鸡洛山击败韩荀后，袁绍再也不敢分兵进行袭击。这体现出袁绍对自己部队机动能力和部队战斗力的怀疑。许攸和张郃曾建议袁绍分兵抄袭曹军后方，但都被袁绍拒绝了。不采纳这些建议固然是袁绍优柔寡断、好大喜功造成的。但不可否认的是，袁绍骑兵受到的损失，以及他对自己部队战斗力的怀疑，也是他不采纳这些建议的主要原因。

　　在官渡之战中，曹操将机动作战的战术发挥到了极致。在主力与袁绍在官渡对峙的同时，先后屡次派遣轻骑，平刘备、保粮道、击袁绍、截粮草，直到奇袭乌巢。曹操在不停地使用他的骑兵和骑将，并收到了很大的效果。以曹仁、曹纯、徐晃、史涣、曹洪等人为代表的机动部队，在官渡之战中稳定了自己的后方，保障了补给线的通畅，同时也打击了敌人补给线，使袁绍顾虑重重，有效迟滞了敌军主力的进军，在敌人侧翼展开反突击，不使敌军合围。其机动兵团的战斗力发挥到了极致，为少量兵力据守官渡做出了巨大的贡献。

　　第四，战术运动得当。在处于绝对劣势的情况下，曹操抓住了战场的主动权，利用运动战的战术将颜良、文丑所部歼灭，之后又主动放弃白马，从容撤退。严重挫败袁军士气，导致其不敢分兵。在气势上鼓舞了曹军，使曹军以后与大量袁军长期对峙官渡有了底气。袁军在界桥可以以少胜多，击败不可一世的"白马义从"；在易京可以攻破坚城，剿灭了"白马将军"公孙瓒。如今他们以优势兵力攻打曹操，认为稳操胜券，结果被曹操来了个当头棒喝，给全军士气带来的消极影响无法弥补。

　　第五，临危不惧，坚持既定的战略战术。在战争进入最为凶险之时，曹操听从荀彧和贾诩的劝告，放弃退守许县的错误想法，坚守官渡大营，寻找战机。他又抓住火烧袁绍粮草供应地乌巢的战机，一举扭转战局并取得了最终的胜利。

　　第六，抓住战机，以五千步骑深入袁绍腹地，烧毁乌巢，造成袁绍全军动摇，为最后的总攻创造了极为有利的条件。

第五章

赤壁之战

——三分天下雏形之战

引 子

汉献帝建安十三年（公元208年），曹操在汉水沿岸置酒。时值深秋，但曹操却满面红光，兴致盎然。

前不久，他亲率大军南下荆州，荆州之主刘琮望风投降，宿敌刘备则被麾下虎豹骑杀得大败，如今曹操水陆大军二十余万兵临江南，统一天下似乎指日可待了。

曹操满饮了一杯他最钟爱的杜康酒，望着滔滔江水，西北风吹过江面，江水滔滔。曹操诗兴大发，遂做《短歌行》道：

对酒当歌，人生几何？

譬如朝露，去日苦多。

慨当以慷，忧思难忘。

何以解忧？惟有杜康。

……

月明星稀，乌鹊南飞，

绕树三匝，何枝可依？

山不厌高，海不厌深。

周公吐哺，天下归心。

丞相掾关内侯王粲作为新投降的荆州官员，自然想借此机会大拍马屁，赞叹曹操是"三王之举"。曹操闻听，仰天大笑，他剑指江南，传令三军南渡，准备发动统一天下的关键一战。

1. 平定河北

汉献帝建安五年（公元200年），曹操在官渡之战中以少胜多，歼灭了袁绍十万大军，河北主力在这一战尽数被摧毁，袁曹的攻守开始逆转。

袁绍曾将冀、并、幽、青四州分别交给一个儿子，他自以为这是维护统治的

第五章 赤壁之战
——三分天下雏形之战

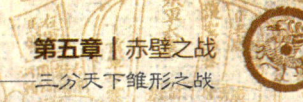

妙招,他的谋士沮授提出了不同意见:"这一定会成为祸乱的开始。"但袁绍却不以为然:"我是想让几个儿子每人占据一州。"

汉献帝建安七年(公元202年),袁绍病死,其诸子各据一州,开始了无休止地相互攻讦。袁氏诸子内部的分裂为曹操统一河北提供了契机。曹操对河北连年用兵,先是于汉献帝建安九年(公元204年)攻破邺城(今河北省临漳县西南),占领冀州,又于汉献帝建安十年(公元205年)亲自都督虎豹骑攻克南皮(今河北省南皮县以北),斩杀袁绍长子袁谭。曹操通过长达七年的战争,终于在汉献帝建安十二年(公元207年)将袁氏残余势力逼至关外的辽东。袁绍二子袁熙、三子袁尚勾结乌桓骑兵,屡屡进犯,骚扰幽州。

谋士郭嘉对曹操说:"您虽然威震天下,但乌桓人倚仗距离遥远,一定不会预先防备。乘其不备,突然袭击,可以一战告捷。况且,袁绍对这一地区的百姓以及塞外的异族有恩德,而袁尚兄弟现在还活在世上。如今冀、青、幽、并四州的百姓,只是因畏惧而服从我们,并没有受过我们的恩德。如果我们离开这里而率军南征,袁尚利用乌桓的武力作资本,召集愿为恩主效死的部属。乌桓人一动,四州的百姓及异族都会纷纷响应,这会使乌桓首领蹋顿动心,生出非分的打算,恐怕青州与冀州就不会再在您的控制下了。刘表不过是个只会坐在那里发议论的人,他自知才干不能驾驭刘备,重用刘备则害怕控制不住,轻用则刘备不会为他所用。因此,即使我们调走全国兵力远征,您也不必担忧。"

在郭嘉的建议下,曹操终于下定决心,决定亲率精锐骑兵奇袭乌桓。

大军抵达幽州,郭嘉又提议说:"兵贵神速,如今远涉千里进行奇袭,辎重太多,难以掌握先机。假如乌桓人得到消息,必然加强戒备。不如留下辎重,军队轻装以加倍的速度急进,出其不意地进攻。"

于是,曹军一路出滨海道为疑兵,主力出卢龙塞,倍道兼程,闪击乌桓。乌桓首领蹋顿面对"从天而降"的曹军,仓促之中集结人马迎战,两军在白狼山(今辽宁省喀喇沁左翼蒙古族自治县境内的大阳山)遭遇。曹操登高观望敌阵,看乌桓骑兵阵容松散,便命张辽等人为前锋冲阵。曹军将士奋勇争先,两军在白狼山下展开了一场骑兵大会战。最终,虎豹骑阵斩蹋顿,乌桓军崩溃。曹军乘势追杀,"死者被野",三郡乌桓自此归顺曹操,再也难以威胁中原王朝。曹操收编三郡

乌桓骑兵加入自己的骑兵部队，使得骑兵实力极大增强，三郡乌桓从此成为"天下名骑"。曹操战胜乌桓后，并没有进一步进攻辽东，而是采纳了谋士郭嘉的计策，回师幽州。他隔岸观火，静待辽东太守公孙康将袁氏兄弟杀死。郭嘉是曹操的智囊，可惜在北征乌桓途中病故，但他的遗计还是应验了。公孙康惧怕袁氏吞并自己，果然杀死袁尚和袁熙，将其首级送给曹操。至此，河北全境平定，曹操凯旋。

汉献帝建安十三年（公元208年）正月，曹操命人在邺城玄武苑内开凿了玄武池训练水军。同年六月，曹操罢免三公，自任丞相，将朝政大权进一步集中在自己一人之手。两个月之后又公开处死朝中反对派的领袖、太中大夫孔融，铲除朝中异己。为了进一步控制三辅地区的关中割据势力，消除隐患。曹操派张既游说马腾离开部队，入朝为卫尉，并将马腾的家属迁徙至邺城。同时，曹操委任马腾的儿子马超为偏将军，留在关中统率马腾的部属。同年七月，一切准备就绪，曹操夺取荆州的战事一触即发。

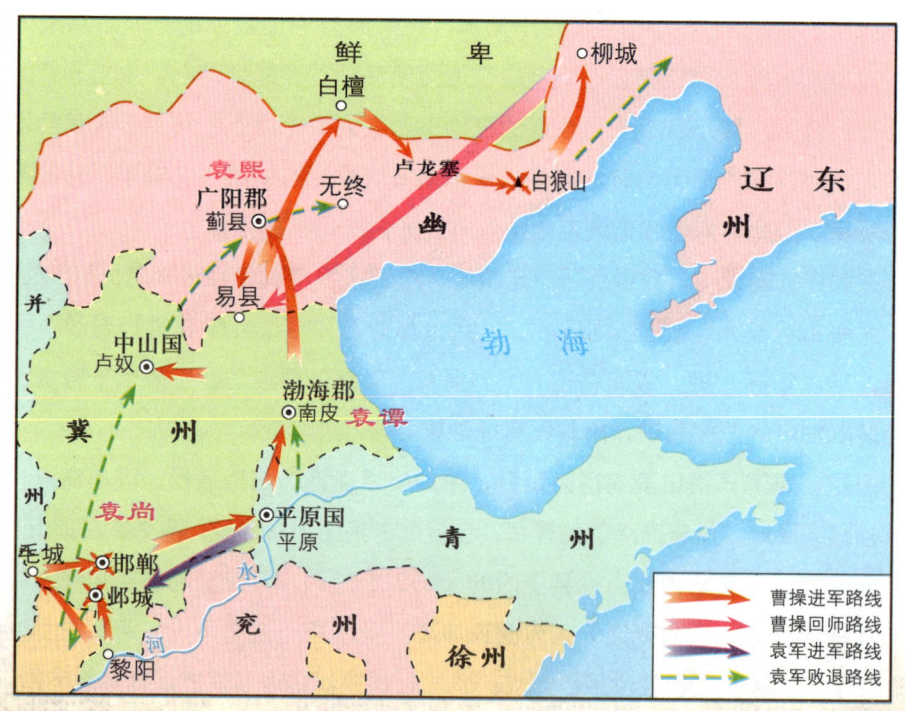

曹操统一河北

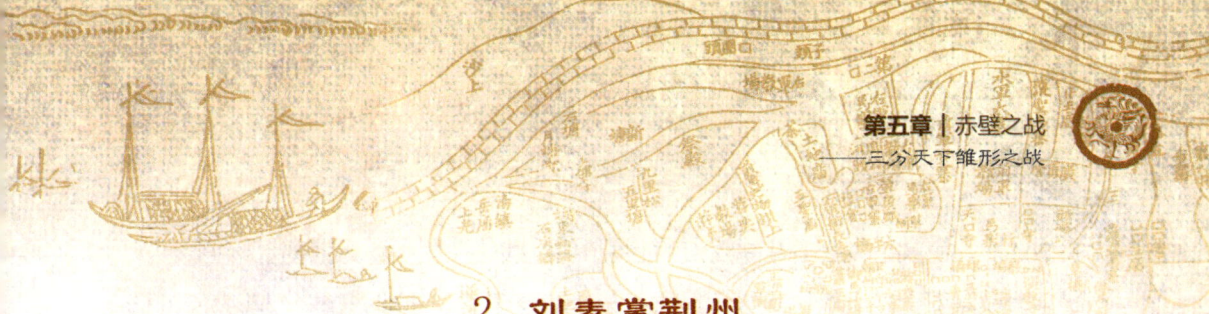

2. 刘表掌荆州

荆州北临洛阳，东下吴越，西接益州，沿汉水而西是汉中。荆州的交通四通八达，物产富饶，人口繁盛，是各方各派的必争之地。荆州以襄阳、江陵作为关键，襄阳屏障着北方，后者则是军事重地，荆州是江东、益州、荆州的战略枢纽。在荆州东部有江夏郡，是刘表和江东孙氏集团的前沿阵地，刘表派大将黄祖镇守此地，多年在此经营。另外，荆州南部又有长沙、武陵、零陵、桂阳四郡。

此时，盘踞荆州的是刘表集团。

刘表，字景升，山阳高平人，汉景帝之子鲁恭王之后。他少年时期投身于汉末经学大师王畅的门下，深受清议风气的影响，早年就已经成为汉末清议人物中的代表。汉献帝初平元年（公元190年），原荆州刺史王睿被孙坚杀死，董卓把持的东汉政府下诏任命刘表为荆州刺史。当时的荆州不仅盗匪横行，而且被袁术窥视，刚刚上任人单势孤的刘表争取了当地蔡、蒯两大家族的支持，先后征服襄阳、长沙、江陵等八郡，将荆州混乱局面一举摆平，刘表也晋升为荆州牧、镇南将军。经过几年努力，刘表成为仅次于袁绍、袁术兄弟的割据势力。此后，刘表广招流民，兴办教育，推动了荆州经济文化事业的蓬勃发展，吸引各方人才纷纷迁往荆州。同时，刘表积极发展军事力量，拥有一支数量庞大且装备精良的军队，在割据荆州十余年间抵御了不同割据势力为抢占荆州所发动的进攻。在刘表管制之下的荆州是汉末时期仅有的一块世外桃源。较之汉末处处饿殍遍野、民不聊生的状况，荆州地区是一片生机勃勃的繁荣景象。

就在曹操进攻河北的同时，刘备逃至荆州。刘备来到荆州之后，刘表亲自前往州治襄阳的城外迎接，以上宾的礼仪对待刘备，但是他心中充满了矛盾。此人的政治企图心过于太明显，早年先后多次背叛旧主改换门庭，让人实在有些信不过。另一方面，刘备这个人在中原地区的名气实在是太响亮了，如果怠慢了这样一位名士又担心遭到荆州知识分子及百姓的非议。如何安排刘备，让刘表煞费苦心。刘表终于想出了一个一举两得的好主意：允许刘备作为一个相对独立的军事

实体存在,同时让刘备去镇守荆州的北大门——新野(今河南省新野县附近)。这里向北就是曹操的地盘,是荆州北方的一个战略要地。让刘备镇守新野去对付他的老对手曹操。因此,刘表立即拨给刘备大量军需物资,同时还调拨了一些军队给刘备,让刘备马上赶往新野驻守。

刘表的收留已经让刘备非常高兴,对于刘表让自己镇守新野的决定,刘备自然也没有异议。能有一块地盘休养生息,对刘备而言已经是一种最大的渴求了,因此他很爽快地赶往新野。

汉献帝建安七年(公元202年),曹操派遣大将夏侯惇、李典等人袭扰荆州地区。刘备在博望(今河南省南阳市方城县西南)击败了曹军夏侯惇部,在荆北站稳了脚跟。曹操远征北方的时候,刘备曾向刘表献计,希望刘表出兵进攻许县,但被刘表拒绝。

七年多时间里,在刘表限制之下,刘备在荆州没有获得很大的发展。但是,他也没有闲着,他取得了荆州名流士族的支持,与其建立了良好的关系,这其中,诸葛亮的加入是他最大的收获。

刘备"三顾茅庐"请诸葛亮出山相助,诸葛亮在草庐之中便为其"量身打造"了隆中战略:"曹操已经拥有百万大军,挟持天子以号令天下,此人确实不可与他争锋。孙权占据江东,已经历三代,地势险要,民心归附,贤能人才都为他尽力,此人可以与他联盟,却不可算计他。荆州地区,北方以汉水、沔水为屏障,南方直通南海,东边连接吴郡、会稽,西边可通巴郡、蜀郡,正是用武之地,但主人刘表却不能守,这恐怕是上天赐给将军的资本。益州四边地势险阻,中有沃野千里,是天府之地,而益州牧刘璋昏庸懦弱,北边还有张鲁相邻。虽然百姓富庶,官府财力充足,却不知道珍惜,智士贤才都希望有一个圣明的君主。将军既是汉朝王室的后裔,信义闻名天下,如果能占有荆州与益州,据守险要,安抚戎、越等族,与孙权结盟,对内修明政治,对外观察时局变化,这样,就能建成霸业,复兴汉朝王室了。"

这个战略即"以'复兴汉室'为政治口号,先取荆州、益州为家,然后联合江东孙权,最后从荆州和关中两路夹击,击败曹操,完成霸业"。

刘备欣然接受了诸葛亮的主张,诸葛亮的到来迅速从根本上改变了刘备在荆

第五章 | 赤壁之战
——三分天下雏形之战

州的处境。不过，就在刘备暗地里图谋荆州的过程中，荆州地区局势出现了重大的变故。荆州之战于汉献帝建安十三年（公元208年）七月爆发了。

3. 荆州之战

汉献帝建安十三年（公元208年）七月，曹操的进攻开始了。

为了达到出其不意、攻其不备的突袭效果，曹操采用了荀彧的建议，一面扬言出兵攻打宛城（今河南省南阳市宛城区附近）、叶县（今河南省平顶山市叶县附近），一面秘密派出扬武中郎将、谏议大夫曹洪等诸将率领精锐部队从小道轻装急进，切入荆州。战事进展得非常顺利，战斗打响后，曹军不但迅速攻下了宛县和叶县，精锐部队也深入荆州腹地。仅仅一个多月便占领了荆州北部地区并形成纵深发展的态势。之后，曹军先头部队已经进至新野。另外曹操在攻下章陵郡后，又命赵俨以章陵（今湖北省枣阳市南）太守兼都督护军，总领张辽、于禁、张郃、朱灵、李典、冯楷、路招七路人马，驻扎于章陵郡，作为后备军从东面策应支援。

为抵御曹操的进攻，刘表也对荆州的军事力量部署进行了调整。他命令镇守南阳的军队回撤，以荆州州治襄阳为核心、依托樊城和汉水组成防御体系，准备与曹操决一死战。不料就在这年八月，刘表骤然病逝，荆州顿时群龙无首，乱作一团。

荆州内部原本矛盾重重。刘表当年平定荆州依靠的是蔡氏、蒯氏等世家大族，这些大族掌管着荆州的实际权力。蔡瑁作为蔡家在荆州的代表人物，权势熏天，穷奢极欲，称霸一方。刘表病死，按照当时惯例应该由长子刘琦继承荆州大权，但是，刘表的幼子刘琮的生母是蔡瑁的二姐。蔡氏支持刘琮，将刘琦逼走江夏，扶植刘琮继承了荆州大权。蔡氏又排斥刘备，使荆州北方屏障动摇，夺嫡斗争、派系斗争使原本就处于劣势的荆州面对曹操大军时更加被动。

在东曹掾傅巽、章陵太守蒯越、零陵太守韩嵩、名士王粲及荆州主要军事将领蔡瑁、张允的劝说下，刘琮于同年九月归降曹操，荆州落入曹操手中。为了安抚荆州人心，曹操任命刘琮为青州刺史、封列侯，封蒯越等十五人为列侯，韩嵩

为大鸿胪、蒯越为光禄勋、刘先为尚书、王粲为丞相掾、文聘为江夏太守。同时，曹操又让荆州名士刘巴为说客，到长沙、桂阳、零陵三郡劝降。然后重组荆州降军，任命蔡瑁、张允为水军都督，负责管理水军和荆州防务。

刘琮的投降对刘备来说是一次沉重的打击，这也就意味着刘备及诸葛亮通过寄寓荆州努力发展势力，并从荆州内部进行和平演变的预定策略彻底破灭。不仅如此，在曹操强大军力的逼迫下，刘备不得不放弃驻守地樊城（今湖北省襄阳市樊城区）向江陵（今湖北省荆州市荆州区一带）方向仓皇撤退。面对如此意想不到的局面，诸葛亮心中焦虑，向刘备提出了一个大胆的设想：趁乱进攻荆州州治襄阳消灭刘琮，占领荆州。不过，诸葛亮这个主张并没有得到刘备应允。在刘备南撤过程中，荆州十余万百姓先后加入，造成队伍行动缓慢，一天只能走几十里路。

刘备南逃兵分两路：一路是由他亲自率领走陆路，另一路是由关羽率领走水路。

此时曹操大军已经抵达襄阳。得知刘备向江陵这个荆州军事要地撤退的消息之后，曹操派出了他的"精锐部队"虎豹骑，由其族弟曹纯率领，荆州降将文聘为向导，精选精骑五千，昼夜兼程，急追刘备。虎豹骑狂飙猛进，一昼夜行军三百里，终于在当阳长坂（今湖北省当阳市中心城区附近）追上了刘备。一番混战之后，刘备军队大败，十余万百姓被曹军冲散，刘备的两个女儿被俘，徐庶的母亲也落入敌手。为了保全母亲的性命，徐庶只能忍痛含泪与刘备、诸葛亮道别，只身前往曹营依附曹操。而遭受沉重打击的刘备也只得放弃原定撤退江陵的计划，与张飞、诸葛亮一起率领少量兵马逃往汉津（今湖北省武汉市附近）。

刘备赶到汉津，恰逢关羽率领水军在此接应，刘备等人乘船逃走，这才算逃得一命。他们暂时前往刘琦的驻地夏口（今湖北省武汉市汉口一带），等待时局进一步变化。

曹军击溃刘备，彻底解除了荆州的抵抗力量。曹操亲临南郡，益州牧刘璋派人送来兵马数千，以助曹操。曹操此时拥有北方军队及荆州降兵二十余万众，艨艟斗舰数以千计，粮草辎重堆积如山，威震江表，虎视南方。

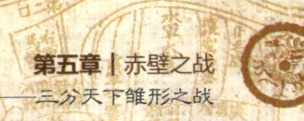

第五章 | 赤壁之战
——三分天下雏形之战

此刻，曹操又将目光瞄准了不远的南方。那里，是广袤的江东地区，是汉末另外一大割据势力——孙权集团的地盘。

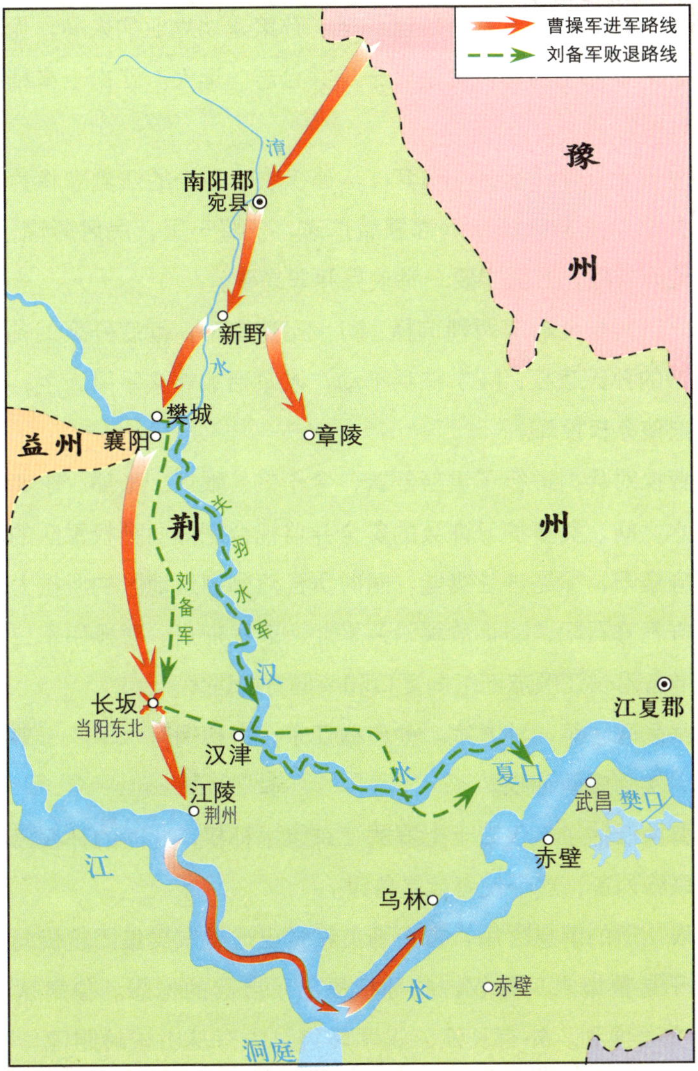

刘备逃至夏口

4. 江东故事

江东孙氏政权已历三世，在经历了孙坚、孙策两代人的努力后，如今的江东由年轻的孙权执掌。其麾下都是跟随孙坚、孙策建功立业的人马，尤其是孙策的好友、江东的军事领袖周瑜，更是善于用兵且志向远大。江南士卒精通水战，水军战斗力十分强悍。

汉献帝建安十三年（公元208年），孙权攻破刘表的江夏守将黄祖，吴军表现出了杰出的战斗素养。江东六郡疆域广袤，沃野千里，民风彪悍，兵精粮足，又有长江天险为屏障，曹操想要一举攻克并非易事。

取得荆州的曹操此时有两种选择：（1）迅速南下，彻底歼灭刘备，并进攻盘踞在江东一带的孙氏政权；（2）按兵不动，以政治加外交手段为主，以军事威胁为辅，逐步迫使孙权投降。

因此，曹操对兵力进行了重新部署，令于禁、张辽、张郃、李典等七军驻扎在汝颍、淮水之间，负责护卫许县的安全并监视合肥方向孙权军队的动向；命曹洪、乐进镇守襄阳，徐晃进驻樊城，同时负责清剿荆州地区的反抗力量；任命文聘为江夏太守把守石阳，防止敌军沿沔水北上袭扰荆州。曹操率军二十余万坐镇江陵，随时准备沿长江顺流而下向夏口和柴桑方向进发。

曹操最终采取了第一种方案。他传檄江东，声称拥有水军八十万，要和孙权"会猎于吴"，实为威胁孙权。

但是，曹操低估了年仅二十七岁的江东之主孙权，此时的孙权已经秘密派使者前往江夏联络刘备，这个使者就是鲁肃。

得知刘表病逝的消息之后，鲁肃马上察觉出这是东吴集团趁机向荆州发展的大好时机。于是鲁肃求见孙权，向孙权提出了自己的构想。鲁肃认为：荆州与江东毗邻，交通便利。外有长江、汉水环绕，内有丛山峻岭阻隔，不但地势险要，又有千里沃野。如果能占据荆州，成就帝王之业就有了稳固的基础。如今刘表刚刚去世，刘表的两个儿子一向不和、相互争权。荆州内部也随之形成两个派系，无法团结一致共同对外，加上寄寓荆州的刘备一向是雄心勃勃，与曹操积怨

颇深，同时与刘表也产生了一定的矛盾。在刘表去世、荆州无主的情况下，如果刘备能与刘表的两个儿子齐心协力对付曹操，我们就可以采用安抚的做法与之结为盟，好共同应付曹操的进攻；如果刘备三心二意，打算借机在荆州发展势力，那我们就应该另做打算。鲁肃向孙权建议，自己立即前往荆州，借着吊唁刘表的时机窥探荆州内部的情况，极力说服刘备及刘表的两个儿子同心同德对抗曹操。如果错过了这个机会，说不定就会被曹操捷足先登。鲁肃的建议得到了孙权的首肯，于是鲁肃毫不迟疑立即出发赶往荆州。

不过，此时荆州局势的发展超出了鲁肃的想象。就在鲁肃赶到夏口之时，曹操大军已经深入荆州的腹地。鲁肃刚刚来到南郡，刘表的儿子刘琮就已经带领荆州士民投降，力主抗击曹操的刘备也从樊城撤出向江陵方向转移。于是鲁肃只能改变行程，寻找被曹军追赶的刘备。鲁肃终于在当阳的长坂坡地区遇上了刚刚被曹军精锐——虎豹骑杀得落荒而逃的刘备。而此时的刘备不减其英雄本色，与鲁肃摆开了迷魂阵。当鲁肃向刘备表达孙权的问候并询问其下一步的打算之时，刘备以前往苍梧去投靠吴巨作为搪塞。面对刘备的言不由衷，鲁肃向刘备提出了自己的构想，鲁肃表示：孙权将军聪明仁义，礼贤下士，已经握有江东六郡，兵精粮足，足以成就大事。依我看刘将军不妨派遣心腹前往江东与孙将军同盟，共同抵抗曹操，这样才能成就大业。至于说到的苍梧太守吴巨，只不过是个平庸的官吏，才能有限，很快就会被别人吞并，去投靠这样的人有什么作用？

联吴抗曹原本就是刘备的既定方略，鲁肃的这个提议自然得到了刘备的赞同。此时，刘备的谋士诸葛亮则更加直接地对刘备说道："事情已经十万火急，请主公派人向孙将军求救吧。"

此时孙权已经亲临柴桑（今江西省九江市一带），刘备便派诸葛亮为使者，跟随鲁肃前往柴桑见孙权，促成孙刘联盟，共同对抗曹操。

5. 孙刘联盟

诸葛亮与孙权见面之后，双方相互试探和摸底由此开始。诸葛亮表示："如今天下大乱、诸侯纷争，将军起兵东南，刘备将军则在汉水以南招募军队，与曹

操共同争夺天下。目前曹操已经攻占荆州大部地区，威镇寰宇。在曹操强大的军力面前，英雄也毫无用武之地，因此刘将军才不得不退兵夏口以避其锋芒。依照目前的形势，我觉得将军应该评估一下力量从而采取相应对策。如果将军希望以江东之众与曹操相抗衡，不如及早与之断绝关系；如果将军自认为力所不及，还不如趁早放下武器投降曹操。而今将军表面上与曹操关系良好，但内心深处却犹豫不决。在这个紧要关头如果还是这样的话，那就会大祸临头了！"

面对诸葛亮的责问，孙权避而不答，故意反唇相讥："如果真像先生所说的谁都不是曹操的对手，那刘将军为什么不投降曹操而非要不自量力与之对抗呢？"

诸葛亮答道："古人田横，不过是齐国一名壮士，他尚且能够守义不辱，宁死不愿投降，何况刘将军乃堂堂皇室后裔，英才盖世，天下英雄无不仰慕。就算败在曹操手下，那也只是天意，怎么可能去投降汉贼曹操？"

面对诸葛亮如此激将，孙权终于难耐心头怒火，将真实意图表达出来："我早就已经打定主意了，说什么也不会将江东地区拱手让给曹操这个奸贼！一定与曹操决一死战！天下之大也只有我孙权和刘备将军可以抵挡曹操了。不过刘将军刚刚在荆州遭遇惨败，他还有力量来与曹操对抗吗？"

眼看孙权已经表明了立场，诸葛亮立即对形势进行了冷静而客观的分析，诸葛亮认为："刘将军的军队虽然在长坂地区遭遇失败，但是陆续回来的士兵及关羽的水军加起来尚且有精兵万余人，荆州江夏太守、刘表的长子刘琦手中还有万余名士兵，这些军队都是对付曹操的生力军；曹操的兵马从中原远道而来，早已疲惫不堪，听说此次为了追赶刘将军，其虎豹骑居然一天一夜长途奔袭三百多里，正所谓'强弩之末势不能穿鲁缟'，犯下了兵法中的大忌；况且北方之人不习水战，在江南地区无法发挥其陆战的实力；尽管荆州百姓在曹操的淫威之下不得不曲意顺从，但内心深处对曹操充满忿恨。拥有这么多有利条件，将军只需要精心安排精兵强将与刘将军一起做好作战的协调，双方齐心协力，就一定能够打败曹操这个强敌！曹操一旦兵败只能退回北方，无论是刘将军还是孙将军都能够壮大力量，到时候鼎足三分的格局也就形成了。而这一切的关键，就要看将军是否能下定决心与刘将军联盟共同对付曹操了。"

诸葛亮这段话语直白坦诚、不卑不亢，终于打消了孙权对于刘备实力的担忧

第五章 赤壁之战
——三分天下雏形之战

和顾虑，孙刘联盟也就此正式形成。

就在孙权与诸葛亮会面并定下联合对抗曹操的战略决策之后不久，曹操派人送了一封充满威胁的恫吓信。在信中，曹操声称统兵八十余万随时准备向江东进军。孙权随即召集手下文武商议对策。以张昭为首的投降派极力主张放弃与刘备的同盟归顺曹操，此时唯有鲁肃一言不发。利用孙权起身如厕之时，鲁肃追到房檐下向孙权说出了自己的看法和立场。鲁肃表示："刚才听到张昭等人的议论，他们只会贻误将军而不能与将军一起共谋大事。如今像我鲁肃这样的人可以去投降曹操，而将军却万万不能这样做。我如果投降曹操，曹操会把我送回乡里，依照朝廷的制度进行人物品评，安排个一官半职，至少还能够做个功曹、从事这样的小官。可以整天坐着牛车，身边还会有个随从伺候。随着做官年限的增长，说不定还可以做上一个州郡级别的官吏，但是将军你要是投降曹操，会出现我那样的结果吗？希望将军尽早拿定主意，千万不能采纳张昭等人的意见。"

原本就对张昭等人的投降言论非常气愤的孙权听到鲁肃之言，长叹了一口气，也对鲁肃表明了自己的心迹，他对张昭那些人的主张非常失望，只有鲁肃的言论才符合自己的心意。此时的孙权并没有改变联刘抗曹的决心，他所需要的，是孙吴集团文武上下一心坚定抗曹的决心和意志。因此，孙权又将已在鄱阳地区操练水军的主战派将领周瑜召回柴桑，让周瑜当众表达看法和意见。

周瑜认为："曹操名义上是朝廷的丞相，实际上却是大汉的贼子。将军以神武雄才，又兼有父兄的基业，现在不但割据江东，占地数千里，兵精粮足，自当纵横天下，为朝廷清除乱臣贼子。如今曹操送上门来找死，我们岂有投降的道理？如今曹操虽然占领了北方地区，但是局面并不稳定，马超、韩遂等凉州诸侯目前屯兵函谷关一线，是曹操的巨大隐患；同时，曹操不得不放弃他最为擅长的骑兵而仅仅依靠其并不熟悉的水军要与我们这些熟悉水战的江东将士作战，这就不能发挥他们的长处；更何况目前时值寒冬，不但战马缺乏草料，久居中原的曹军士兵也会因为水土不服而染上疾病，这些都是用兵的大忌。在这种不利局面下，曹操依然强行出兵，这就给了将军一个天赐的良机，现在正是击败曹操这个奸贼的大好时机。请将军给我三万大军进驻夏口，我保证可以大获全胜，击败曹操这个强敌！"

周瑜的豪言壮语让早已对张昭等人投降言论憋了一肚子火的孙权有了一个宣

泄的机会，孙权立刻站起身说道："曹操老贼早就想要废掉汉朝皇帝，自己篡位了，只是顾忌袁绍、袁术、吕布、刘表与我孙权。现在，那几个英雄都已被消灭，只剩下我还存在。我与老贼势不两立。你主张迎战曹军，正合我意，是上天把你授给了我！"然后，他拔出佩剑，猛的斩断桌案一角，厉声对诸将喝道："将领官吏们，有胆敢再说应当投降曹操的，就与这个桌案一样！"

至此，东吴君臣定下了大战略：与刘备组成联盟同曹操决一死战。

在确定了江东集团与曹操展开战略决战的策略之后，周瑜当晚又独自找到孙权，对敌我双方的优劣进行了精彩的分析。周瑜认为：

"不少人看到曹操在来信中自称拥有八十万大军而惊慌失措，纷纷建议投降，这都是上了曹操的当。其实曹操所率领的中原军队不过十五六万人，而且是长期征战，早已疲惫不堪；新接收的刘表手下的荆州降将最多不超过七八万人，而且军心不稳。依靠这些疲惫之众及军心不稳的军队作战，就算人数再多，也没有什么可怕的。我只要五万精兵，就足以打败曹操，请将军不要有什么顾虑。"

周瑜客观、冷静的分析，让孙权心中的疑虑一扫而空。孙权拍着周瑜的背说："公瑾，你的话非常合我的心意。张昭、秦松等人，各顾自己的妻子、儿女，怀有私心，非常使我失望。只有你与鲁肃和我的看法相同，这是上天派你们两个人来辅佐我。五万精兵一时难以集结，我已挑选了三万人，战船、粮草及武器装备都已备齐。你和鲁肃、程普率兵先行，我当继续调集人马，多运辎重、粮草，作为你的后援。你能战胜曹军，就当机立断，如果失利，就退到我这里来，我亲自与曹操决一胜负。"

孙权大计既定，他当即命令，以周瑜、程普为左右都督，率领精锐水军三万逆江而上，在鄂县樊口（今湖北省鄂城西北）汇合刘备，共同对抗曹操。赤壁之战正式拉开了序幕。

6. 战事进展

曹操率领大军兵临长江北岸的乌林（今湖北省洪湖市东南）一带，沿江陈兵。曹操从七月起兵南下至此已经数月。时近年底，冬季来临，此时曹军之中蔓

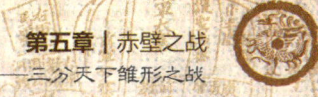

第五章 | 赤壁之战
——三分天下雏形之战

延瘟疫。曹军二十余万，一旦瘟疫传染起来，对军队的士气和战斗力将十分不利，但当时又没有有效的防疫和医治手段，因此，曹操很难很好地解决这一问题。瘟疫的流行给顺风顺水、屡战屡胜的曹军蒙上了一层阴霾。

此时，曹操却并没有停止南下的脚步，他过于轻视江东水军，在各种客观因素极为不利的情况下，曹操组织了一次渡江作战。

周瑜率领周瑜和程普率领黄盖、韩当、周泰、甘宁、凌统、吕蒙等江东诸将主力三万人逆江而上，抵达赤壁（今湖北省赤壁市西北一带），恰逢曹军第一次渡江。于是，曹孙两军便在大江之上展开了一场激烈的水战。

进攻一方的曹军虽然人数众多，但是面对精于水战、士气高昂的吴军水师，他们没有占到半点便宜。相反，周瑜指挥的水军击败了曹军的渡江部队，迫使曹操将部队收回江北，无法进一步南下，曹操首次渡江作战失败。损兵折将、士气动摇的曹操面对宽阔的长江一时没有很好的办法，只好驻扎在江北乌林一带。

周瑜虽然初战得胜，但面对实力悬殊的敌人，他也无法继续扩大战果，只得将部队驻扎在长江南岸的赤壁。两军隔江对峙，战场暂时陷入了平静。

在周瑜和曹操在赤壁一带对峙期间，战局也发生了巨大的变化。

曹操南下以来锐不可当的进攻被长江阻隔，他强大的兵力优势无法体现，只能屯兵于江北，伺机而动。

从整个战局来看，长期对峙对曹操更为有利。因为曹操拥有"挟天子以令不臣"的政治优势，又有压倒性的优势兵力，虽然周瑜在战役初期取得了局部胜利，但仍无法抵消巨大的实力差距，长期对峙令吴军将士心理上承受着巨大压力，军心难以保证。另外江东群臣除了周瑜、鲁肃等人之外，大多数愿意投降曹操，如今双方长期对峙，江东内部很多人实际上是持观望态度，长久下去难免不生出其他变故。所以，曹操并不急于全面进攻，而是将战船用铁索链接起来，做长久打算。他应该是出于保持战船在江面上稳定的考虑而这样做的。

曹操表面上的绝对优势之下也潜藏着许多致命的不利因素，正如周瑜和诸葛亮所分析的，曹操此时犯了数条兵家大忌：

（1）寒冷的冬季已经降临，曹军劳师远征，此时已经精疲力竭。

（2）瘟疫继续在曹军中蔓延，曹军的士气已经严重受挫。

（3）初次渡江作战失败，使曹军对于原本就不擅长的水战更加畏惧，因此主动将战船用铁索链接。

（4）曹操水军主力皆为荆州降兵，这些人投降曹操不过区区三个月时间，人心并不稳定。而曹操将他们放在进攻的第一线，这无疑加剧了荆州兵对曹操的怀疑，也使他们更加惧怕吴军，一旦战局有变，荆州兵势必大乱。

（5）刘备长期与曹操交锋，刘备深知曹军虚实。对于曹军的实力，孙刘联军可谓了如指掌。但是，曹操对于吴军却所知有限，情报上的不对等使得曹操很难准确地评估出敌我双方的实力对比，无法做到知己知彼。

（6）在曹操集团内部以及大后方，各种不稳定因素正在滋生。内部的拥汉派，后方的马超、韩遂，这些因素都使得曹操难以专心应付赤壁的战事。

其实这些不利因素早在曹操决定继续南下的时候就已经潜伏存在了，而当曹操首次渡江作战失败、两军对峙的时候便越发明显地体现出来。不过，面对曹操几十万大军，孙刘联军依然面临着极大的压力。

面对十倍于己的强敌，周瑜非常清楚长期对峙对己方不利，但是，曹操固守在江北，他一时无法找到速胜曹军的办法。周瑜日夜筹划，寻求战机。这时，部将黄盖看出了曹军的破绽，向周瑜提出了自己的建议。黄盖认为：如今敌众我寡，无法对敌军长期对峙。曹军将船舰首尾相连是其致命的错误，可以利用火攻之策打败曹操。

这个建议使得周瑜豁然开朗，火攻之策也成了孙刘联军取胜的唯一方法。但是，要实施这个计划，还必须做很多准备工作。

首先是诈降计。必须要让曹操放松戒备，以便有机可乘。周瑜让黄盖写了一封降书，命人送往江北曹操手中。曹操看到信上写着："黄盖一直深受孙家的厚恩，担任军队中的要职，所享受的待遇可谓不薄。不过环顾天下大势，以江东六郡的羸弱实力去对付中原的百万之众，实在是自不量力，难以取得成功。就算是江东的将士们也大都能看清楚当前的形势。唯有周瑜、鲁肃等寥寥数人，心胸狭隘，浅薄愚钝，不明白这个浅显的道理。我打算归顺曹公，也正是基于这样的考虑。周瑜所统率的军队，最容易从内部被攻破。等到曹公与周瑜交锋之日，我当为先锋，随时会为您效力。"曹操召见送信的使者，曹操说道："就怕你们有诈，如果黄盖真的能率众投降，我对他的封赏一定会超过所有人。"显然，曹操上当了。

黄盖诈降之计的成功，增强了周瑜的信心。周瑜立即着手进行决战前的准备。他预备了艨艟战船十艘，装上干荻和枯柴，在里边浇上油，外面裹上帷幕，上边插上旌旗，预先备好快艇，系在船尾。命黄盖诈降进入曹营之时在距离曹军两里处举火，自己则率主力部队紧随其后。一旦黄盖得手，则全力进攻，给予曹军致命一击。

然而，周瑜的计划却有一个问题需要解决，那就是风向。时值隆冬，皆为西北风，曹操在北，吴军在南，如果是西北风，火攻难以起到克敌制胜的效果。但是，在江南的洞庭湖、鄱阳湖一带，冬季却有东南风。吴人久在江南自然知晓这一情况，于是，周瑜就利用这一自然现象，开始实施他的火攻计划。

7. 火烧赤壁

汉献帝建安十三年（公元208年）冬十二月，约定投降的日子到了，黄盖亲率十艘布满了引火之物且被伪装起来的艨艟斗舰在前，周瑜大军在后方缓缓跟进。

这一日东南风大起，风势极猛。

曹军皆在江北，翘首等待黄盖来降，黄盖开始向曹军水寨进发。两军可望的时候，黄盖命麾下将士皆举起火把，齐声高呼："来投降了！"同时，黄盖命人扯起船帆，在东南风的作用下，快船风驰电掣，直奔曹军而去。在前进至距水寨二里之时，黄盖下令各船点火，向曹军猛冲。大火随着风势越烧越旺，曹军只能眼看着黄盖的艨艟斗舰冲进了水寨。

曹军大批战船皆用铁索链接，无法躲避，也无法调转，只能眼睁睁地看着火船冲进自家水军之中。战船立即起火燃烧，并随即波及其他战船。顷刻之间火光冲天，整个水寨已经变成了一片火海。不少曹军官兵被吞没在这火海之中，一些被大火烧着衣服的士兵已经开始跳下战船，落入冰冷的江水之中，烈焰冲天，惨叫呼号震天动地。

汉末烽烟
——中国历代战争

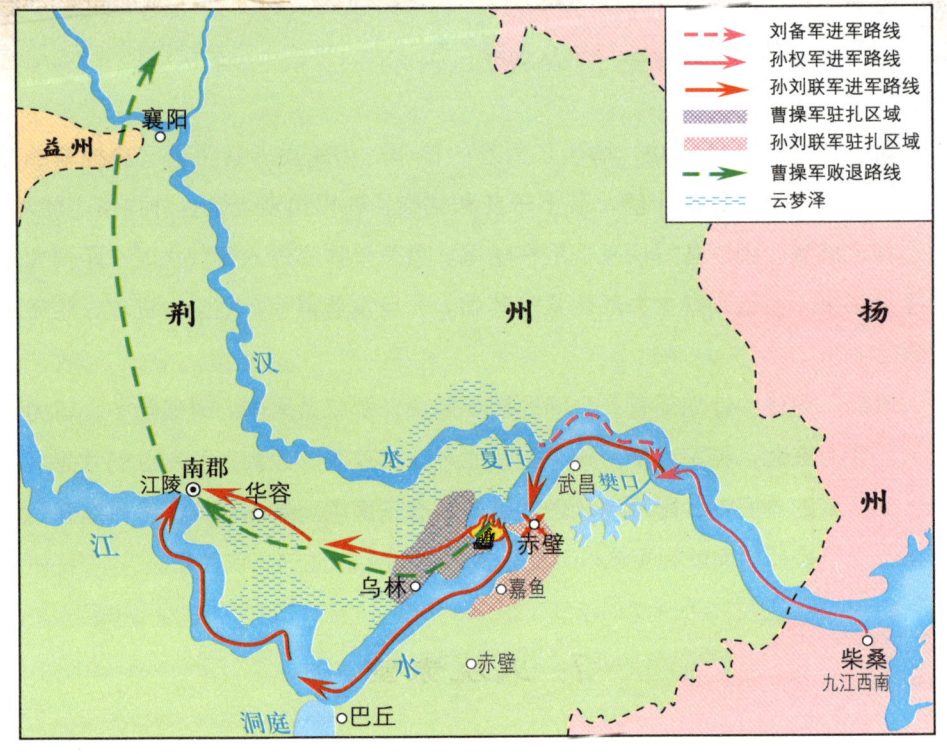

赤壁之战

战事开始之后,黄盖在混战中被箭射中,落入极寒的江水中,身受重伤。后来他被后续跟进的吴军救起,但这些吴军不认识黄盖,就随手将他扔在了厕所旁边,黄盖硬撑着大叫一声同僚"韩当"的名字,韩当听出来是黄盖的声音,急忙冲进厕所,这才将黄盖救下。

周瑜率领的吴军主力抵达,吴军擂鼓助威,声势震天。由于风势太猛,以至于江上的大火蔓延到了北岸,曹军陆上大营也被火点燃。

曹军本就饱受疲惫、瘟疫的折磨,士气低落,如今骤然遭遇大火,又见吴军声势浩大的杀来,无法抵挡。首先溃败的是曹操的水军,他们多为刘表手下的荆州兵,本非曹操嫡系,如今战船被烈火焚烧,水军几乎不复存在,他们也就随之溃散了。水军的溃散延续到了陆军,失败的情绪比瘟疫还要快得在曹军中蔓延。

周瑜主力部队趁势猛攻,刘备这时也倾巢而出,直扑曹军而来。曹军被火烧

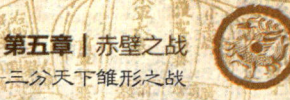

死、被水淹死、被联军杀死的人不计其数，曹操二十几万大军无法立足，开始全线崩溃。曹操仓促之间组织部队开始往北撤退，孙刘联军则沿长江水陆追杀曹操。

曹军的撤退路线是先从水陆沿长江逆流而上，途经巴丘（今湖南省岳阳市一带），烧毁了残余战船，然后登陆，由陆路穿行云梦大泽，过华容（今湖南省华容县境内）撤退往江陵。

曹操水陆兵马从乌林败退到巴丘时，尚有少量战船。但面对全线溃败的颓势，这些战船已经无力抵抗孙刘联军，因此，曹操主动烧毁残余船只。曹操这时忽然长叹，说道："郭奉孝在，不使孤至此。"并连续感叹道："哀哉奉孝！痛哉奉孝！惜哉奉孝！"

曹操舍水陆，登陆路，穿行在水网交错、布满泥潭的沼泽地中，刘备亲率兵马紧紧追赶。

华容以南的广大沼泽地十分难行，曹操为了尽快脱身，他将老弱残兵填充到沟壑中，盖上草席，他的嫡系部队就踏着这些弱兵的身躯穿过沼泽地。就在曹操离开不久，刘备就在后面放起了火，曹操侥幸而得意地笑道："刘备是我的宿敌，可惜他得计稍晚，如果早点放火，我们就死无葬身之地了。"

孙刘联军一路追杀，所得降兵、辎重器械、战船颇多。

曹操虽然战败，但他的骨干力量在陆军，损失并不大。因此，他并没有在赤壁之战败后瓦解，相反，曹操逃到江陵后，留下大将曹仁、徐晃、陈矫镇守南郡，乐进等人守襄阳抵御孙刘联军的进攻，他自己则率领主力回北方休整。

8. 后话

赤壁之战结束后，孙刘联军乘胜追击，希望继续扩大战果，在东、西两线对曹操发动进攻，遭到了曹军顽强的抵抗。

孙权派出的东路部队先是以张昭为首进攻九江当涂（今安徽省当涂县附近），结果以失败告终。之后，孙权又亲率大军进攻合肥，经过一个多月的激战无功而返。

孙刘联军的西路大军则是由周瑜率领,该路大军也是赤壁之战的主力,战斗强悍且士气正盛。然而,即便如此,他们在进攻曹仁镇守的南郡(汉末荆州八郡之一,治所在江陵)时,仍是费了九牛二虎之力。

曹仁麾下士卒皆为曹军精锐,赤壁之战是水战,他们派不上用场,如今在平地陆战,曹军的优势就发挥了出来。

周瑜、程普率领几万人马,与曹仁隔长江对峙,尚未开战。甘宁请求先去直接夺取夷陵。甘宁率部前往,一到就占领了夷陵(今湖北省宜昌市夷陵区等区域),于是入城防守。益州牧刘璋的部将袭肃率领全军投降。周瑜上表,请求用袭肃的部队扩充横野中郎将吕蒙的兵力。吕蒙极力称赞袭肃,说:"袭肃有胆识,有才干,而且仰慕归化,远来投奔。从道理上讲,应该扩充他的兵力,而不应夺去他的军权。"孙权赞同吕蒙的看法,归还袭肃的军权。曹仁派兵包围甘宁,甘宁被困,形势危急,向周瑜求救。吴军将领认为兵力单薄,不能再分出援军去救甘宁。吕蒙对周瑜、程普说:"留凌统驻守江陵,我与您前去解围,也不会需要太长的时间,我保证凌统能守住十天。"周瑜同意他的建议,在夷陵大破曹仁军队,获战马三百匹归来。于是,全军上下士气倍增,周瑜就渡过长江,驻兵北岸,与曹仁相持。

甘宁之围被解后,周瑜军队便渡江扎在北岸,并约定日期与曹仁军队大战。周瑜领数万人马进攻,并以数千人的前锋部队对曹仁展开进攻。此时站在城楼上的曹仁发现了孙刘联军的企图,立即命令部将牛金带领三百名精兵出城迎敌。牛金出战之后因对方人数众多、实力悬殊,很快陷入重围。此时正在城楼上观战的部分曹军将领看到如此不利的局势不禁大惊失色。只有曹仁毫无畏惧,吩咐手下牵来战马,披挂上阵,准备出城营救牛金。长史陈矫等人上前阻拦,陈矫认为敌军人数众多,势不可挡,应该放弃营救牛金等被围将士。曹仁拒绝了陈矫等人的建议,带领几十名亲兵出城迎敌。当曹仁距离敌军还有一百多步的时候,前面是一条小河沟。城头观战的陈矫等人还以为曹仁会在沟边停下,为牛金壮壮声势,可没想到曹仁直接就越过河沟冲入了敌阵,与敌军展开激战并成功将牛金救出重围。此时,曹仁发现还有一小队士兵仍然被敌军包围无法脱身,就又一次杀入重围将其救出。数千敌军都被曹仁的气势所震撼,只能眼睁睁地看着曹仁纵横驰

骋,任由曹仁安全撤回城中。

如此一场实力悬殊的战斗,曹仁居然获得了成功,这让在城内观战的陈矫等人大为叹服。陈矫说道:"将军真是神人呀!"

在战事进行中,周瑜一直亲临前线指挥,并在一次战斗中右臂中箭,身负重伤。曹仁听说周瑜受伤,立即派军讨战。周瑜强忍着伤痛,亲自巡视军营,稳定了全军士气,使得曹仁的图谋未能得逞。

南郡争夺战足足打了一年有余,所杀伤甚众。最终,在孙刘联军的进攻下,曹仁不得不在次年年底撤出江陵,荆州地区这个重要的战略要地从此落入了孙刘联军的手中。随后,孙权任命周瑜兼任南郡太守,屯驻江陵;程普兼任江夏太守,设郡府在沙漠;吕范兼任彭泽太守;吕蒙兼任寻阳县令。

东吴经过艰苦卓绝的战斗,终于取得了南郡所有权。战后,刘备向朝廷上表,推荐孙权代理车骑将军,兼任徐州牧。正在这时,刘琦去世,孙权让刘备兼任荆州牧,周瑜将荆州长江以南的地区分给刘备。刘备将军营设在油口,并把那里改名为公安,并进兵占领了江南长沙、零陵、桂阳、武陵各郡,荆州名士及百姓多来投奔。后来孙权将妹妹嫁给刘备。汉献帝建安十五年(公元210年),周瑜亡故,孙权便将南郡交给了刘备。

从此,刘备在荆州站稳了脚跟,开始了新的征程。曹操在北方听到刘备崛起的消息,竟然将笔掉落在了地上。

9. 战事总结

赤壁之战,是中国历史上著名的以少胜多、以弱胜强的战例之一。作为这场战争的发动者,赤壁之战是曹操军事生涯中最大的败笔,此战的失利也使得曹操统一全国的愿望从此化为泡影。曹操的失误主要有以下几个方面的原因:

第一,战略上的失误。曹操在兵不血刃取得荆州全境之后,没有采纳贾诩"迫降"孙权的战略,没有进行适当的战略休整,对荆州地区的军民进行安抚。而是贪功冒进,立即向孙权进行恐吓,急于南下寻求渡江,与吴军进行战略决战。这在战略上是值得商榷的。正如诸葛亮和周瑜的分析的那样,曹操至少在四

个方面存在隐患：

（1）北方尚未完全平定，马超、韩遂还驻兵函谷关以西，是曹操的后患；

（2）曹操舍弃鞍马，改用船舰，与生长在水乡的江东人来决一胜负；

（3）时至严寒，战马缺乏草料；

（4）驱使中原地区的士兵远道跋涉来到江湖地区，不服水土，必然会发生疾疫。

第二，战术上的失误。曹操没有充分利用自己实力强大、兵力众多的优势，多路进军，多点开花，迫使孙刘联军无法集中兵力，而是将重兵部署于襄阳和江陵，仅仅在江陵一个方向上攻刘击孙，促使孙刘两家不得不联手进行抵抗，增加了自己取胜的难度。同时，没有发挥自己步骑作战的长处，而是以自己并不擅长的水战去应付孙刘联军实力较强的水军。以己之短攻敌所长，将决胜负的主动权拱手相让。在初次渡江作战中失利之后，曹操意识到自己军队水战能力不足，因此用铁索将战船链接，以保证平稳。但是，这恰恰又成了一个致命失误，被吴军发现并被利用发动火攻。

第三，曹操轻信黄盖的投降，也是一大失误。黄盖乃江东三世重臣。他是本为南阳太守黄子廉后人，但家族分离，黄盖祖父迁到零陵居住。后来乡亲都死去，黄盖生活艰难，但仍有壮志。虽然贫穷，仍常负薪警诫自己，又自幼习读书、学兵法。之后，他担任郡吏，再被察举为孝廉，升任公府。他早年追随孙坚南征北战，屡立战功，后又跟着孙策平定江东不避艰危。孙权即位，诸山越叛乱，黄盖活跃在镇抚山越的一线，前后九县，所在悉平，迁丹杨都尉。黄盖为人严肃，善于训练士卒，每每征讨，他的部队皆勇猛善战。如果曹操能够了解黄盖的履历和为人，他应该会有所戒备。但是，正如同官渡之战中骄傲的袁绍一样，曹操在取得了巨大的成功之后开始轻敌了。他虽然也怀疑过黄盖投降的真实性，但他最终还是相信了黄盖的投降书，究其原因，还是因为他对于自己实力的过度自信。

作为赤壁之战中胜利的一方，孙权则取得了前所未有的胜利。孙权的胜利主要有以下几个原因：

第一，精准的庙算。无论是鲁肃对全国局势的分析还是周瑜对敌我双方态势的分析，都堪称"庙算"中的典范。正是由于精准的庙算，使得吴军在战役进程

第五章 | 赤壁之战
——三分天下雏形之战

中准确地把握住了脉络和关键点,"对症下药",果断出击,最终取得了战役的胜利。

第二,战术运用的正确。作为这场战争的主要领导者之一的周瑜功不可没。在这场战争中,周瑜表现出了杰出的战略分析策划能力与谋略、决断能力。正是周瑜的出色表现,才确保了战争的胜利。紧接着发生的江陵之战,是继赤壁之战之后孙刘联军对曹操进行的又一场战略决战。在这场战争中,周瑜身先士卒,勇略兼备,最终获得了战争的胜利。

除了孙权之外,刘备也是这场战争最大的受益者之一。相对于孙权而言,刘备的策略更加巧妙,收获也最大。

第一,刘备的外交努力成功。刘备在赤壁之战的成功首先是外交的成功。在山穷水尽之际,他与孙权结盟,获得了一位强有力的盟友,最终彻底扭转危局,击败了宿敌曹操。

第二,战后利益分配的成功。诸葛亮巧妙地利用了东吴不知曹军虚实,以及孙权年轻气盛等情况,为刘备集团在孙刘同盟中争取到了最有利的地位,使得刘备在日后与孙权的交往中保持了独立性和平等性。赤壁之战后,东吴倾尽全力攻占了重要的南郡,但最终却因为周瑜的去世而拱手"借"给了刘备,刘备集团从此在荆州站稳了脚跟,并开始扩充实力。先后招揽了庞统、庞林、马良、马谡、习祯、廖化、向朗、向宠、杨仪、杨颙、霍峻、廖立、陈震、邓方、宗预、黄忠等大量荆州才俊。同时,刘备组建和完善了荆州所属地区的各级行政机构。刘备分别任命关羽、张飞、赵云为襄阳、宜都、桂阳各郡太守,同时委任诸葛亮为军事中郎将,督理零陵、桂阳、长沙三郡,征调赋税,负责后勤工作。刘备终于第一次拥有一个比较稳定的根据地,同时还拥有了一支实力不俗的军队,一个完全属于自己的、具有一批文臣武将的政治、军事集团。

除了曹、刘、孙三方在战略、战术上的差异导致了战争的结局之外,各种自然因素也对战争的结果产生了重大影响。

第一,瘟疫。曹操大军在冬季遭遇瘟疫,导致其战斗力受到极大影响。在那个时代,没有较好的防疫和治疗措施,一旦爆发大规模瘟疫,等待人们的只有死亡。东汉末年连续发生了数次大规模瘟疫,百姓死伤惨重,直接导致了黄巾起义

的爆发。东汉建安年间的瘟疫更加严重，曹植《说疫气》记载："献帝建安二十二年（公元 217 年），疠气流行，家家有僵尸之痛，室室有号泣之哀。或阖门而殪，或覆族而丧。"三国时期爆发过好几次瘟疫，曹丕曾对吴质回忆当年大瘟疫的情形："昔年疾疫，亲故多离其灾，徐、陈、应、刘，一时俱逝。"建安七子中有四个人在同一年病死，上层人士尚且如此，下层民众更加不可想象。当时瘟疫之可怕，可见一斑。

汉献帝建安十三年（公元 208 年）的瘟疫虽不见严重程度，但既然能使曹操大军无力南下，其危害也就不言自明，因此，瘟疫问题其实成了赤壁之战中曹操最为头疼的问题。他后来在给孙权的信中说"赤壁之战，恰巧遇到了疾病，是我自己烧船撤退，使周瑜虚获此名。"这虽然有他推卸自己责任的成分，但瘟疫也确实是一个不容忽视的决胜因素。

第二，东南风。冬季忽然出现东南风，是不是偶然因素呢？唐代诗人杜牧的诗曾说"东风不与周郎便，铜雀春深锁二乔"，似乎东南风是上天有意帮助东吴，而实际情况却恐怕并非如此。汉献帝建安四年（公元 199 年），孙策破黄祖时就曾用火攻，而时间恰巧也是冬十二月。黄祖在西北，孙策在东南，说明当时也是东南风，而周瑜、黄盖等人都参加了那次战斗，想必东吴诸将对这种冬季起东南风的天气不会陌生，因此，利用东南风火攻曹军并非运气使然，而是吴军深知当地气候所致。"天时"作为决定战争胜败的主要因素，能够了解它的一方往往能够战胜不了解它的一方。

第三，云梦大泽。南郡南部今洞庭湖北部一带在汉末是一片水网交错的沼泽地。那里道路难行，又时常有大雾，是一片人迹罕至的区域。曹操选择从这里逃跑恐怕也是无奈之举。他的战船在巴丘全部焚毁，背后是刘备、孙权的追兵，他只有徒步从云梦大泽冒险北逃。最终，刘备与他失之交臂，曹操逃得一命。

10. 战役影响

赤壁之战是汉末具有决定性的一场战役，虽然这场战役不同于官渡之战，虽不是歼灭性战役，但其影响同样深远。

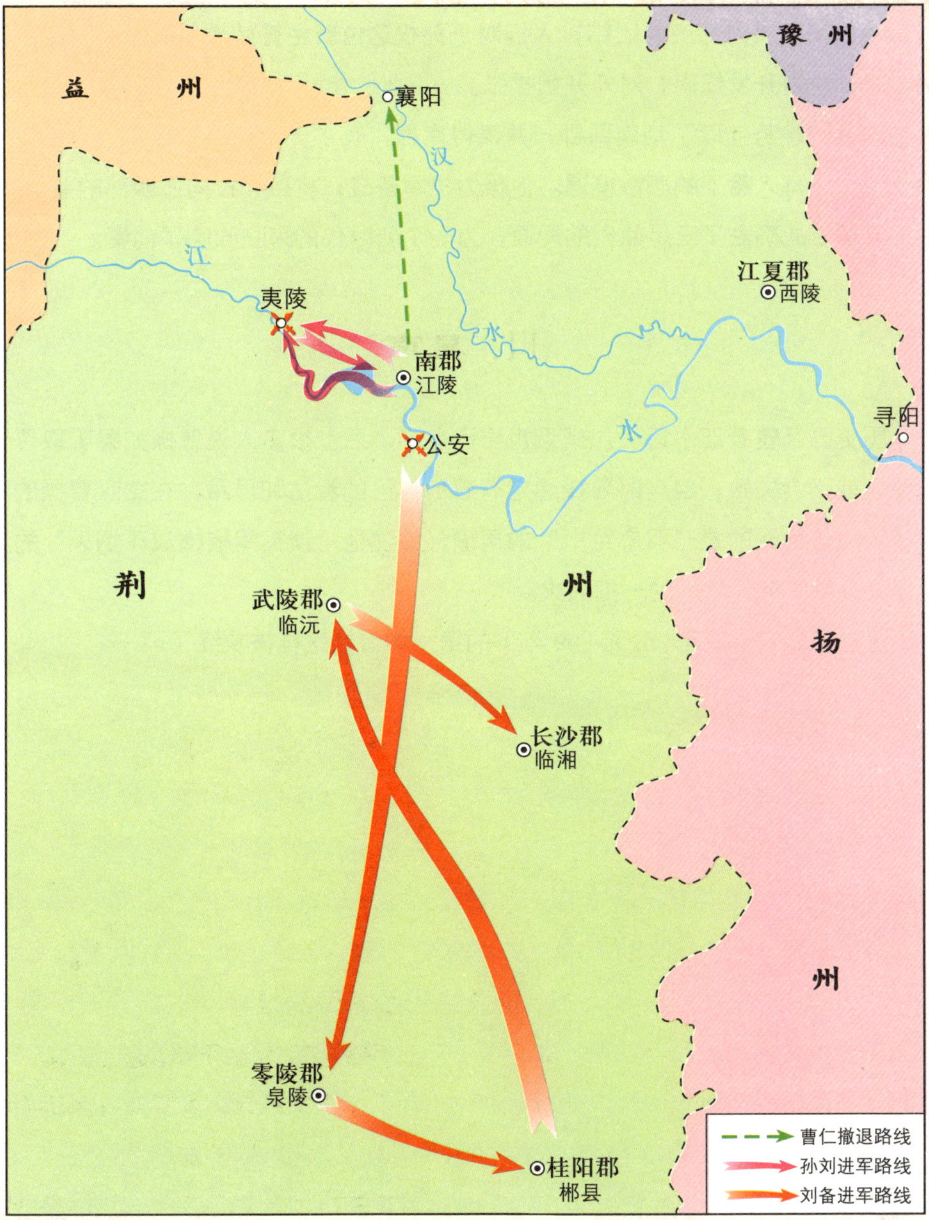
益　州
豫　州
襄阳
汉
江
水
水
江夏郡
西陵
夷陵
南郡
江陵
公安
寻阳
荆
州
扬
州
武陵郡
临沅
长沙郡
临湘
零陵郡
泉陵
桂阳郡
郴县
曹仁撤退路线
孙刘进军路线
刘备进军路线

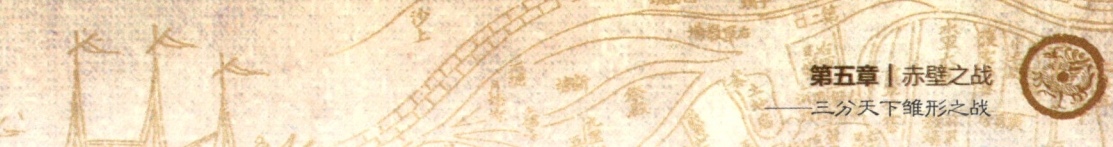

赤壁战争结局图

官渡之战后,曹操一跃成为东汉末年最有实力统一天下的英雄,但赤壁之战阻止了曹操统一的步伐。面对孙刘联盟,终曹操一生再也没能逾越长江。

战后,东吴内部空前团结,人们对于孙权这位新主开始敬服。同时,孙权调兵遣将,对内开发江南,对外开始扩张。

刘备则趁势夺取了荆南四郡,并谋得南郡,有了一块稳固的根据地,结束了四处流亡、寄人篱下的悲惨境遇。他极力扩军备战,将目光投向了西部的益州。

赤壁之战确立了三足鼎立的局面,为一个新时代的来临吹响了前奏。

11. 尾声

历史已经随着江水远去,硝烟也早已散尽,后世很多人说曹操如果听取贾诩的建议就不会失败,但当时曹操必定有着他自己的看法和思路。在感叹曹操的同时,更应该关注的是"羽扇纶巾"的周瑜,关注他"谈笑间樯橹灰飞烟灭"的潇洒以及乌林那惊天动地的一把大火。

汉献帝建安十四年(公元 209 年)的第一场雪就这样被映红了⋯⋯

第六章

关中之战
——平定西北的关键战役

引 子

汉献帝建安十六年（公元 211 年）春，邺城（今河北省临漳县西南）曹操府邸。

屋子里坐着四个人，争论正激烈地进行。

司隶校尉钟繇："我率领三千将士进入关中，就说是去征讨张鲁，而实际上则以武力威胁，关中这些诸侯就会乖乖地送上人质给我们以表忠心的。"

丞相府仓曹属高柔："此言差矣！现在出动大军，韩遂和马超等人肯定认为这是冲着他们来的，很有可能煽动部下叛乱。我认为应当先安抚他们，如果这个地区的局势稳定了，咱们只要发布文书就能平定汉中。"

尚书令荀彧："丞相命我咨询治书侍御史卫觊，他认为关中这些诸侯没有称雄天下的大志，想的是如何苟且偷安。如果朝廷多加封赏，他们就很满足了，也不会有什么谋逆之心，以后对付他们的机会有的是。如果现在就以征讨张鲁的名义进入关中，这些人一定就会起疑心，到时候万一凭借关中地区险要的地形和人多势众的优势与我们对抗，那反而对我们不利。"

曹操一直坐在那里，静静地听着手下这几位大臣的讨论，一言不发，但他的心中却思绪万千……

1. 战争

赤壁之战惨败后，曹操企图迅速统一全国的梦想破灭，不得不转入战略调整期。面对孙刘联军的迅猛发展，曹操只能将战略进攻转为战略防御，并将目光瞄准了广袤的凉州及关中地区。该地区位于帝国西北，疆域辽阔，民族众多，关系复杂，中央政府的兴衰对当地形势影响重大。自东汉以来，历代皇帝对于凉州所采取的政策根据自身的条件有很大的差异。这使得凉州的政治形势经常发生截然不同的变化。总体来看，围绕凉州的管制，大体经历了"三绝三通"这六个阶段。对政策影响的最大原因就是凉州的少数

第六章 | 关中之战
——平定西北的关键战役

民族问题,而其中尤以羌族问题为甚。尽管原因错综复杂,但究其缘由,主要还是凉州主要官吏的暴政,激起了以羌族为主的少数民族的强烈反抗。由此,对于凉州羌族的战争,几乎贯穿东汉王朝的各个历史阶段,更成为东汉王朝的心腹大患,对于东汉王朝的衰落及最后的灭亡都产生了重大而深远的影响。到了东汉末年,由于东汉王朝的腐朽统治,内忧外患不绝。凉州的羌族叛乱愈演愈烈,汉灵帝中平元年(公元184年),伴随着中原规模浩大的黄巾起义,一场新的包括羌族在内的多民族联军对东汉的战争又一次在凉州爆发。韩遂、马腾便是在这场战争中崛起的两股最为强大的割据势力。

对于绵延数百年的边患,曹操并不陌生。事实上,曹操青年时期的愿望就是能够驰骋于西北边疆建功立业,最后在自己的墓碑上写上汉征西将军曹侯之名。因此,自从曹操集团壮大之日起,曹操就对西北地区的形势比较关注。早在汉献帝建安二年(公元197年),曹操对以韩遂为首的凉州及关中地区的割据势力表达了自己的担忧。曹操的首席谋士荀彧针对曹操的这种担心提出了自己的看法和应对的意见:关中及凉州地区的割据势力虽然人数众多,但是派系林立,很难形成一个整体。这其中只有马腾和韩遂最为强大,但是他们胸无大志,只会关心自己的地盘而不会角逐天下。一旦他们发现中原地区激战正酣,他们一定会尽全力维护自己的地盘,防止被别人夺走;如果以朝廷的名义对其进行安抚并派遣使臣游说,他们至少都会在这场战争中保持中立,不会卷入战争。在荀彧的建议下,曹操派遣钟繇以侍中代理司隶校尉前往关中监督当地各股割据势力。

钟繇到任之后,分别写信给韩遂、马腾,恩威并施,要求两人提供人质以表忠心。由于当时曹操控制中央政权不久,周围强敌林立,自顾不暇,尚不足以立即对韩遂、马腾等人构成真正的威胁。因此,钟繇的这个要求为二人所接受,双方的第一次智斗算是和平而友好地结束了。然而,这种局势在曹操统一北方地区之时却发生了突变。

官渡之战之后,曹操实力大增,引起了韩遂、马腾等西北割据势力的警觉。汉献帝建安七年(公元202年),袁绍集团残余势力的主要头目袁尚派遣高干、郭援等人并纠集匈奴单于入寇河东地区。战前袁尚秘密联络韩遂、马腾等人,二人均同意配合袁尚的行动。双方的第二次智斗由此展开。

135

此时，曹军的主力都在扫荡袁氏的残余势力，无暇西顾。因此，曹操便采取了拉拢和利诱的方法，派遣张既进行劝解。事后，曹操分别任命韩遂、马腾为征西将军及征南将军。在这个回合的较量中，双方各有所得，曹操暂时消除了后顾之忧，韩遂、马腾也再一次确定了自己在凉州及关中地区割据的合法性。

不过，韩遂与马腾之间的合作并未持续多久。官渡之战后，为了争夺地盘，双方爆发激战，马腾实力受损，不得已表示出与曹操交好的愿望。曹操趁机在赤壁之战前夕成功说服马腾，将马腾及其宗族成员由凉州迁徙到了邺城，其部众由其长子马超接管。后来，韩遂的子女也作为人质居住在许县。双方之间的紧张关系似乎得到了一定程度的缓和。

汉末诸侯割据图（208 年）

除韩遂、马腾集团之外，关中及凉州地区尚有侯选、程银、李堪等十多股大小不等的地方割据势力。近几年来尽管相互之间的争斗趋于减少，但对于曹操的防范却一刻也没有停止。曹操的政令往往无法在凉州地区实行，严重影响了凉州及关中地区的社会、经济的发展。

以统一天下为己任的曹操在消灭了北方最大的割据势力袁绍之后，已经准备向并州、凉州、幽州进行扩张，为实现以后的华夏统一的总体战略目标创造一个良好的、稳定的大后方。而以韩遂、马腾为首的凉州及关中割据势力则对曹操集团的扩张深感恐惧，准备以闭关之计进行抵御，防止曹操集团的鲸吞和蚕食，因此矛盾不可调和。这就注定了双方一定会用战争来解决所有问题。在这种大环境下，双方之间的暗斗一直在持续。

2. 曹操的布局

曹操统一中国北方之后，也开始着手对西北地区进行调整和部署，力图尽快解决该地区长期的混乱状态。

第一，曹操通过行政手段加强控制。除了在之前任命的司隶校尉钟繇和凉州刺史韦端掌控全局之外，曹操又在武威、汉阳、陇西、武都、金城、安定、北地等凉州下属诸郡任命太守，削弱和消除凉州集团的影响，并分化和瓦解凉州集团。这种布局在后来的决战中发挥了巨大的作用。

第二，曹操对凉州割据势力之间的相互争斗采取了听之任之的态度，使其自相倾轧，任其相互削弱。

第三，对于凉州割据势力的主要人物采取了分化瓦解的方法。汉献帝建安十三年（公元208年），曹操利用韩遂、马腾征战不休的有利时机，成功征召马腾进京，并将马腾全家二百余口迁到邺城。利用马腾来牵制马超集团。

第四，拉拢和引诱韩遂集团的内部成员，进一步削弱韩遂集团的有生力量。汉献帝建安十四年（公元209年），韩遂的心腹阎行奉命去见曹操，曹操不但将阎行任命为犍为太守，还一口答应了阎行要求将其父安排入朝担任宿卫的请求。后来发生的事实也说明，曹操对于阎行等人的拉拢是非常有效且成功的。

第五，通过各种手段麻痹韩遂，减少韩遂的戒心。就在拉拢阎行的同时，曹操又托阎行传话给韩遂，表明自己对韩遂当初背叛东汉政权的行径表示理解，同时"热情"邀请韩遂赴京师"共匡辅国朝"。

割据和统一原本就是一种在根本利益上的冲突，二者之间一定会通过武力较量的方式来最终解决这种冲突。果然，双方在维持了十五年的貌合神离之后，终于在汉献帝建安十六年（公元211年）开始了持续数年的武装冲突。

汉献帝建安十六年（公元211年），司隶校尉钟繇主张对以韩遂为首的凉州割据势力进行讨伐。钟繇以区区三千兵马入关，很明显只是个试探。曹操随即在内部广泛征求意见，遭到数位大臣的反对。曹操最后做出的决定是：采纳钟繇的建议，让其率部三千进入关中；同时，曹操又安排了征西护军夏侯渊取道河东郡，对钟繇进行策应。

不过，曹操在战后对当时的决定非常后悔，认为还是应当听从卫觊的意见。其理由有三：

第一，钟繇所提出的利用出兵威胁对方交出人质的做法并无新意，造成出师无名。就在钟繇提出这个建议之前，马腾全家，除马超等少数人之外，已经有二百余口迁到邺城，而韩遂亦有家人在曹操的手里。此时再提出人质的要求无疑是强人所难。因此，当钟繇进兵关中之后，韩遂等人的反应强烈，战争迅速爆发。这场战争几乎聚集了凉州、关中所有的割据势力，也证明了贸然出兵造成的严重后果。

第二，曹操对马超集团的判断产生了严重失误。前面提到，马超一家二百余口于汉献帝建安十三年（公元208年）就已经被迁到了邺城，马超的父亲也在朝廷担任卫尉一职，实际上已经被曹操控制。在这种情况下，曹操错误地认为：即使韩遂集团发动叛乱，而实力强大的马超集团也必将投鼠忌器，不敢轻举妄动。这样一来会为他平定凉州割据势力的叛乱减少阻力。也正因如此，在马超集团参加叛乱之后的一年左右时间里，曹操都没有对马腾一家二百余口开刀，也无非是为了争取马超集团的反水；但曹操没有料到，马超不顾父亲和全家人安危起兵造反，使得战争的难度大大增加。

第三，从韩遂、马超等人叛乱后曹操的应对措施来看，曹操显然也并未做好充分的准备。韩遂、马超是在三月起兵叛乱的，而曹操当时虽然命令曹仁进行增援，但给前线将士的命令却是"坚壁勿与战"。直到同年七月，经过近四个月准备的曹操才匆忙率军赶往潼关。这也证明了曹操在发动关中决战的时机上发生了较大的失误。究其缘由，还是与自己的判断和决策失误分不开。这也是曹操后悔的最为重要的一个原因。

3. 韩遂等人的对策

尽管韩遂、马超等人多年来尔虞我诈，相互争斗，但面对曹操的步步紧逼，却都不甘示弱，亦在同时加紧自部署，以求自保。尤其是凉州及关中地区最大的割据势力首脑之一的韩遂，从他步入汉末政治舞台之日起，他就深谙此道，曹操的布局并没有瞒过他的眼睛。

韩遂，原名韩约，字文约，凉州金城（今甘肃省皋兰县西北）人氏。他并不是一介草民，而是一位官吏、一位名士。韩遂曾经担任过凉州从事的高职，在凉州地区具有崇高威望。大约在汉灵帝中平元年（公元184年），韩遂被裹胁加入西北叛军。但不久便取得了这支联军的实际控制权，并改变了这支队伍的性质，从而形成了一支割据凉州、关中地区长达三十余年的军事集团。

面对汉末复杂的形势，韩遂并没有一味采取对抗的策略，而是根据形势变化进行了多次转型，而他每一次转型，都有一个连贯而清晰的思路。韩遂最为警惕的是在身边出现另外一个强大的政治、军事集团，威胁到自身安全。因此，他曾经捐弃前嫌去团结马腾，对抗李傕、郭汜，也因此而去暗中支持袁氏兄弟对付曹操，最后也都是为自己谋得最大的利益和好处。与此同时，韩遂也没有忘记为自己留下一条退路。在与李傕、郭汜交战时不忘和樊稠套近乎；在暗中支持袁氏兄弟的同时，也没有公开与曹操为敌。

经过数年的精心布置和策划，韩遂在董卓、李傕、曹操先后把持的东汉政府中谋得一席之地，获得了一次次的"转型"。尤其是在最后这一次，曹操不但授予其征西将军，还托韩遂的亲信阎行传话，信誓旦旦地邀请韩遂赴京师"共匡辅国朝"。不过，韩遂并没有被曹操的示好所迷惑。为了防止曹操对西北地区渗透，他已经准备多年，做好了应对之策。

第一，利用曹操委任的西北地区官吏之间的矛盾，以平叛为名扩充势力。汉献帝建安年间，武威太守张猛与雍州刺史邯郸商因早年关系紧张产生矛盾。张猛怀恨在心，担任武威太守之后借机诛杀了邯郸商。韩遂利用这个时机，上表要求讨伐张猛并将其杀死，并乘机占据武威，壮大了自身力量。

第二，加强与其他割据势力的联系，以求外来的支持。早在割据之时，韩遂就秘密与益州割据势力的首脑刘焉保持着紧密的书信来往。汉献帝兴平元年（公元194年），刘焉还派兵参与由马腾和韩遂共同发动的对李傕、郭汜集团的进攻。而当韩遂在与曹操决战失败后，韩遂也曾经想从羌中进入益州寻求刘焉之子刘璋的协助。这也证明在与曹操发生冲突之前，韩遂就已经和刘璋所代表的益州割据势力有过新一轮的接触，才使得韩遂决定去益州重整旗鼓，以图东山再起。

第三，表明继续维持割据现状的立场，维护内部团结。面对亲信阎行的犹豫和动摇，对自己送质入朝的建议，韩遂以暂且观望几年为借口加以回绝。

第四，制造顺从曹操的假象，为自己赢得备战的时间。为了迷惑曹操，韩遂一口答应了其要求送人质的要求，将女儿与阎行的父母一起交给了曹操。

作为马腾在关中地区的继承人马超而言，情况也基本如此。经过数年的经营，马超不仅在关中地区具有一定的威望和实力，同时与盘踞汉中的张鲁集团及益州的刘焉集团都保持着非常紧密的关系。另外，曹操要求提供人质的要求对于马超而言更是一种侮辱。对于马超而言，马腾所带走的宗族二百多口几乎已经是马家的全部。在马超看来，既然已经有宗族二百多口在曹操手中，曹操此时又来要人质，无疑就是一种借口。其根本目的就是消灭自己，因此，自己的抵抗是不得已、被迫的。至于在曹操控制中的亲属，马超自然也就会认为迟早会遭到曹操的毒手，因此才会不顾一切对抗曹操。

汉献帝建安十六年（公元211年），双方终于撕破脸皮，开始了关中之战。

4. 战幕拉开

汉献帝建安十六年（公元211年）三月，曹操命司隶校尉钟繇领兵，以征西护军夏侯渊作为后援，出兵关中。凉州及关中地区割据势力对曹操的举动大为恐

第六章 | 关中之战
——平定西北的关键战役

慌。马超、韩遂、侯选、程银、杨秋、李堪、张横、梁兴、成宜、马玩等十部结盟，推举韩遂为都督，共计十万余众。叛军主力屯兵潼关（今陕西省潼关），关中之战打响。

得知韩遂、马超等人举兵反叛的消息之后，曹操部分手下非常惊慌，认为叛军兵强马壮，军队作战骁勇，擅长使用长矛。这些人认为应该调遣精锐部队作为大军先锋，否则将难以抵挡叛军的进攻。对此，曹操表示："战争的决定权现在是控制在我们手里。尽快叛军善用长矛，但我必将使得他们的长矛毫无用武之地，你们就等着胜利的捷报吧！"

在鼓舞士气、稳定军心的同时，曹操随即进行了一系列的战前部署：

第一，命五官中郎将曹丕留守邺城（今河北省临漳县西南）、奋武将军程昱辅佐曹丕处理内部军务、左护军徐宣负责邺城留守军队、丞相府居府长史国渊负责留守政务，加强内部控制。

第二，自己率领安西将军曹仁、征西护军夏侯渊、太中大夫贾诩、司隶校尉钟繇、凉州参军杨阜、横野将军徐晃、平狄将军张郃、将军朱灵、将军许褚、校尉丁斐等将领以数万大军亲征关中。

第三，命令关中地区前线各部坚守城镇，不得与叛军交战。

同年七月，曹操大军赶到潼关地区，与叛军隔潼关扎营对峙。此时，曹操得知，各股叛军都在向潼关集结。敌军在潼关的人数较之前又有了极大地增加，曹操喜形于色。不少将领不明缘故，曹操介绍道："关中地区地域辽阔，如果叛军各部据险而守，我们取胜的难度不但会增加数倍，且必将耗时漫长，没一两年时间解决不了他们。如今他们却全都集中在一起，既缺乏一个服众的统帅，又没有统一的分工，虽然人数越来越多，但比起逐一讨伐要容易多了。一战就可以解决关中问题，难道这还不值得高兴吗？"

面对叛军云集潼关而该地又易守难攻的特点，曹操决定采用避实击虚的战术，绕开潼关天险，渡过黄河迂回进入关中地区。为此，曹操找来正驻守汾阳地区（今山西省万荣县西南）、保障黄河以东地区安全的横野将军徐晃商议对策。

徐晃认为："目前我军主力已经达到潼关一线，而叛军却不屯兵于蒲坂地区（今山西省永济市以西），这说明他们的谋略水平较低。如果给我一支精兵作为大军的

先头部队,渡过蒲坂津(今山西省永济市以西),截断叛军的退路,叛军就在劫难逃了。"

徐晃的建议深得曹操赞同,曹操命令徐晃率领步骑兵四千人横渡蒲坂津。当徐晃所部刚刚渡过河,在尚未完成堑壕、栅栏等防御工事的修筑时,叛军将领梁兴便带领五千人马夜袭徐晃,结果被早有准备的徐晃击退,曹操的第一步作战计划得以顺利完成。

同年闰八月,曹军主力开始北渡黄河。当时,大军主力陆续渡河,曹操率领部将许褚、张郃等人及部分虎贲卫士在黄河南岸断后,自己则端坐在胡床上,危险悄然而至。马超突然亲率步骑一万余人对曹军发动突袭。此时,曹军主力已渡过黄河难以回援,曹操身边的卫士仅有一百余人。马超等人便向这批小股敌军发动围攻。一时间箭如雨下,情况万分危急。

许褚一看形势不对,立即架起曹操登上小船离岸而去。此时,叛军攻势愈发猛烈,卫士们抵挡不住,纷纷跳入黄河,部分人抓住曹操乘坐的小船船帮,欲爬上小船逃生。小船很快便超重,随时都有倾覆的危险。情急之下,许褚一面砍杀抓住船帮的士兵,一面举着马鞍抵挡叛军射来的弓箭。不久,船工被箭射死,小船失去控制顺流而下,一直漂行了四五里。马超所部依然穷追不舍,乱箭齐发。许褚只得右手撑船,艰难逆水而行。幸好此时滞留南岸的校尉丁斐发现情况危急,立即将南岸的曹军马匹全部放出分散了叛军的注意力,叛军士兵纷纷争夺马匹,曹操才侥幸脱险。

当曹军主力完成渡河之后,曹操得到消息,就在尚未实施蒲坂地区渡河计划之前,马超对此已经有所察觉。马超认为如果在渭水北部进行拦截,曹军就会因为粮食供给出现问题而不得不在二十天之内撤军,这样就可以彻底打乱曹操的战略计划。不过,马超的建议并没有得到韩遂的赞同。韩遂认为不如等到曹军渡河进行到一半之时再发动进攻,届时将曹军消灭在黄河之中。尽管马超的计划未能变成现实,但这个消息后来还是让曹操心有余悸。他不禁感叹道:"马儿(马超)如果不死,我恐怕没有葬身之地!"

至此,关中之战的前哨战结束,双方随即进入了第二阶段的较量。

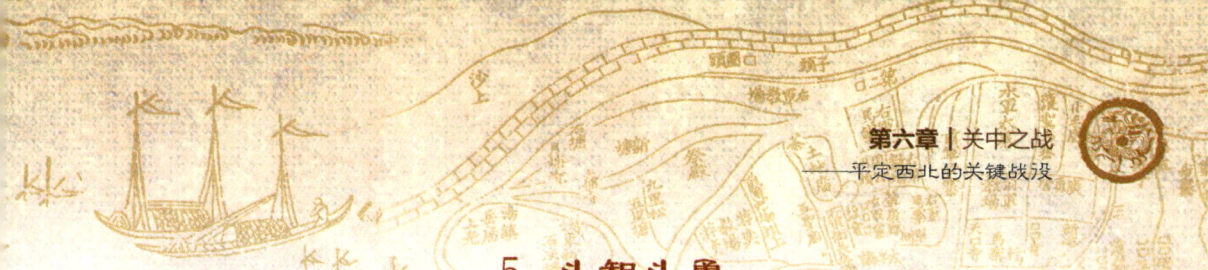

第六章｜关中之战
—— 平定西北的关键战役

5. 斗智斗勇

曹军主力从蒲坂地区北渡黄河之后，立即沿着黄河向北到达徐晃占据的蒲坂津地区，以迅雷不及掩耳之势再度西渡黄河。过河之后，曹操以车辆、树木建立甬道，向南急进，终于到达渭水北岸，向潼关的背后进军。

曹操的战术大迂回让韩遂、马超等人震惊不已。当得知曹军抵达潼关背后，马超立即率部赶至渭水一线对曹军进行阻击。双方再度爆发激战。

曹军每次渡过渭水之时，都遭遇了马超骑兵部队猛烈冲击，无法建立起营寨。渭水沿岸地面沙子较多，难以修筑防御工事。曹操看到战事不顺，心中焦虑。这时，谋士娄圭建议曹操利用天气寒冷的有利因素，将沙子堆砌起来垒成城墙，再用水浇灌使之积冰，这样不用一个晚上的时间便可建成一个奇特而坚固的防御工事。曹操恍然大悟，随即命令部下用锦缎做出很多袋子运水。趁着夜色派兵过河，一面抵挡叛军骑兵的进攻，一面修筑沙子城墙。果然，到第二天天亮，这道奇异而实用的防御工事便大功告成。叛军骑兵未能突破城墙后面弓弩手的反击，再也无法对曹军渡河部队形成威胁，曹军主力终于顺利地渡过了渭水，成功绕过叛军在潼关的正面防御工事而来到潼关的背后。至此，叛军所依托的潼关天险完全失效。不仅如此，叛军的退路也由于曹军的渡河行动而被切断。

尽管形势一片大好，但曹操并没有立即对叛军发动总攻。他命令大军紧守营寨、闭门不战，遇到叛军主动发动进攻时将其击退即可。韩遂、马超等人以为有机可乘，多次向曹军营寨发动冲击，但均被曹军击退。无奈之下，马超亲自率部在曹军营寨前挑战，曹操不理不睬，只是命令士兵们严阵以待，严密防备马超的冲击。韩遂、马超无计可施，提议让出黄河以西地区换取双方和解，但却遭到曹操的拒绝。不过，曹操并没有堵死和解的大门，他表示愿意和韩遂、马超等人进行和谈。因此，云集数十万大军的渭水一线忽然间变得安静了下来。

曹操为何突然停止了进攻呢？原来，他早就想好了破敌之策。为了确保万无一失，曹操又特意找来了熟悉西北情况的太中大夫贾诩问计。贾诩简简单单地回答了四个字："离之而已（离间他们）。"这个意见和曹操的想法完全一致：利用叛军内部的矛盾进行离间，削弱叛军的战斗力和斗志，最后将其一举歼灭。

就在曹操故布疑阵之际,韩遂与马超却出现了对形势判断的巨大失误。他们认为曹操已经被自己强大的军力所震慑,已经拿不出什么办法来消灭自己,只好整天闭门不战。不过,面对自己退路被断的局面,他们也认为拖下去对自己未必有好处,他们都希望通过谈判争取更大的利益。韩遂、马超等人深知,面对孙权、刘备这两个强敌,曹操是不可能将主力长期部署在关中地区的。因此,韩遂与马超均同意与曹操继续谈判。此时,在马超的心中又萌生出另一个惊人的想法:如果能利用与曹操谈判之机将其刺杀,一切问题都将迎刃而解。

得知马超等人同意继续谈判的答复,曹操已经胸有成竹:他的计划已经成功了一半。接下来他就将利用这个有利时机对叛军进行最后的致命一击。

6. 关中决战

最后的决战即将到来了。

当曹军将领得知曹操将亲自与韩遂、马超进行谈判,一致建议曹操不可麻痹大意。在将领们的坚持下,曹操命人在两军阵前放置木马作为屏障,防止敌军的突然袭击,同时命令许褚随同自己来到阵前。

谈判之日,曹操仅以许褚为随从,来到两军阵前。曹操身后不远处是五千精锐的虎豹骑分列十排,盔甲鲜明、刀枪林立、威风凛凛。叛军士兵一见曹军的阵势,震惊不已,纷纷涌向前打量曹操这位传说中英勇无比、智谋过人的一代英雄。曹操意气风发,笑着对叛军将士说道:"你们不是想看曹操吗?我就是曹操,我也是人,并没有四个眼睛两张嘴。如果说有什么不同,那就是多了点智慧而已!"

此时,来到曹操对面的马超暗动杀机,企图冲上前去袭击曹操,却突然发现离曹操不远处有个将领正怒瞪双眼恶狠狠地盯着自己,马超心里一阵惊慌。他早就听说曹操手下有位叫作许褚的大将勇猛无比,人称"虎痴",怀疑此人就是许褚。在询问曹操并得到证实后,便放弃了刺杀曹操的念头。

数日谈判并无多大进展,马超仍旧坚持割让河西地区并送儿子作为人质,而曹操则坚决不同意。僵持之下,马超很不耐烦,便让韩遂一人与曹操继续谈判,自己则待在营寨等待结果。

第六章 关中之战
——平定西北的关键战役

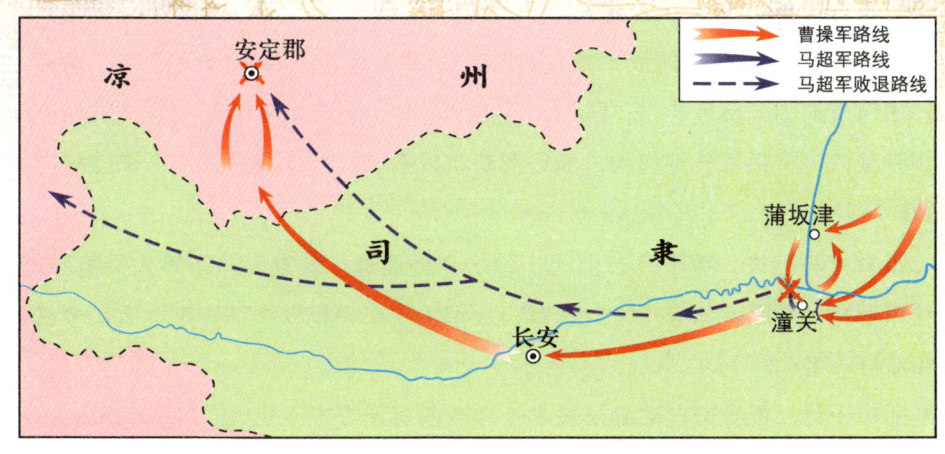

关中之战

曹操离间计划的第一步实现了。

曹操的父亲曹嵩与韩遂是同一年的孝廉，曹操与韩遂早年在京城洛阳就关系不错。两人见面之后，曹操与韩遂马头相接，异常热情。两人一直谈了一个多时辰，从洛阳旧事到旧友逸事，包罗万象，无所不谈，谈到兴奋之处甚至拍手欢笑，可偏偏就是不谈马超、韩遂等人最为关心的求和之事。又一日，曹操与韩遂在阵前谈判之时，发现阎行紧随其后，曹操对阎行表示："你应当想着如何去做一个孝子呀！"故意提醒阎行要设法保全身在自己手中的父母性命。韩遂对曹操的用意心知肚明，但又无法进行反驳，加之数日谈判一无所获，心中非常失望。

经过这样的数日谈判之后，马超问及韩遂结果，韩遂只能无奈地告诉马超曹操什么也没说。韩遂的回答让马超疑心越来越重，双方的隔阂逐渐加深。

眼看精心设计的离间计划已收到一定成效，曹操又想出了一个更为精妙的计划。他给韩遂写了一封亲笔信，故意在信中言辞闪烁，关键之处特意进行涂改。等马超从韩遂手中拿到这封多处涂改的来信时，自然认为这是韩遂故意涂改来蒙骗自己，不禁大怒，两人关系更加恶化，叛军内部越发混乱。曹操闻讯后大喜，立即中止与叛军的谈判，并派人与叛军约定时间进行决战。此时，叛军不仅要应付曹操，还要随时防备内部的背叛，人心惶惶，士气异常低落。

决战之日两军对垒，曹操以轻装军队首先出击与叛军交战。叛军相互猜疑，

战斗力下降,激战良久仍无法击退曹军,士气越发低落。曹操看准时机,立即以精锐的虎豹骑出阵,向叛军发动总攻。此时,叛军与曹军接战已久,筋疲力尽。面对虎豹骑的反复冲击,阵形出现混乱。曹军轻装军队随即配合虎豹骑进一步撕开缺口,将叛军分割包围,战场形势越发有利,叛军将领陈宜、李堪被当场杀死。

眼看大势已去,叛军斗志全无,纷纷夺路而逃。韩遂、马超等人见势不妙,连忙率部冲出重围,向凉州方向逃窜,叛军主要将领杨秋逃往安定地区(今甘肃省镇原县一带)。

同年十月,曹操亲自率部从长安(今陕西省西安市)出发,北上包围安定围歼杨秋。杨秋眼见大势已去,只得出城投降。为稳定局势,曹操接受了杨秋的投降并恢复其爵位,让其留在安定安抚部众。同年年底,曹操从安定班师回朝,留下夏侯渊驻守长安,同时任命议郎张既担任京兆尹维持当地秩序。

关中之战正式宣告结束。

7. 总结

曹操为什么能取得关中之战的胜利呢?战后不少曹军将领为此询问曹操。部分将领问道:"当初叛军驻守潼关,渭河以北非常空虚;您不从河东方向进攻冯翊(今陕西省大荔县)反而屯兵潼关,在过了一段时间之后才从北面渡过黄河。这是什么缘故呢?"

曹操的回答是:"叛军驻守潼关之时,我如果急着进入河东地区,叛军势必分兵扼守黄河各处的渡口,如此一来我军再想渡过黄河难度就会急剧增加。出于这个考虑,我才以大军主力云集潼关一线,吸引叛军主力向潼关集结。等到叛军主力到达潼关之后,黄河一线的守备力量也就变得非常空虚。这时候我命令徐晃、朱灵等将领渡过黄河才变得易如反掌。等到他们占据黄河渡口之后,我可以大摇大摆地从北面渡河。此时,因为有了徐晃、朱灵二将作掩护,叛军就无法及时回援对我进行阻击。之所以在渡河之后连接车辆、树立栅栏,并将其做成夹道向南推进,我有两层考虑。一是让叛军难以取胜,二是故意示弱。在渡过渭河之后，我军建立了牢固的营寨，叛军前来挑战我却闭门不出，这是为了使得叛军骄傲轻敌。所以，叛军并没有在第一时间修筑营垒而是割地求和。之后，我假装同意叛军的讲和要求，按照他们的意思谈判，目的是让他们麻痹大意，而我们正好可以利用这段时间养精蓄锐、积蓄力量，趁着叛军不备向他们发动总攻。这就是所谓的迅雷不及掩耳。用兵之道，贵在变化，千万不能执着于一种方法！"

曹操的话固然有拔高自己的成分，但不可否认的是，曹操的胜利与其高超的战略、战术是密不可分的。曹操取得关中之战胜利有三个关键：

第一，牢牢把握战争的主动权。通过陈兵潼关调动叛军各部，将分散于关中及凉州地区的叛军主力吸引至潼关一带，便于围歼叛军，避免了因叛军分散而形成追击战及围歼战，为尽早解决关中问题创造了有利条件。

第二，运用灵活的战略战术。他声东击西，在将叛军主力吸引至潼关一线之后，突然回军北上，绕道叛军的侧后，使得叛军所依仗的潼关天险失去作用，逼迫叛军在渭水一线与自己决战，实现了战场的主动权。

第三，成功运用离间之计。他不但使得叛军内部矛盾加剧，同时让叛军麻痹大意，进而以迅雷不及掩耳之势发动总攻，一战击溃叛军，基本解决了关中问题，也为日后稳定凉州地区创造了有利条件。

第四，总攻开始之后，以步兵与叛军进行缠斗，消耗了叛军的有生力量。等到叛军筋疲力尽之时，突然以精锐的虎豹骑进行突袭，战术运用得当，一举将叛军击溃。

反观以韩遂、马超为首的叛军，虽然人数众多，战斗力极强，但在战略、战术上都出现了致命的失误，这是其失败的主要原因：

第一，云集潼关而忽略了对黄河、渭水地区的重视，造成此地兵力空虚，让曹军乘虚而入，造成了战略上的别动局面。

第二，未能及时解决内部矛盾，面对曹操的离间之计心生猜忌，既无法发挥叛军人数上的优势，又不能利用叛军骑兵强悍的特点，造成战争的最后失利。

第三，决战开始之后，没有及时识破曹操缠斗的战术，发挥叛军骑兵的优势迅速将曹军击败，反而陷入拉锯战之中，大量消耗了有生力量。等到曹军精锐尽出之时又缺乏有效的防御手段，导致决战的最终失利。

总之，与曹操相比，韩遂、马超叛军无论是在战略、战术方面都没有曹操高明，其失败也就变得不可避免。短短数月之间，十万叛军土崩瓦解，不但韩遂、马超等人没有想到，就连胜利的一方——曹操也始料未及。

不过，虽然曹操在关中之战中取得大胜，但是并未实现"毕其功于一役"的战略目标，这给原本可以更加完美的关中之战也留下了阴影。

8. 后话

曹操在取得逼降杨秋、夺取安定的大胜之后，草草收兵，于同年十二月赶回邺城，只留下了夏侯渊督朱灵、路昭等驻军长安。曹操的这一决定，当即就遭到了参凉州军事杨阜的反对。作为熟知凉州形势的杨阜提醒曹操：马超有韩信、季布之勇，甚得羌人的拥护，西北一带的百姓都非常惧怕马超。如果此时大军东撤，对马超的防范必然松懈，关中地区的局势随时都有倾覆的危险！事实的发展也正如杨阜预料的那样，曹操撤军之后，马超获得了喘息的机会，很快便卷土重来。

汉献帝建安十八年（公元213年），马超叛军东山再起，占领了关中部分地区并将凉州刺史韦康包围在冀城（今甘肃省天水市以西）进行围困。冀城被破前夕，夏侯渊的大军才匆匆由长安赶往冀城，而当夏侯渊来到距离冀城二百里时，又遭到了马超叛军的阻截。战事不利，加之汧县氐人作乱，夏侯渊唯恐有失，不得不撤回长安。马超则通过兼并陇右地区其他的割据势力，自身力量得到了很大的恢复；位于略阳的氐王千万谋反，与马超遥相呼应；汉中割据势力张鲁也派兵对马超的叛乱进行支援和协助，增加了马超的有生力量。一时间凉州的局势变得扑朔迷离起来。

同年九月，参凉州军事杨阜找到驻守历城（今甘肃省西和县以北）的抚夷将军姜叙，利用自己与姜叙少年交好的关系，说服姜叙一起对抗马超。杨阜与姜叙一起袭击卤城（今甘肃省礼县以北），赵昂、尹奉等进据祁山。接着杨阜又联合韦康的故吏梁宽、赵衢等人，里应外合，把马超在冀城的家眷悉数杀死，并将马超赶出了冀城。随后又在历城将马超集团击溃。在凉州地区猖狂多年的马超集团

第六章 | 关中之战
——平定西北的关键战役

就这样被赶出了凉州，不得不投奔汉中割据势力张鲁。

汉献帝建安十九年（公元214年），马超从汉中张鲁手中借兵杀回凉州并围困祁山。夏侯渊命令大将张郃率领步骑五千作先锋，从陈仓进入，夏侯渊自己督运粮草殿后。张郃大军赶到渭水，马超率领叛军前来阻截，但在获悉夏侯渊主力很快就会赶到，心中大惊，未及交战就连忙撤退，连军需物资都来不及带走。就这样，夏侯渊的果断行动吓跑了马超，原本被马超占领的各县也都重新回到夏侯渊的手中。从此，马超集团的残余势力再未踏入凉州一步。

赶走了马超，凉州地区另一个割据势力的首领韩遂立即成了夏侯渊要消灭的目标。当时韩遂余部驻扎在显亲（今甘肃省秦安县以北）地区。听说夏侯渊即将对自己发动袭击，韩遂望风而逃。夏侯渊收缴了韩遂的军粮，并乘胜追击来到了略阳（今甘肃省庄浪县以南），此地距离韩遂军队的大营只有二十多里。这时，有将领建议立即发动进攻，也有不少将领认为应该首先去进攻兴国（今甘肃省秦

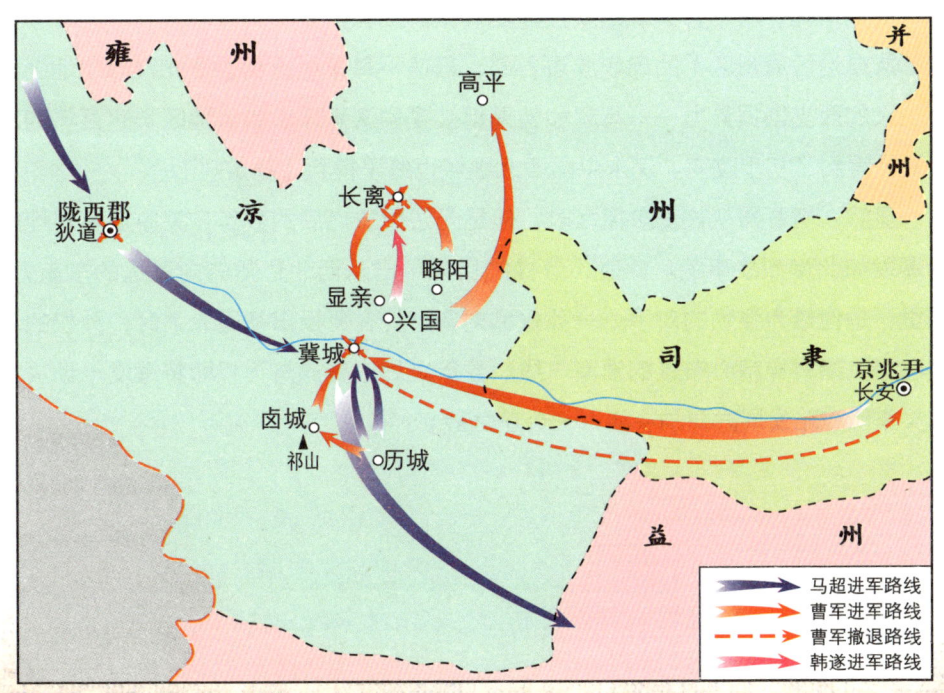

夏侯渊平定凉州

安县）的氐人。面对部下的不同意见，夏侯渊力排众议，出人意料地做出了进攻长离（近甘肃省静宁县）的决定。夏侯渊认为：韩遂军队凶猛彪悍，而兴国的城池非常坚固，一时难以攻破。长离一带的羌族部落是韩遂军队士兵的主要来源，如果进攻长离，韩遂军中的长离羌族士兵就一定会迫使韩遂赶来援救。只要韩遂的军队离开了坚固的城防进行野战，就一定能够战而胜之。

事实发展也的确如夏侯渊的预料。夏侯渊留下少量部队守卫营寨，主力轻装前进进攻长离，焚烧羌人村寨，斩杀、俘虏了不少留守长离的叛军。韩遂闻讯后立即派兵救援长离，与夏侯渊军队对峙。面对人数众多的凉州叛军，不少将领认为敌强我弱，不宜主动发起进攻，而应该挖堑筑营，避敌锋芒。此时，又是夏侯渊坚持认为只有一鼓作气才能打败韩遂，如果采用固守的策略必会遭到失败。夏侯渊下令击鼓出战，将士们强忍疲劳勇猛进攻，终于大败韩遂，并夺得韩遂的战旗。

在获得长离之战的胜利之后，夏侯渊乘胜追击，不久便包围了兴国。氐王千万不敌被迫逃往汉中，其余部众投降夏侯渊。接着，夏侯渊又转攻高平县（今宁夏回族自治区原州区）的匈奴族屠各部，迅速平息该地叛乱。至此，凉州地区最为强大的两支割据势力——马超和韩遂都被夏侯渊歼灭。凉州地区长达百年的混乱局面得到了初步改变。汉末中国西北疆域也终于得到了稳定。

显然，当曹操从长安东撤之时，他是无法想象之后的数年在关中及凉州地区会爆发如此惨烈战事的。此时，曹操的目光早已从西北边陲转向遥远的东南方。那里，是他最为强劲的对手——孙权和刘备。就在曹操出征西北之时，孙权的矛头已经直指曹操精心布置的淮南一线。数年之后，曹操与孙权即将爆发一场决定东吴集团战略发展方向的决战——合肥之战。

第七章

合肥之战

——改变国策的一场战争

引　子

汉献帝建安二十年（公元215年）八月，扬州合肥（今安徽省合肥市），护军薛悌官邸。

众多文武聚集，所有人的目光都聚焦在薛悌手中捧着的密函上。密函封袋上写了四个字：贼至乃发。这是曹操的笔迹。这个密函是曹操五个月前西征张鲁之时交给薛悌的。

薛悌打开密函，里面只有一张纸，薛悌当众宣读起来："如果孙权亲自带兵前来，立即由张辽、李典将军出城迎敌，乐进将军守城；护军薛悌不得参战。"

薛悌话音刚落，屋子里立刻响起了一片议论之声，不少人窃窃私语："合肥城下可是孙权的十万大军啊，就凭咱们城中这七千守军，连守住城池都非常困难，还要出城迎敌，这不是找死吗？"

此时，一位身着甲胄的中年将领按捺不住了，手握剑柄站了起来。他，正是荡寇将军张辽。

只听张辽厉声喝道："曹公远在汉中征讨张鲁，难以及时回援合肥，如果只想等着曹公回援而消极防御，恐怕没等到曹公赶到，合肥已经落入敌手了！所以曹公才命令我们趁敌军尚未完成攻城部署之前出城迎敌，挫败敌军的锐气安定我军军心。合肥能否守住就要靠这第一仗了。诸位还有什么可犹豫的？"

张辽说完，大家都沉默了，目光纷纷转向了破虏将军李典和折冲将军乐进。大家都明白，张辽、李典、乐进这三位将军平时关系就不好，如果张辽的说法未能得到李典和乐进的支持就什么也做不成。

此时李典也站了起来，慨然说道："这是国家大事，我没什么意见，就按照曹公的命令办！我难道还会因为平时的一点个人恩怨就忘记国家大义吗？"

薛悌默默地点点头，用余光扫了扫一旁的乐进。乐进虽未说话，但目光中流露着坚定的神情。薛悌明白，乐进其实已经表态了。

打吧！就让敌军的鲜血流淌在合肥城下吧……

第七章 | 合肥之战
——改变国策的一场战争

1. 前因

汉献帝建安十三年（公元208年），曹操在赤壁之战遭遇惨败，其迅速统一全国的梦想破灭，不得不退回中原地区进行战略调整。孙刘联军趁机向曹操设在荆州的战略要地江陵地区发动进攻，经过一年激战，终于将守将曹仁赶出江陵。至此，曹操在荆州只剩下南郡北部地区，其他地区分别为孙权、刘备瓜分。随后数年，刘备以荆州为基地，积极向西发展，于汉献帝建安十九年（公元214年）攻占益州，实力得到极大的增强。

作为刘备战略盟友的孙权，重心则放在了长江沿线，企图在长江中下游地区与曹操展开较量，伺机进入中原。因此，淮南地区便成了曹、孙两家争夺的焦点，淮南重镇合肥则成为双方必争之地。

赤壁之战结束后不久，孙权立即调集大军对合肥展开围攻。曹操急派将军张喜率军前往合肥解围。此时曹军主力新败，士气低落，加之军中出现的瘟疫无法控制，无力向合肥地区增派大量援兵。曹操无奈之下只能派出将军张喜独自率领一千多骑兵经汝南郡（今河南省息县一带）前往合肥进行救援。而这支偏师又在汝南郡遭到瘟疫的侵袭，不但前进速度放缓，士兵减员也非常严重。远在谯县的曹操鞭长莫及，无计可施。就在这个关键时刻，扬州别驾蒋济提出的一条妙计保住了合肥的安全。

蒋济先是与刺史秘密商议，故意散播刺史已经收到张喜来信的假消息，并宣称张喜已经率领四万步骑到达雩娄（今河南省商城县以东）地区，并公开派遣州中主簿前往迎接，造成援军即将不日到达合肥的假象。同时，蒋济又派出三个使者携带有关张喜援军即将到达的信件前往被孙权重重围困的合肥城，其中一个使者安全进入合肥城内。城内守军听说援军即将到达的消息后士气高涨。另外两名使者则被孙权俘获。孙权不知是计，信以为真，匆匆烧毁围城工事撤军而去，合肥之围也就迎刃而解。

合肥之围的化解，是曹操集团在遭遇赤壁大败之后取得的一次重大胜利。这对稳定曹魏在淮南地区的局势及挽回与孙刘联军的作战颓势都起到了积极的作用，为赤壁之战后曹魏集团的战略调整赢得了宝贵的时间。

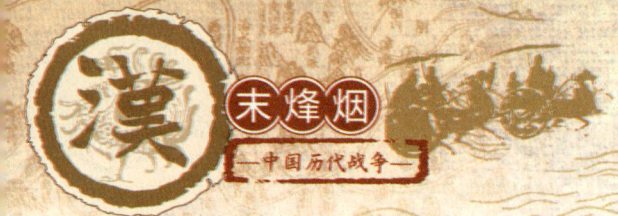

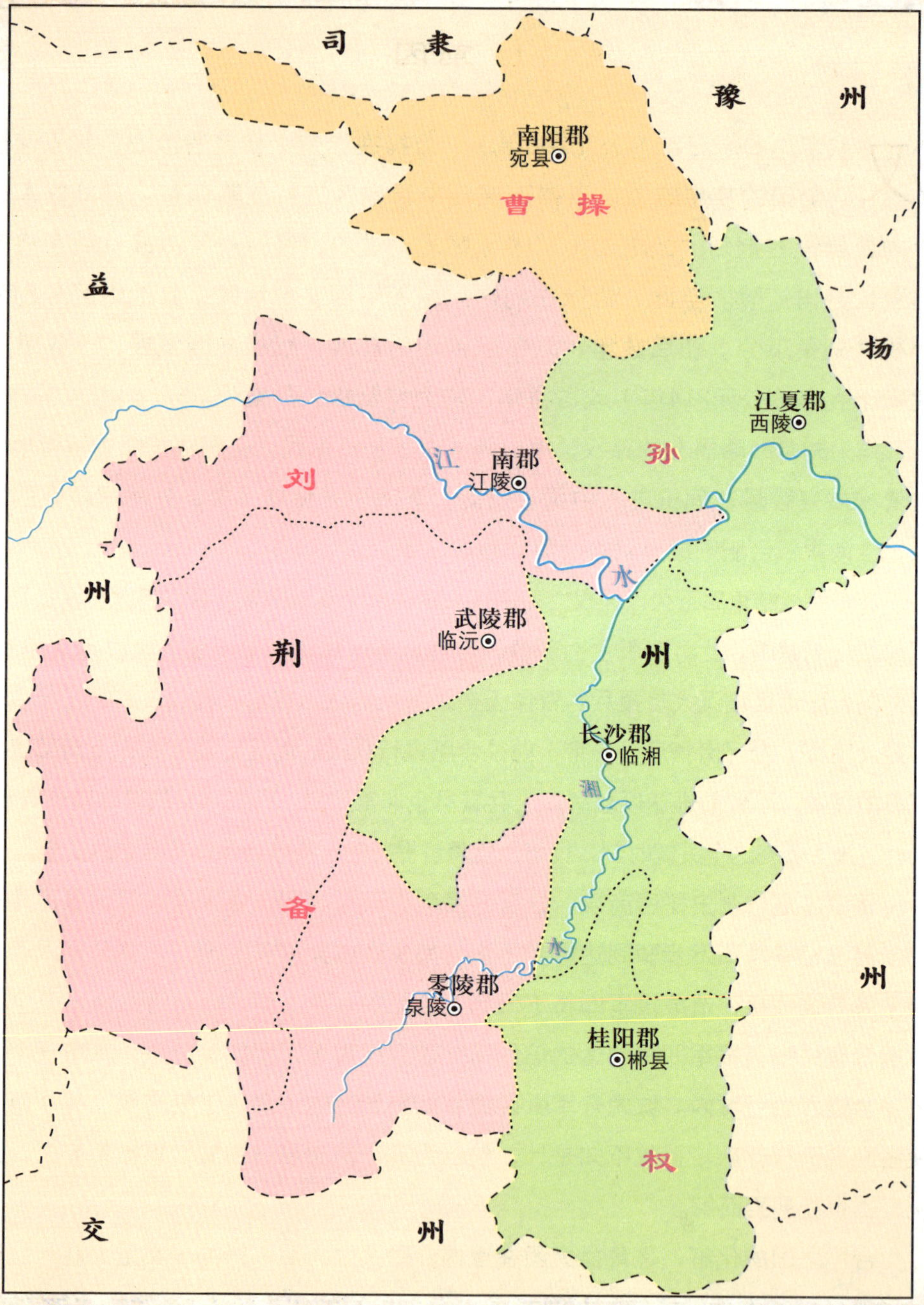
司　隶
豫　州
南阳郡
宛县
曹　操
益
扬
江夏郡
西陵
孙
刘
江
南郡
江陵
水
州
武陵郡
临沅
荆
州
长沙郡
临湘
湘
备
水
零陵郡
泉陵
州
桂阳郡
郴县
权
交
州

孙权接收荆州三郡

第七章 | 合肥之战
——改变国策的一场战争

汉献帝建安十八年（公元213年）正月，曹操大军从合肥进至濡须口（今安徽省无为县城北）地区并攻破江东大军的江北大营，生擒都督公孙阳。之后两军又在濡须口地区进行数次激战，双方均损失惨重，战事陷入僵持阶段。此时，春雨连绵，给曹军的行动带来极大的不便。为避免陷入不利，曹操下令全军撤退。

自从赤壁大胜之后，孙权在江淮一线并没有讨到多少便宜，与曹操形成了互有攻守、相互拉锯之势，这让他非常恼怒。眼看刘备集团蓬勃发展，孙权打起了刘备所占荆州的主意。汉献帝建安二十年（公元215年）春开始，孙权强行向关羽控制的长沙、零陵、桂阳三郡派驻行政官员，结果被关羽悉数驱逐。孙权立即派遣吕蒙率领鲜于丹、徐忠、孙规等将领统兵两万向三郡发动进攻，试图以武力占领三郡。刘备则亲自率领五万兵马赶往公安地区指挥作战，同时命令关羽进入长沙郡益阳地区。双方之间剑拔弩张，形势异常紧张。

不过，此时刘备突然收到消息，曹操出兵汉中进攻张鲁。如果曹操占据汉中，就打通了通向益州的北大门。刘备深感刚刚夺得的益州即将处于曹操的兵锋之下，不得已之下向孙权求和，双方重新划分了荆州的控制范围。双方商定以湘水为界，湘水以东的长沙、江夏、桂阳三郡划归孙吴，以西的南郡、武陵和零陵划归刘备。这样，双方的矛盾得到了暂时缓解。孙权心满意足，决定利用曹操远征汉中之际，利用数年前在淮南一线已经取得的进展，重新向淮南一线发动进攻。合肥之战在这种形势下爆发。

2. 合肥地理及形势

合肥，隶属汉末扬州，位于施水与肥水的连接地段，合肥地名的原意就是施水合于肥水之处。这两条河流本不相连，后经人工开凿运河使肥水与施水、巢湖与濡须水连接起来。这段运河位于合肥以西将军岭，平均长度约四千米。从地形来看，合肥以西是大别山脉东段的隆起地带——皖西山地，主峰是天柱山、白马尖等海拔都在千米以上。大别山余脉向东北延伸为江淮丘陵，合肥以东张八岭一带地势较高，散布着老嘉山、琅琊山、龙王山等岭峰。江淮丘陵的蜂腰地段就在合肥以西的将军岭附近，水道及沿河陆路即由此经过。合肥就坐落在这个狭窄通

道上，因而成为道路冲要。早在春秋战国时期这里就是商旅往来的贸易都市。从地理条件上看，合肥左右内侧受地形、水文等不利因素限制，难以做大规模的兵力运动，部队行进往往要经过这个咽喉要地。因此，占据合肥即控制了南北交通的主要干线，又可以在军事上取得很大的主动权。

合肥不仅是南北水陆干线的冲要，也处在江淮之间的中心地段，四通八达，为数条路途的汇聚之所，属于"锁钥地点"，即交通、军事上的枢纽区域。控制了合肥，便可以向几个战略方向用兵，或堵住几个方面的来敌。作为曹操而言，由合肥南下，沿着巢湖西岸及皖西山地边缘向西南而行，即可到达皖城（今安徽省潜山县），从皖城出发既可以向西南威胁孙权集团在长江中游的重镇武昌、夏口，又可以向东南逼迫牛渚、建业。由此可见合肥战略位置的重要。

对于合肥地区的战略重要性，曹操心知肚明。早在官渡之战之际，他就任命刘馥担任扬州刺史，以合肥为州治，建立了以合肥为中心的攻防体系，同时占领皖城、历阳等地，以巩固合肥这一战略桥头堡。

为了确保合肥的安全，曹操于汉献帝建安十四年（公元209年）七月亲率新组建的水军自涡水进入淮河，在肥水地区登陆进驻合肥。为加强对合肥及其淮南地区的控制，曹操任命丞相主簿温恢为扬州刺史，在合肥之围中立下奇功并被升职为丹阳太守的蒋济并被重新调回扬州担任扬州别驾，仓慈被任命为绥集都尉，专门负责在淮南地区的屯田。同时，曹操在扬州设置各郡县长吏及率军将领，保持淮南地区的稳定。

同年年底，曹操在完成针对淮南地区的各项政治、军事部署之后回到谯县。但在曹操撤军后不久，庐江郡雷绪、陈兰、梅成等人先后举兵反叛，并占据潜县（今安徽省霍山县东北）、六安（今安徽省六安市东北）等县，造成了淮南地区局势的混乱。为了尽快稳定局势，曹操派遣行领军夏侯渊征讨雷绪，张辽率领张郃、牛盖等人讨伐陈兰，于禁、臧霸讨伐梅成。战事开始之后，夏侯渊进展非常顺利，很快便打败了雷绪。梅成与陈兰合并一处转入灊山，利用灊山之中的天柱山（今安徽省岳西县西北）山高路险、易守难攻的特点，在天柱山的山路上修筑壁垒坚守。之后，张辽率部对天柱山发动进攻，打败叛军并斩杀陈兰、梅成，俘虏了其部众。此战胜利后，合肥防线基本稳定。

第七章 | 合肥之战
改变国策的一场战争

作为孙权集团而言，合肥亦是必争之地。如果占领合肥，不但可以威胁曹魏在中原地区的重镇寿春（今安徽省寿县），沿着淮河一线向北可直达曹魏腹地豫州，向东又可以进逼徐州；而且也可以利用淮河之便和运输兵力的优势与曹操进行长久较量。因此，赤壁之战结束之后不久，孙权便亲自率部进逼合肥。虽然战事不利，但孙权已下定决心要与曹操在合肥一线展开较量。

3. 吕蒙攻占皖城

在与曹操争夺淮南地区的多次战事中，孙权最大的进展便是攻克皖城，这使其获得了一个向合肥发起进攻的桥头堡。

汉献帝建安十九年（公元214年）闰五月，合肥之战的前哨战开始。孙权将目标锁定在合肥西南的曹军突出部——皖城（今安徽省潜山县），计划先拿下皖城这个合肥的屏障之后，伺机向合肥地区发动进攻。

当时，曹操手下的蕲春（今湖北省蕲春县）典农中郎将谢奇奉命在皖城一带进行屯田，并经常进入东吴的辖地进行侵扰，对东吴边境地区造成了很大的威胁。孙权手下大将、偏将军领寻阳令吕蒙决定主动对驻守在蕲春郡的曹军发动进攻。他采用了诱敌深入的策略，打算聚而歼之，但并未达到目的。于是，吕蒙又采取了伺机突袭的战法，终于将谢奇击败。虽然谢奇侥幸逃脱，但其手下孙子才、宋豪等人却在之后率部投降，吕蒙取得了进入东线战场的首胜。

为尽快实现进攻合肥的战略目标，吕蒙针对皖城孤悬前线的致命弱点，向孙权建议立即向皖城发动进攻并夺取该城。吕蒙认为：曹操任命的庐江太守朱光目前正在皖城一带大规模屯田，眼看着就要进入收获季节。皖城一带土地肥沃，粮食产量高，一旦曹军得到这些粮食，不但人心稳定，募兵的数量也将得到大幅提升。几年下来，曹操势必会再次发动大规模的进攻。不如利用现在曹操远在邺城的有利时机迅速发动攻势，一举拿下皖城消除隐患。这个建议立即得到了孙权的赞同，孙权亲自率兵向皖城发动进攻，并很快就将皖城包围。

为了尽快拿下该城，孙权找来手下将领商议对策，不少将领认为应该堆造土山并增加攻城器械，但都遭到了吕蒙的反对。吕蒙认为，采用这些方法都需要一段时间，

在这一段时间内,不但皖城守军可以修建完成防御设施,敌人的援军也很可能抵达,到时候攻城的难度就更大了。更何况目前正值雨季,江水上涨,如果在皖城城下耽误的时间过长,攻城的大军不但会错过撤退的最佳时机,而且会因为道路泥泞而遭遇潜在的巨大危险。吕蒙建议孙权应该乘着皖城城防并不坚固的弱点,一鼓作气,从四面一起攻城。吕蒙还向孙权推荐由甘宁担任升城督,自己作为后援,向皖城发动进攻。吕蒙乐观的预测,要不了一个时辰就可以拿下皖城,到时候围城的大军还可以乘着水势撤回。经过吕蒙有理有据的分析,孙权于是决定于次日向皖城发动总攻。

第二天天刚蒙蒙亮,吕蒙就与甘宁一起对皖城发动了进攻。甘宁手持兵器,亲自率兵攀城而上,吕蒙则亲手擂响战鼓为甘宁助威。在吕蒙和甘宁的带动下,东吴将士个个奋勇向前,战事在上午的辰时就宣告结束,皖城被攻破,曹操任命的庐江太守朱光及城中数万人都成为俘虏。

合肥之围

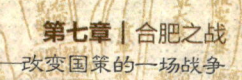

占领皖城,是孙权为实现占领合肥这一战略目标的第一阶段。在这场战斗中,吕蒙不畏伤亡,坚持以消耗战的战术,以优势兵力对皖城发动连番进攻,终于取得战事的胜利。

而当远在合肥的张辽闻讯后率部赶到夹石(今安徽省桐城市以北)时,皖城已经失守,张辽只得退回合肥固守。

同年七月,曹操亲率大军在淮南一线对孙权作战。孙权得知曹操大军前来之后,立即改变部署并入城防守。水军实力不济的曹操无法突破孙权的防线,三个月的战斗进展并不顺利。同年十月,曹操只能停止在淮南一线的进攻返回邺城。临行前,曹操亲自检查了合肥的防务并任命张辽、李典、乐进三人以七千人镇守合肥,防止孙权的进犯。

此时,无论是孙权还是曹操心里都明白,之前爆发的冲突只不过是大规模战事的预演,更加残酷的战斗随时都将爆发。而地点最有可能在合肥。

4. 决战合肥

汉献帝建安二十年(公元215年)八月,孙权率领吕蒙、凌统、陈武、蒋钦、徐盛、甘宁、潘璋、宋谦、贺齐等东吴精锐向合肥展开大举进攻,总兵力达到十万。此时,镇守合肥的曹军将领仅有张辽、李典、乐进,守城兵力也仅七千人,可谓兵力悬殊,形势险峻。

如何成功组织防御,打退孙权即将发动的进攻,早在一年以前曹操经过深思熟虑就已经给出了答案。他在留给薛悌的密函中指示张辽、李典、乐进的将领,在孙权兵临城下之际,趁着对手立足未稳给予其迎头痛击,挫败敌人的锐气,拖延敌军攻城的速度,以便迅速向合肥增兵救援。

在得到曹操密函中的指令之后,张辽、李典二人立即表态,坚决执行曹操的进攻命令。得到城中文武的一致赞同后,张辽等人的突袭准备开始了。

当天夜里,张辽与李典二人迅速在守城的七千士兵当中挑选精锐,组织了一支八百人的敢死队,并犒劳这八百士兵,准备在第二天一早对孙权大营展开突袭。

次日清晨,张辽的出击开始了。

合肥城门大开，张辽一马当先，率领八百敢死队，凶猛地冲向了敌阵。张辽高喊着自己的名字，冲入敌阵，杀敌数十人，并斩杀两员吴军将领。东吴将士惊慌失措，乱成一团。宋谦及徐盛等两员东吴战将败退，徐盛身受重伤，连军队的战旗也被张辽抢走，手下士兵溃不成军。张辽的勇敢激励了人数占绝对劣势的曹军，他们在张辽的带领下奋勇向前，竟然突破孙权军队的重重围困，直接杀到孙权的帅旗之下。此时，孙权大军尚未集结完毕，将士们毫无防备，甚至还未组织起有效的防御，就被张辽等人冲杀过来，一时惊慌失措。孙权看到张辽军队的气势，大惊失色，只得退到附近的山丘上，命令左右卫士手持长戟组成防御阵势。

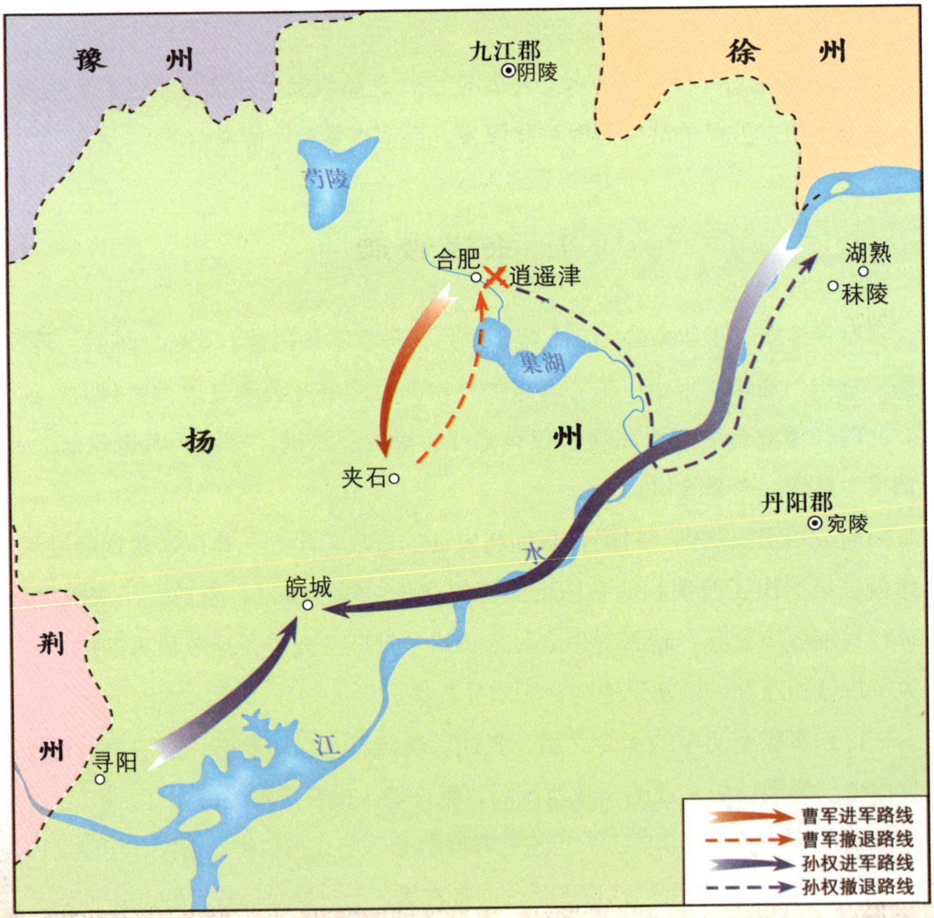

合肥之战

第七章 | 合肥之战
—— 改变国策的一场战争

张辽发现对面山丘之上的敌军将领,喝令其下山与自己决战,孙权不敢应战。此时,东吴军队眼看主帅遭遇险境,立即缓过神来,慌忙向山丘方向集结。孙权也发现这支发动突袭的敌军仅仅只有数百人,心中大怒,命令大军发动进攻,企图先将张辽的退路切断再予以歼灭。此时,东吴将领、武猛校尉潘璋也迅速赶到战场,斩杀了宋谦及徐盛手下的两名败兵,士兵们这才一拥而上与张辽等人交战。与此同时,东吴将领、奋武将军贺齐也投入了战斗,不久便将徐盛所部的战旗夺回。

张辽看到敌军开始聚拢,企图将自己包围起来,于是先向左右两方比画着冲锋的手势以麻痹对手。趁着敌军尚未完成合围之际,率领几十人突然向正前方突进,杀出一条血路冲出了包围圈。

就在张辽成功突出重围之时,仍旧被围困在敌军包围圈中的将士一面浴血奋战,一面高声呼喊张辽:"难道张将军抛下我们不管了吗?"听到部下的求救,张辽豪气陡生,调转马头,率兵再次冲进包围圈,救出被困手下,向敌军发动猛攻。

张辽这八百敢死队的大无畏气概使孙权大军士气大减,无心与对手拼命。看到张辽所部冲至身边,部分东吴士兵甚至连连后退。战斗从清晨一直打到了中午。最终,张辽等人杀出重围,安全地退回到合肥城中。

城内守军看到张辽安然无恙地回到合肥,之前对孙权大军的恐惧一扫而空,对于张辽及八百将士的英勇钦佩不已。在张辽、李典、乐进等人的组织下,守军加紧修筑防御工事,准备与孙权血战到底。初战失利,孙权非常恼怒,立即命令全军对合肥城展开猛攻。张辽等人据城坚守,战况激烈,互有伤亡。孙权手下的大将、偏将军陈武也在攻城中战死,这让孙权伤心不已,亲自为其送葬。

不过,令人非常奇怪的是,在合肥的攻防战开始十余天之后,作为进攻方的孙权大军突然放弃围攻,主动撤出了战场,合肥之战戛然而止。不仅如此,在孙权撤军的途中,又遭到了张辽的追击,险些命丧合肥。

这,究竟又是怎么回事呢?

5. 张辽威震逍遥津

就在孙权倾尽全力围攻合肥的时候,意外发生了。淮南地区突然爆发了大规

模的传染性疾病。在合肥城下奋战十余日的孙权大军中,不少人染上了这种疾病,战斗力急剧下降。此时孙权想起了数年前在赤壁大战中,曹操也正是因为传染性疾病造成战斗力下降,最后才败于自己之手。如今,自己的将士也不幸染病。面对合肥城严密的防御工事和张辽等人有效的防御战术,孙权犹豫了。经过再三考虑,他不得不做出决定:停止对合肥城的围攻,全军撤退。

不过,就在孙权心有不甘的撤退之时,再次出现了意外。

当孙权撤军的命令下达到后,大军陆续开始撤离。不久,大军主力便撤到了肥水渡口的逍遥津南岸(今安徽省合肥市东北)。孙权看着不远处的合肥城,心中愤懑难消,一时间居然忘记了与大军一起撤离,仍然滞留在逍遥津北岸,身边仅有吕蒙、甘宁、凌统、蒋钦等几位将领,所带士兵也仅有一千多人。

此时,站在合肥城头的张辽发现了这一支孤悬于逍遥津北岸的敌军,认为这正是发动追击的最佳时机。于是,他马上与乐进一起率领精锐步骑从合肥掩杀而出,向孙权扑了过来。

正在北岸准备过河的孙权完全没有料到张辽居然在此时发动进攻,连忙命人渡河召集部队回援。不过,此时南岸的军队已经走远,无法及时赶回。此时,孙权的身边形势变得异常严峻起来,张辽的大军很快便将孙权等人包围。此时,折冲将军甘宁一边护卫孙权,一边张弓搭箭,不停地射向敌军。同时,甘宁还大声喝问仪仗乐队为什么不奏乐。东吴士兵在甘宁的鼓舞下,逐渐稳住阵脚,与张辽等人展开激战。

眼看局势危急,右部督凌统挺身而出,率领随从三百人冲入包围圈,一路砍杀,终于来到孙权身边,并与甘宁一起护卫孙权向通往逍遥津南岸的木桥靠近。不料木桥早已被张辽破坏,桥上仅剩下几块木板。等孙权骑马冲至桥上时,发现桥上竟然有一丈的距离没有木板。眼看追兵将至,孙权心急如焚。

此时,跟在孙权身后的侍从谷利眼看孙权被困,立即让孙权坐稳,自己则在孙权的后面用鞭子狠狠抽打战马。战马不堪疼痛,顺势一跃,这才跨过桥面来到南岸,侥幸脱险。

此时,正在逍遥津北岸与东吴激战的张辽发现有一位中年敌将逃脱,连忙抓来一位东吴的降卒询问。降卒告诉张辽,刚才逃走的那位紫色胡须、上身长下身短的正是东吴主帅孙权。张辽悔恨不已，连忙与乐进进行追击。但为时已晚，孙权已经脱险，北岸甘宁、凌统等人拼命抵抗，全力阻止张辽等人的追击，双方一番恶战。在战斗中，凌统手下的三百随从全部阵亡，凌统身受重伤。但凌统力战不退，直到看到孙权已经脱离危险之后才且战且退，来到木桥附近。此时，木桥已经被张辽完全摧毁，无法从桥上通过，凌统只得身穿铠甲泅水而过。此时，张辽等人也得知孙权已经脱险，便撤军回城。

等孙权见到凌统之时，凌统已经奄奄一息，孙权便将其留在自己的船上加以治疗。此时，凌统看到孙权平安脱险，自己手下的三百随从全军覆没，不禁放声大哭。合肥之战宣告结束。

战后，张辽的威名响彻江东地区。民间流传着这样一个故事：只要有孩子啼哭不止，父母总是告诉孩子：再哭张辽就会来了！

曹操得知张辽以寡敌众并大获全胜之后，非常佩服张辽的神勇，晋升张辽为征东将军。合肥之战结束后第二年，曹操亲征孙权。当他来到合肥时，还亲自考察了当时的战场，感触良多，又再次增加了张辽的兵力。后来，曹操又任命张辽为前将军，赐予其帛千匹，谷万斛，还将张辽的哥哥和儿子都封为列侯。

多年之后，曹丕对于这场难以想象的逍遥津之战仍然是念念不忘。他下诏写道："合肥之役，张辽、李典以步卒八百破贼十万。自古一来如此用兵如神者，也没有出现过这样的奇迹，直到现在东吴仍然是闻风丧胆。张辽不愧为魏国的栋梁！"为缅怀张辽的功绩，将其子统封为关内侯。后来曹丕亲自询问张辽合肥之战的情形，张辽为其一一解说。曹丕感叹道："此亦古之召虎（周宣王任命平定淮夷的大将）也。"另外，曹丕还将参加战斗的八百敢死队编入魏中央虎贲军中。后来张辽得病，曹丕还派刘晔带御医为张辽看病，这群跟随张辽的虎贲军纷纷询问张辽的病情，关切之心可见一斑。从这些事情上，也不难看出合肥之战中张辽的功绩。

6. 战事总结

合肥之战，是东汉末年战争史上的奇迹。双方的兵力对比也是最为悬殊的一次。为什么最后的结果是以守军的胜利而宣告结束的呢？作为守城的张辽一方，

其胜利的关键因素有以下几条:

第一,张辽等人利用孙权攻城准备尚未完成之时主动出击,打了孙权一个措手不及,使得孙权大军士气低落、己方则斗志昂扬,为固守合肥创造了有利条件。

第二,经过曹操在淮南及合肥的多年经营,合肥城城防坚固,易守难攻,造成孙权多日的进攻毫无进展,最终只能撤退。

第三,战争期间在合肥爆发的大规模传染性疾病导致了孙权大军染上疾病,战斗力下降。

第四,在孙权大军全线撤退之时抓住战机,果断出击,以优势兵力将孙权及所带领的少数敌军重重包围,并将凌统的三百随从全歼,更加鼓舞了己方的士气。

除了以上原因之外,曹操的知人善任、洞察先机也是合肥之战取得胜利的关键因素。合肥之役守城的曹军兵力薄弱,又无援兵。如果任用好勇斗狠之将镇守,就会出现因一味好战而城池丢失的后果;如果任用胆小、懦弱之将守卫,则会因为畏敌情绪的蔓延而贻误战机;曹操所任命的张辽、李典、乐进这三员将领,前两者骁勇善战,后者则老成持重。面对敌众我寡的不利局面,曹操发挥个人的长处,以张辽、李典冲锋陷阵,乐进固守城池,立即取得了合肥之战第一战的胜利,挫败了敌军的锐气。在取胜之后顺利地退回城池坚守,守军的士气及防御的坚固程度都得到了极大的增强。因此,对于合肥将领的选择,足见曹操作为一名杰出军事家的高瞻远瞩、深谋远虑。同样,早在合肥之战开战之前,曹操就敏锐地察觉到合肥必将遭遇孙权大军的重兵围困,事先做好了具体部署,料敌于前,准确预判敌军动向,充分发挥己方将士的特点,使这场防御战取得完胜。

作为进攻一方且拥有十万大军的孙权为什么会失败呢?其原因是多方面的:

第一,孙权骄傲自大,认为己方兵力雄厚,不把张辽这守城的七千人放在眼里。到达合肥城下后没有料到张辽会主动出击,造成交战之初便士气受损。

第二,孙权战前没有做好夺取合肥的详细作战方案,以至于无法利用兵力上的巨大优势尽快拿下合肥。

第三,孙权在撤退时没有做好应变计划,孤身犯险。不但留在北岸的军队损失惨重,凌统身受重伤,而自己也差点丢掉了性命。

第四,当时爆发的大规模传染性疾病严重影响了孙权大军的士气和战斗力。

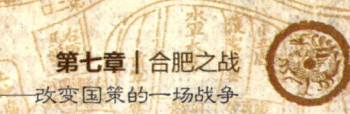

第七章 | 合肥之战
——改变国策的一场战争

总之，张辽等人在合肥城以弱胜强，逼退孙权的十万大军，这是东汉末年战争史上的一次创举。尽管双方的实际伤亡情况都不严重，但对孙权集团的影响是极为深远的。

7. 后话

就在合肥之战结束后不久，吕蒙便针对孙权一直以来采取的发展战略提出质疑。吕蒙认为：经过数年的发展，刘备集团不但占有荆州数郡，取得了进攻中原的桥头堡，同时还拿下了富裕的益州地区，其实力得到了迅猛发展。虽然目前处于孙刘联盟时期，但镇守荆州的关羽一直对东吴虎视眈眈，随时都有发动进攻的可能。而在这种情况下，孙权所坚持的与刘备一起对付曹操的做法已经不合时宜。如果能够形成由孙皎镇守南郡、潘璋镇守白帝城、自己夺取襄阳，蒋钦率兵一万在长江一带作为机动兵力，形成随时能对敌军进犯进行机动增援的格局。这样东吴集团就既不用顾虑曹操，也不用依赖关羽。吕蒙指出，尽管目前刘备与孙权结成了战略同盟，但一旦东吴内部出现问题，刘备集团肯定将对东吴发动进攻以实现其统一全国的梦想。

对于吕蒙的意见，孙权非常赞同。孙权很清楚，无论是曹操、刘备还是自己，都是以统一全国作为最高政治理想的。这也注定了所谓的孙刘联盟只不过是在特定条件下所采用的特殊方式，双方最终还是将随着形势的发展而产生矛盾甚至爆发冲突。作为东吴集团而言，关羽在荆州的存在固然协助东吴在西线抵御了曹操可能发动的战略进攻，但关羽的存在不但影响了东吴集团向西部地区的进一步发展，对东吴西线的安全也存在着巨大隐患。多年来，关羽也一直在与东吴的接壤地区制造摩擦，其目的正是为扩充自己的政治、经济和军事实力，双方存在着不可调和的分歧和矛盾。

但是，此时的孙权对于如何解决刘备集团在荆州的存在的问题并没有一个清晰的策略和方法。孙权寄希望于拿下曹操占据的徐州地区，进而向中原地区发展。因此，孙权转而向吕蒙询问起夺取徐州的方略。吕蒙的回答更是让孙权感到吃惊。吕蒙认为：徐州的守军其实不足为虑，只要我军大举进攻即可攻克。但问题的关键并不在于我们如何拿下徐州，而是拿下徐州之后能不能守住，能不能依

托徐州向中原地区进一步发展。徐州陆路贯通，要依赖精锐的骑兵纵横驰骋，而这方面恰恰是曹操最为擅长的。我们拿下徐州之后，曹操势必调集重兵前来争夺，而我军因为缺少骑兵，不但无法正面对曹军交战，而且会阻碍援军对于徐州守军的支援，因此我们在徐州就必须留下七八万的军队进行防守，但就算是这样，我们的胜算也是非常小的，更不用说通过徐州挺进中原了。还不如发挥我军的长处，拿下关羽占据的荆州地区，只有这样才会对我们未来的发展有利。

吕蒙的建议可谓一针见血，不但指出了东吴集团在发展战略上存在的巨大隐患，同时还提出了一套切实可行的发展思路：放弃目前企图通过占领徐州向中原地区发展的策略，将发展的重心由目前针对曹操的东线转向关羽控制的西线。占领荆州全境以消除刘备集团对东吴集团的潜在威胁，并通过对长江中下游地区的完全控制以达到巩固东吴集团疆域的战略目的并伺机向中原发展。

吕蒙这些审时度势的意见不但得到了孙权的采纳，并在数年之后得以具体实施。这些意见对于汉末的政治形势产生了极其深远的影响。

汉献帝建安二十二年（公元217年），鲁肃病逝，孙权委任吕蒙接替鲁肃的职务，并将鲁肃所部万余兵马交与吕蒙指挥。吕蒙派人暗中对关羽所属荆州地区的情况进行分析和研究，等待关羽犯错，准备随时对关羽及其所属的荆州地区进行致命的一击。与此同时，整个东吴集团的发展战略按照吕蒙之前提出的意见做出了重大调整。孙权于同年派出都尉徐详面见曹操求和，曹操也秘密派遣使臣来到江东重修旧好，许诺缔结婚姻。东吴集团东线的压力基本消除，终于可以将全部注意力放在荆州地区。

不过，就在曹操为张辽等人在合肥取得重大胜利的同时，他的目光紧紧盯着遥远的西方。那里，才是曹操的主战场，曹操的对手，则是当年被他打得落荒而逃的刘备。不过，经过数年的发展，现在的刘备可不像当年那么好对付了。就在曹操发动关中之战及合肥之战的数年间，刘备也已经成功夺取益州，成为汉末群雄割据的胜利者之一。

那么，刘备是如何打败刘璋并取得益州地区控制权的呢？

第八章

益州之战

——蜀汉帝国奠基战

引 子

汉献帝建安十六年（公元211年），荆州公安（今湖北省荆州市公安县一带），刘备官邸。

刘备端坐在中央。他的两位军师中郎将诸葛亮和庞统分坐两旁。他们正在商量下一步的发展大计。

庞统高声说道："荆州经过几年的经营，虽然发生了很大的变化，但是由于战乱的影响，已经荒芜残败，人物流失殆尽。要把荆州建设成为模范州郡实属不易。荆州东有孙权，北有曹操，容易受到两面夹击，发展的空间也不大。益州户口百万，土地肥沃，物产丰饶，可以成为日后发展的重点。"

刘备摇了摇头："如今与我水火不容的是曹操。曹操峻急，我便宽厚；曹操暴虐，我便仁慈；曹操狡诈，我便忠诚。凡事与他相反，就有可能得民心、有成就。如今为得益州失信于天下，能行吗？"

庞统说："如今正当乱离之际，凡事不能墨守成规，要随机权变才好。吞并弱小，攻击昏庸，逆取顺守，报之以义，正是古人所重视的。只要事定之后，给予原主人丰厚的待遇，还有谁能说您有负信义呢？不趁现在攻取益州，到时就会被别人占了先机。"

诸葛亮在一旁听着两人的争论，沉默不语，心中暗忖：主公说得冠冕堂皇，心里比谁都想夺取益州。但是总要师出有名呀。时机一到主公一定会进入益州，绝不会让益州落入他人之手……

1. 刘备的困局

汉献帝建安十三年（公元208年）曹操率二十余万大军南下，结果在赤壁之战中被孙刘联军击败，饮恨长江，被迫北还。周瑜随后迫走曹仁占

第八章 | 益州之战
——蜀汉帝国奠基战

领南郡,刘备则趁机攻取南荆州诸郡。同时,刘备迎娶孙权的妹妹,两家联姻,联盟更加巩固。

在这段时间里,刘备前些年在荆州积攒的人脉和名望使他在荆州各派势力中取得了优势。很多荆州名士和流民前来投奔刘备,刘备的实力得到迅速蹿升。后来,刘备借口部队没有立足之地,要求周瑜分一些地盘。周瑜同意分南郡的南岸地给刘备使用。刘备在油口将其改建,作为办公地点,并更名为公安(今湖北省荆州市公安县一带)。之后,刘备率部南下收复四郡的地盘。很快,零陵郡、桂阳郡、武陵郡、长沙郡落入了刘备的手中。

汉献帝建安十五年(公元210年),赤壁之战的指挥官周瑜病故于巴丘(今湖南省岳阳市一带),刘备趁机以"(周)瑜所给地少,不足以安民"为借口,向孙权提出希望获得南郡。孙权出于利用刘备对抗曹操的考虑,将南郡交给了刘备。自此,刘备集团占据南荆,形成了一个完整的根据地。刘备军从赤壁之战惨败后的"不当一校之众"的惨境中恢复,迅速蹿升为拥有数万兵马的一方诸侯。荆州名士庞统、猛将黄忠等人也在这期间加入刘备阵营。曹操在北方听说刘备占据了南荆州,吃惊不已,握在手中的笔掉落在地。

刘备占领荆州数郡之后,实力大增,但是无论是与曹魏集团还是东吴集团相比,仍然显得非常弱小。他不仅属地狭小,处境危险,容易受到来自各方的军事压力,而且所占领的地区由于受到战火的洗礼而变得残破不堪。因此,如何展开下一步的战略计划成为刘备集团所迫切需要解决的问题。按照当初诸葛亮所提出的"隆中对"战略,占领荆州只是实现"统一全国"的第一步。第二步是通过占领益州来实现鼎足三分,最后再通过两线出击消灭曹操集团。所以,刘备集团下一步战略的重点就是夺取益州。

然而,此时的益州地区也成了其他割据势力觊觎的重要目标。孙权集团在周瑜的建议下开始调兵遣将,打算经过刘备的荆州属地向益州进军。孙权的企图自然无法得到刘备的赞同。为了阻止孙权集团向益州地区渗透的企图,刘备甚至陈兵于荆州与江东交界地区,摆出不惜反目成仇的架势防止孙权的军队通过属地进军益州。

此时,曹操也打起了益州的主意。汉献帝建安十六年(公元211年),曹操公开扬言进军汉中,进攻汉中的割据势力张鲁集团。实际上是他打算在消灭了三

辅地区以韩遂、马超等人为首的割据势力之后，再通过占领汉中进而图谋益州地区。对于曹操的战略企图，刘备自然是心急如焚却无计可施。如何才能抢在曹操、孙权等人之前占据益州？这成为刘备集团面临的困局。

不过，就在此时，益州局势的不断变化终于为刘备提供了一个千载难逢的良机。

2. 益州故事

益州为东汉十三刺史部之一，位于帝国西南。这里山峦起伏，易守难攻，号称"沃野千里，天府之国"。益州辖汉中、巴郡、广汉、蜀郡、犍为、牂柯、越巂、益州、武都等九郡，地域辽阔，人口众多，经济繁荣。

汉末大乱，益州也不例外。汉中央欲派遣"清名重臣"为封疆大吏，侍中广汉人董扶劝说刘焉："益州那里有天子之气。"刘焉便积极活动，终于获得朝廷的任命，担任了益州牧。

刘焉到任之后，在镇压马相、赵祇所领导的农民起义的同时，积极发展军事力量，大力招揽南阳、三辅数万户流民，组建"东州兵"，实力得到了迅速的扩充。刘焉死后，益州豪强的代表人物赵韪认为刘焉之子刘璋秉性柔和，易于控制，便扶植其做了益州刺史，后被册封为益州牧。赵韪扶植刘璋之后，东州兵与益州本地豪强时常发生纠纷，而刘璋却无法平衡各派利益，导致益州局势出现动荡。汉献帝建安五年（公元200年），以赵韪为首的益州本地势力与外来的东州势力发生严重矛盾，一场大规模的叛乱爆发。尽管刘璋依靠东州势力最终消灭了赵韪，但内部矛盾仍不断出现。不少益州人士对刘璋的无能感到失望，希望有其他人来接管益州，结束刘璋在益州的统治。

除了内部矛盾加剧之外，盘踞汉中的张鲁割据势力对益州的威胁更是令刘璋寝食不安。

张鲁，字公祺，沛国丰人，祖孙三代都在益州、汉中地区传道，在该地区具有广泛的社会影响力。后被刘焉委任为督义司马去讨伐当时的汉中太守苏固。张鲁在取得与苏固作战的胜利之后，又杀死了别部司马张修并完全控制了张修所统

第八章 | 益州之战
——蜀汉帝国奠基战

率的这支武装力量,同时也接管了原本属于张修控制的巴郡地区,从此开始了称雄巴汉的割据时代。

刘璋继位之时,张鲁在汉中地区已经羽翼丰满,不愿臣服于刘璋,双方关系逐渐恶化。之后,刘璋杀死了张鲁的母亲及弟弟,又派遣巴西太守庞羲进攻张鲁。而张鲁则是联合杜濩、朴胡、袁约等少数民族的头领进行对抗,益州北部地区陷入多年战火之中。

内部矛盾重重,外部张鲁常年犯境,这让刘璋非常紧张。刘璋计划采用先"攘外"的方法来逐步消除危机,便打算引外援进攻张鲁。最初,刘璋想到了强大的曹操。赤壁之战前夕,刘璋派出别驾从事蜀郡张肃送叟兵三百人并杂御物给曹操,他又派别驾张松前往荆州见曹操。但是就在张松出使荆州拜会曹操的过程中,曹操却因为志得意满,忽视了对张松这位益州实力派人物的接待,并随意地任命原本已经是益州别驾的张松以县令的职务。曹操的举动引起了张松的强烈不满,张松回到益州之后便在刘璋面前多次诋毁曹操,劝说刘璋放弃与曹操交好的念头。就在张松回到益州复命的这段时间里,曹操与孙刘联盟之间爆发的赤壁之战已经落下了帷幕,曹操遭受孙刘联盟的重创,不但兵败赤壁,其迅速统一全国的梦想也化为泡影。张松乘机在刘璋面前建议刘璋改弦更张,与赤壁之战的胜利者之一——同为皇室宗亲的刘备交好。张松表示:"曹操的兵马天下无敌,如果攻下汉中后,利用张鲁的库存物资来进攻益州,谁能抵抗得住!刘备是您的同宗,曹操的大仇人,又善于用兵,如果让刘备讨伐张鲁,一定能击破张鲁。张鲁一败,益州势力增强,曹操即使来攻,也无能为力了。现在本州的将领如庞羲、李异等都自恃功劳,骄横不法,图谋不轨。如果得不到刘备的帮助,则敌人在外面进攻,百姓在内叛变,您一定会失败。"

张松的建议得到刘璋的采纳,刘璋要求张松派出一名使者出使荆州与刘备进行联络。此时的张松马上就想到了好友——右扶风郿人(今陕西省眉县附近)法正。于是,刘璋便任命法正为使者出使荆州。

法正,字孝直,汉献帝初平年间来到益州。他在刘璋手下郁郁不得志,对刘璋非常不满。在法正的心中,刘璋肯定不能在诸侯割据的纷乱局面下独善其身,终将被其他力量强大的势力所消灭,而自己空有一身抱负却无法得到施展。这时

能够走出益州去接触外面的世界,无疑是给了法正一个寻找明君的大好机会。不过,此时的法正却表现得非常老练。他多次向刘璋表示不愿意出使荆州,其目的就是不想引起刘璋及其他人的怀疑。法正的举动自然没有瞒过好友张松的眼睛,在张松的配合下,法正最终还是顺理成章地成为刘璋的使者,来到刘备所占据的荆州。

法正的到来立刻在刘备集团内部引起轰动。刘备心中也非常清楚,这是他名正言顺进入益州的绝佳时机。

3. 宾至如归

法正在荆州受到了刘备高规格的接待和礼遇,而法正也被刘备集团所表现出来的热情所感染。他立即投靠了刘备并将巴蜀地区的交通道路、关隘城池、军政机密、兵力部署,全部告诉刘备,并劝刘备说:"以将军的英明才干,正应利用刘璋的懦弱无能。张松是益州的主要官员,在内响应。这样来攻取益州,易如反掌。"刘备迟疑不决。庞统对刘备说:"荆州荒凉残破,人才已尽。东有孙权,北有曹操,难以得志。如今,益州的户口有一百万,土地肥沃,财产丰富,如果真得到益州作为资本,可成大业!"此时法正更是打定主意:背叛刘璋投靠刘备。法正回到益州之后,就在张松面前盛赞刘备,称其有雄才大略,终将成就大业。同时,法正还与张松及多年好友孟达等人密谋,伺机一起拥戴刘备。

与此同时,刘备的谋士庞统建议刘备抓住机遇,立即着手准备夺取益州。庞统的意见坚定了刘备的决心。谋取益州成为刘备集团的头等大事。

汉献帝建安十六年(公元211年),关中之战爆发。经过数月战事,曹操击溃凉州叛军,获得了潼关大战的胜利。这场胜利引起了远在益州刘璋深深的恐慌,刘璋担心曹操在扫平凉州割据势力、解除后顾之忧后,会立即挥军南下进攻汉中的张鲁,等到张鲁势力被消灭之后,益州就会面临曹操强大军力的直接威胁。更令刘璋感到担忧的是,此时益州地区内部也是暗流涌动,对刘璋的统治造成了严重的威胁。面临内忧外患,刘璋非常紧张,连忙找来了别驾张松进行商议。这时

第八章 | 益州之战
——蜀汉帝国奠基战

候张松又适时地站了出来,向刘璋提议迎接刘备入川,利用刘备的力量去抵御汉中的张鲁,并使之成为以后曹操占据汉中地区之后益州北部边境地区的主要防御力量。张松的建议得到了刘璋的采纳,于是,法正又再次作为刘璋的使者出使荆州邀请刘备入川。

法正见到刘备,劝说他立刻动身前往巴蜀。刘备等的就是这个机会,如今机会降临又岂会错过?刘备留关羽、张飞、赵云、诸葛亮等人守荆州,亲率部曲兵数万,以庞统为军师,以黄忠、魏延、冯习、张南、傅彤、卓膺等为将,跟随法正入蜀。

不过,刘璋的决策遭到了益州内部不少官吏的强烈反对。主簿巴西人黄权劝谏刘璋说:"刘备以骁勇闻名于世,现在把他请来,要把他当作部曲来看待,则他不会满意;要以宾客的礼节接待,则一国不容二主。如果客人安如泰山,则主人就会危如累卵。不如关闭边界,以等待时局安定。"刘璋不听,把黄权调出,去担任广汉县县长。

从事广汉人王累,把自己倒吊在成都城门来劝阻刘璋,刘璋仍不听。刘巴劝谏说:"刘备是一代奸雄,进入蜀地必定害人。"刘璋不听,他便闭门称病。

当刘备军队来到益州涪县(今四川省绵阳市)之后,受到了益州牧刘璋的隆重欢迎。刘璋亲自率领三万步骑前来迎接,所有车辆都支起了帐幔,鲜艳无比,精光曜日。刘璋兴高采烈地与刘备寒暄,之后是欢聚一堂,纵情欢宴竟达百日之久。在刘璋的眼中,刘备仿佛就是大救星,是专门远道来排忧解难的,因此他还带来了大量的粮草及军用物资。此时的刘璋,已经陷入了一种溢于言表的兴奋之中。他与刘备之间甚至还联袂自编自导了一出互相推荐的升官闹剧:刘备推荐刘璋担任镇西大将军领益州牧,刘璋则推荐刘备为大司马领司隶校尉。反正这个任命也永远不会得到曹操所控制的汉末朝廷的认可,刘璋和刘备二人都是逢场作戏,场面非常热闹。

刘璋的松懈无备让庞统等人喜出望外,庞统直接向刘备提出了建议:干脆就在涪县将刘璋扣留,这样就可以不费一兵一卒拥有益州了。不过庞统这个大胆的建议最终被刘备否决了。刘备认为自己刚刚进入益州,尚未树立恩德信义,此时就算扣留刘璋,也未必能得到益州吏民的拥戴,因此没有采纳庞统的建议。

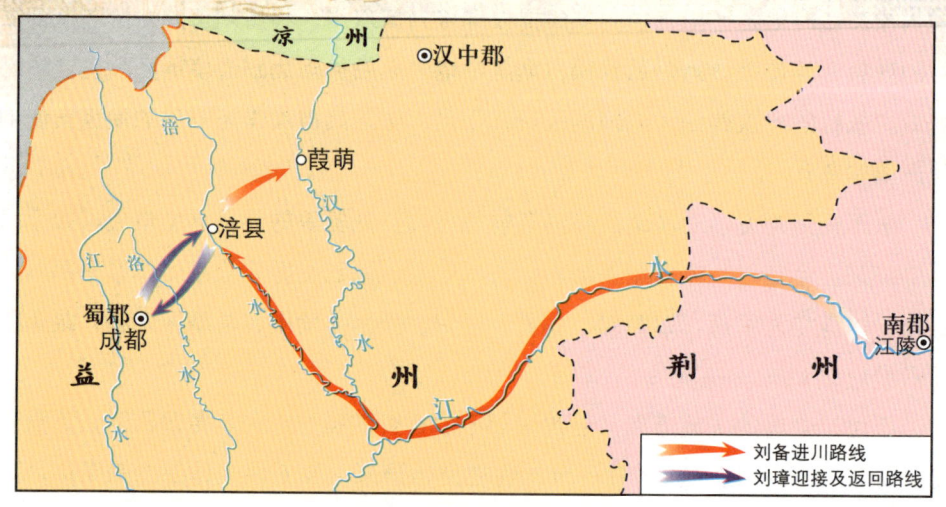

刘备受邀入川

刘备和刘璋在涪县欢宴三个月之后,刘璋终于心满意足地回到了成都。他将包括"白水军"在内的大批蜀军交付给刘备指挥,刘备的兵力也在刘璋的协助下达到了三万余人。随后,根据双方的约定,刘备将进驻益州北部边境的葭萌(今四川省广元市昭化区昭化镇)地区与汉中张鲁交战。但是,刘备来到葭萌后,在长达一年的时间里,不仅没有对张鲁展开一次进攻,反倒在葭萌广施恩德以收买人心,不断扩充实力和影响力,而这数万人的给养则完全由刘璋负担。

刘备的目的很明显,积蓄力量,等待时机,随时准备与刘璋翻脸。

4. 二刘反目

刘备的异常举动很快便使白水关的守将杨怀、高沛感到疑虑,刘璋也逐渐警觉起来。

就在这个形势非常微妙的时刻,庞统及时向刘备提出建议,并将建议分成了上、中、下三策。庞统认为:刘璋不懂军事,其老巢成都平时连防御设施都没有。可以利用这个有利时机秘密派遣一支精兵,星夜兼程去直接偷袭成都,来个擒贼先擒王,这是上策。白水关守将杨怀和高沛都是蜀中名将,他们所率领的部众又是刘璋的精锐,实力强劲,据说他们都曾经多次上书要求刘璋提防刘备并希望刘璋直接打发刘备回到荆州。庞统认为可以派人与杨怀和高沛取得联系,谎称由于荆州出现重大军情必须回军救援,同时全军故意做出整装待发的架势诱使两人相信。杨、高二人一定会信以为真并亲自前来送行,如此一来就可以毫不费力地将其擒获并夺取其部众,然后再发兵直捣成都,为取得益州争夺战的胜利创造更多的物质条件。庞统认为这是中策。下策则是退军撤回白帝城,占领这个荆州与益州之间的交通要道,然后静观局势变化再做下一步打算。庞统认为在目前益州瞬息万变的复杂情况下,如果长期滞留在葭萌易生变故,稍有不慎就将前功尽弃。

刘备听完庞统的建议之后,采认为中策较为可行,于是在汉建安十七年(公元212年)便借口曹操进攻孙权和荆州的关羽,宣称即将率兵回援。刘备给刘璋写信称:"曹操征讨东吴,东吴已经岌岌可危。孙权和我本是唇齿相依,而关羽兵力薄弱,现在不援救,曹操就一定夺取荆州,进而侵犯益州边界,这远比张鲁更值得担心。张鲁是个只求自保的贼寇,不足以使人忧虑。"并提出向刘璋借兵万人及众多钱粮。

刘备自从入蜀以来,前后获得兵马钱粮颇多,蜀中虽然富庶,但也不是取之不尽用之不竭,刘璋难以满足刘备"狮子大开口"的要求,仅给了刘备四千兵马,其余所需要的也只给了一半。刘备抓住这个机会,将书信遍示诸将,并大怒道:"我们为益州讨伐强敌,士卒劳苦,而刘璋却爱惜财物,如此吝啬,怎么能使士大夫为他死战呢!"时至此时,图穷匕见,刘备开始了对益州的攻略。

得知刘璋已经加强对于自己的防范之后,刘备立即召见了白水关的守将杨怀和高沛,以无礼的罪名将二人处斩。之后率部南下,益州争夺战由此开始。

5. 双线夹击

为了尽快取得益州之战的胜利,刘备随即对益州战事进行了部署:

(1)以黄忠为先锋,自己亲率主力随后跟进。

(2)以中郎将霍峻率领数百士兵驻守葭萌关。

面对刘备的突然进攻,刘璋手下的益州从事郑度针对刘备孤军深入、兵力不

足、后勤供应紧张的弱点向刘璋提出建议,认为应该将巴西及梓潼境内的百姓全部迁徙至内水、涪水以西地区,同时将巴西、梓潼仓库中的粮草、物资,以及土地上的庄稼全部烧毁,采用坚壁清野的方式对付刘备。郑度同时建议刘璋对于刘备军队发动的进攻采用坚守不出的方式进行固守,这样一来刘备大军就会由于粮草缺乏而面临绝境。按照郑度的估计,只要采取这些方法,刘备军队不出一百日就必将陷入困境。郑度的这个建议切中了刘备的要害。当刘备听说这个建议之后,感到非常的忧虑,生怕刘璋会依计而行。法正却胸有成竹地表示:刘璋是绝对不会采用郑度的建议的。事实也正如法正所预料的那样。刘璋认为从来只有抵抗敌军的进攻来保护百姓的,还从来没有听说过要迁徙百姓来躲避敌军的进攻,因此对于郑度的建议弃之不用。

为了抵挡刘备的进攻,刘璋做出三个方面的防御部署:

(1)派遣张任、刘贵、冷苞、邓贤、吴懿等人率精锐部队前往涪城阻止刘备南下;

(2)派扶禁、向存率兵万余由阆水北上进攻葭萌关;

(3)命东路巴郡太守严颜据守城池,防备诸葛亮、张飞军团的西进。

然而,刘璋仓促之间做出的部署皆以失败告终。扶禁、向存进攻葭萌关,关中仅有数百兵马,但蜀军强攻一年竟不能攻克,反被霍峻精兵偷袭,向存被杀。在战争的开始阶段,刘备与黄忠、卓膺所部在涪县胜利会师。而刘璋派来的刘璝、冷苞、张任、邓贤等将领均在涪县一役中被刘备击败。

刘备回到一年多前入蜀之时曾经与刘璋欢宴的涪县,想到目前形势已经发生了根本性变化,拿下益州也逐渐成为现实,不觉心情舒畅。于是大宴文武以示庆贺,狂喜之下竟然喝醉。他得意洋洋地对庞统说道:"现在的心情真是痛快呀!"此刻的庞统突然想起了当年刘备对于夺取益州问题上的惺惺作态,不由得冲口而出:"征讨他人之国而以为乐事,恐怕不是仁者所为吧!"刘备听到庞统的讥讽不禁勃然大怒,说道:"当年武王伐纣也是前歌后舞,难道武王也不是仁者?!先生你言语不当,应该尽快离席退下!"或许是刘备的话语让庞统猛然意识到自己与刘备还是君臣之间的关系,也觉得自己过于心直口快罪了刘备,只能默默地离席而去。过了没多久,刘备的酒也有点醒了,这时候他也意识到失言,立即命人

第八章 益州之战
——蜀汉帝国奠基战

把庞统重新请了回来。庞统入座之后，既没有谢恩，也没有认错，只是低着头继续喝酒。看到庞统如此神态，刘备给自己找了个台阶，主动问庞统："刚才的事情，到底是谁有过失呀？"庞统也只能回答道："君臣俱失。"一场因喝酒闹出来的风波也就此平息了。

就在刘备与刘璋之间的战争进入第三个年头的时候，战争逐渐进入胶着阶段。刘璋在雒县布置重兵抵御刘备的进攻，刘备经过数月的围困，仍然无法拿下该城。为了加快战争的进程，刘备命令关羽留守荆州，急调诸葛亮、张飞、赵云等人从荆州进入益州增援。在诸葛亮的指挥下，张飞沿嘉陵江直扑成都。赵云则溯长江而上，经岷江和沱江往成都方向进发。不久，张飞攻下巴东，然后挥军直指江州。在江州，张飞遭遇到益州名将严颜的顽强抵抗。经过激烈战斗之后，张飞生擒严颜。当严颜被捆绑着押到张飞面前时，张飞大胜呵斥严颜道："大军到此，你为何拒不投降反而进行抵抗？"严颜也面无惧色地回答道："你们这些人犯我疆域占我土地，益州将士为保卫家园而战，岂有投降的道理？我州只有断头的将军，没有投降的将军！"严颜的胆略让张飞非常敬佩，亲自将其释放，还将其引为座上客。这可谓是英雄会英雄，惺惺相惜。张飞此举感动了严颜，严颜这位益州名将也成了张飞帐下的宾客，并协助张飞劝降了不少益州将领，这也加快了张飞的进军速度。

刘璋各路兵马皆败，除了梓潼令王连、广汉长黄权等人据守之外，刘璋军队再无大规模的抵抗。刘备北、东路军团如同两柄利剑齐插向成都。

汉献帝建安十八年（公元213年），刘璋为了挽救颓势，再派出兵马抵挡刘备。他命李严为护军，汇合张任军团据守绵竹关（今四川省德阳市罗江县白马关镇），又命帐下司马张裔前往德阳抵挡张飞。

然而，刘璋派出的抵抗力量再次被刘备轻易击破。负责镇守绵竹的李严临阵倒戈，与绵竹令费诗等人投降了刘备，并献出重镇绵竹。绵竹是成都的北大门，绵竹的失守使成都暴露在了刘备的兵锋之下。

之后，张飞与诸葛亮在江州会师。在诸葛亮的协调指挥下，入蜀大军分为三路。一路由赵云指挥，进攻江阳（治所在今四川省泸州市江阳区）、犍为（治所在今四川省宜宾市一带）地区，威胁刘璋的老巢——成都的东南地区；一路则由

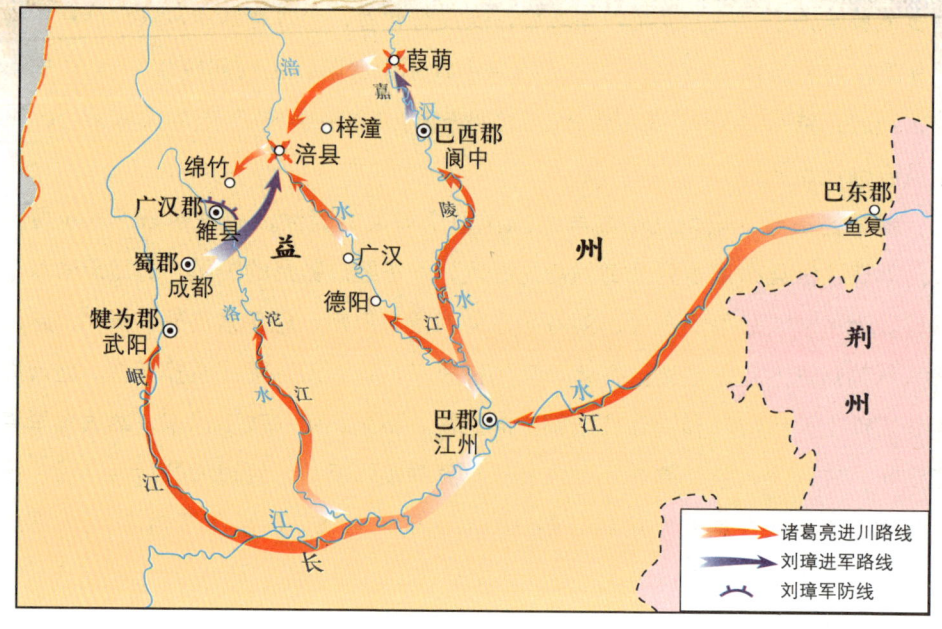

诸葛亮大军入川

诸葛亮率兵，进攻德阳（今四川省遂宁市一带）地区，为直接进攻成都打开通道；第三路由张飞率领，经垫江向巴西（治所在今四川省阆中西）、德阳（今四川省遂宁市一带）方向进军，剑指成都的东北部地区。

在刘备大军的猛烈攻势下，张裔很快被张飞打败逃回成都。刘璋在巴蜀的势力范围被压缩在了成都附近的狭窄区域。尤其可怕的是，刘备取得这样的战果不但没有损失多少兵马，反而因此获得了大量降兵且实力更强。对刘璋而言，形势更加岌岌可危。

绵竹失守后，张任军团再次后撤，退入成都最后的屏障——雒城（今四川省广汉市雒城镇一带）。

6. 雒城攻坚战

雒城是刘焉在初平年间修筑的一座坚固的军事要塞，刘焉修筑它的目的是作为成都的门户。因此，刘焉修筑此城耗时多年，城虽不大，但极其坚固。这样小而坚的城是最难攻克的。因为大城处处皆可寻找破绽，彼此不易呼应，而小城却将兵力握成了拳头，一处有难，其他各处都能呼应，打起来十分费力。

现在，这里成了刘璋抵挡刘备最后的希望。在雒城中有刘璋最为精锐的张任军团，刘璋的儿子刘循也在城中监军。

法正作书劝降刘璋，其书大意为："左将军刘备起兵后，对您仍有旧情，实际上没有恶意。我认为您应改变态度，以保住家门的尊贵。"刘璋虽然"暗弱"，但并非毫无头脑，他仍旧想要依靠险固的城池做最后的顽抗，以期望战局出现转机。

雒城中守军虽然不多，但却进行了殊死抵抗。在这一战中打出了气势，从葭萌关南下以来一路凯歌的刘备遇到了对手。雒城攻防战持续了一年，刘备强攻不克，兵马损失不少，其重要谋士庞统也在这一战中被蜀军流矢击中，命丧沙场，终年三十六岁。刘备痛失谋主，痛哭流涕。

雒城攻防战是刘备入蜀战役最后的战斗，蜀军据城固守，顽抗长达一年。期间两军相互攻守，均有伤亡。最后，在寡不敌众、攻守易形的形势下，雒城守军终于支撑不下去了。蜀中名将张任率兵出战于雁桥，兵败被擒。刘备知其忠勇，想要招降他，张任厉声疾呼："老臣终不事二主。"遂慷慨就义。张任战死，雒城也如同熟透的果子将要陷落。

直到汉献帝建安十九年（公元 214 年）夏，雒城被刘备攻克。刘璋精锐在此一战中被歼灭，大军直逼成都，刘璋的局势更加危急。

与此同时，张飞、诸葛亮、赵云等人也从东路杀到，刘备东、北两路军团会师，合围了益州的首府——成都（今四川省成都市一带）。

7. 马超的出现与刘璋的投降

汉献帝建安十九年（公元 214 年）夏，刘备破雒城，进围成都。

刘璋在成都尚有精兵三万，钱粮可支一年，城内官吏百姓多愿死战，如果刘璋拼死抵抗，刘备难以轻易得手。然而，此时的刘璋陷入巨大的矛盾之中，他本就对战胜刘备没有信心，雒城之战其精锐又被摧毁，如今整个益州唯有成都一座孤城，他想到了投降。

　　成都令许靖想要越城逃跑，刘璋察觉后，却并没有治他的罪。刘备围成都数十日，围而不攻。城内刘璋举棋不定，也没有主动出战。双方陷入了僵持状态。

　　就在两军对峙的时候，一个人的出现彻底打破了平静，他使旷日持久的益州之战提前落下了帷幕。

　　这个人就是刚刚在关中被曹军击败的马超。

　　马超在汉献帝建安十六年（公元211年）的渭水之战中被曹操击败，汉献帝建安十九年（公元214年）他联结诸羌胡卷土重来，却又败于岐山，被夏侯渊统率的曹军关中军团逐走，投靠了汉中的张鲁。马超初到汉中的日子张鲁很器重他，但好景不长，张鲁担心无法驾驭马超，又有他人从中挑拨，最终张鲁和马超分道扬镳了。

　　马超脱离张鲁，秘密潜入益州。他听说刘备正围困成都，便派人联络，希望加入刘备阵营。听说马超愿意主动归顺自己，刘备大喜。对手下说道："这下子益州必然落入我手了！"刘备立即派出使者去见马超，并秘密交给了马超一支军队，要求马超用凉州兵马的名义进攻成都。马超在答应了刘备的条件之后也火速赶到了成都城北，并开始了对成都的围困。听说彪悍的凉州兵马参与了围城之战，原本已经是惊慌失措的刘璋更是惶惶不可终日。他对手下人说："我们父子统领益州二十余年，对百姓没有什么恩德。百姓苦战三年，暴尸荒野，实在是因为我刘璋的缘故，我怎能安心！"于是，刘璋打开城门，投降了刘备，其手下人皆落泪叹息。

8. 后话

　　刘备听说刘璋投降，十分高兴。他派简雍进成都会见刘璋，然后在成都城外接受了刘璋的投降。刘备入城后，归还了刘璋振威将军印绶和全部家产，并将其家眷一起送往公安安顿。

　　刘备经过多年艰苦奋斗终于取得了一块稳固富庶的地盘，他想要将成都的良田美宅赏赐给立功将士，这时赵云劝道："当初汉朝的名将霍去病因为匈奴未灭而说过何以为家的豪言壮语，没有去置办家业。今天我们所面对的敌人比起当年的匈奴来可谓更加的强大、危险，我们岂能现在就去追求个人的安逸呢？只有等到天下平

第八章｜益州之战
——蜀汉帝国奠基战

定之时，大家各返家乡，归耕天地，那才是合适的时机。如今益州刚刚遭受战火之灾，百姓们流离失所，生活困难，应该把这些人的田产住宅都归还他们，想方设法让他们安居复业，以后再征调劳役和赋税，只有这样才能得到百姓的拥护！"

但是，早在刘备进攻成都之前就曾对手下将士许诺："若攻破成都，官府仓库的一切财物，你们可以任意地拿，我决不干预。"因此，成都城中的财富大多还是被刘备军洗劫一空，以至于后来连军需供给都不够。这时候有官员给刘备提出了一个建议，认为只要铸造一批面值百文的大钱在市面上流通，同时命令官员在市场平抑物价就能解决问题。刘备立即采纳了这个建议，数月之内府库立马变得充实。同时，刘备分别设置了司盐校尉及司金校尉等职务，对盐业、冶铸业进行统一管理。

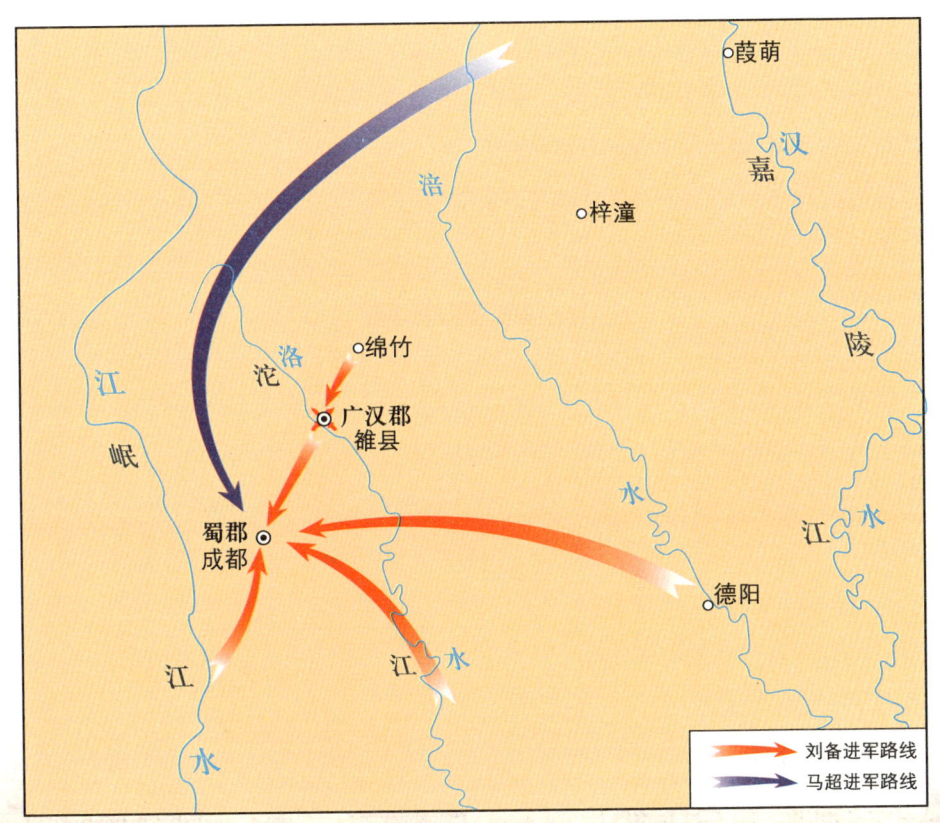

刘备进成都

在解决财政、人事问题的同时，刘备又成立了法正、诸葛亮、李严、伊籍、刘巴为首的五人委员会，专门负责制定和颁布法令、法规。不久，一部名为《蜀科》的法律制度应运而生。《蜀科》的主要特点就在于严明赏罚，在于革除刘焉父子时期的法纪松弛、不能激励善者、不能惩治恶者的弊端。针对益州地区常年以来一直存在的尖锐矛盾，这套制度的主要执行人诸葛亮所采用的方针是六个字：先理强、后理弱。先理强就是严格依法办事，限制和打击益州豪强地主的不法行为，缓和内部矛盾。由于诸葛亮在执行法律时非常严厉，阻力很快便出现了。一部分豪强地主的既得利益受到了损害，他们自然就不会善罢甘休。一时间反弹之声很快响起。这些人不但在底下议论纷纷，认为这是刑法峻急，没有度德量力，而且在民间制造舆论并利用各种关系给诸葛亮等人施加压力。甚至有些益州的高级官员也开始为他们说话，劝说诸葛亮等人放弃目前实施的法令。诸葛亮对此进行反驳。这场争论，很快就引起了刘备的重视。对于诸葛亮的观点，刘备十分赞同。有了最高领导的支持，诸葛亮也更加放心大胆地去实施各种法律、法规，益州内部社会秩序也得到了极大的改善。

经过数年励精图治，刘备的经济、军事实力与日俱增。

9. 战事总结

战争是政治的延续。刘备入蜀之战，与其说是军事较量，倒不如说是一场政治较量。刘璋在蜀中没能很好地解决外来势力与益州本土势力的利益分配，导致相互倾轧，皆对其统治不满。由此，刘璋集团内部离心离德，众叛亲离，失去了抵御外敌的能力。同时，刘璋在战略上失误，战术上迟缓不决，自然无法战胜刘备。

第一，刘璋战略上严重失误，他主动引刘备深入自己的腹地，且毫无防备，致使刘备孤军在号称险要的益州转斗千里，几乎所向披靡，这不能不说是刘璋的战略失误所致。

刘璋的失误既有他本身性格懦弱多疑的因素，也有外部因素。早年马超也曾想要联络刘璋，但治中从事王商对刘璋说："马超为人勇而不仁，见利忘义，不可以为唇齿。老子说：'国之利器，不可以示人。'如今益州地区士美民丰，经济发达，这很

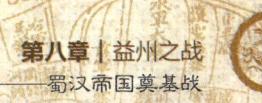

容易引起心怀叵测之徒的觊觎，这也就是马超想与我们联合的根本原因。如果与他联合，无异于引狼入室、养虎为患！"刘璋采纳了王商的建议，拒绝了马超。而这次他之所以毫不犹豫地相信张松、法正，引刘备入蜀，很大程度上是被刘备同为汉室宗亲这块招牌所欺骗、被其"仁义"之名蒙蔽，误将刘备当作可以依赖的盟友。

第二，战术上迟缓。刘备背盟的消息传到成都，刘璋没有采纳手下"坚壁清野"的策略，而是派部队北上抵挡，但他又没有迅速集中优势兵力，自然无法与刘备抗衡。在与刘备军的交锋中，他的部队节节败退，屡屡失去先机，最终部众大部被歼或投降，自己困守成都直至开城投降。

相对而言，刘备取得益州争夺战胜利的原因是多方面的：

第一，战略目标明确，行动果决，部署周密。益州是刘备觊觎已久的地方，他充分利用刘璋失去益州吏民支持的弱点，厚待张松、法正等人，了解蜀中虚实，获得相当一部分蜀中官吏名士的支持。刘备在入益州之前就做到了"知己知彼"，为日后的军事行动做足了准备。

第二，战术制定迅速，执行果断。刘备起兵南下，庞统给了他"上中下"三条计策供其选择，刘备当机立断选择了中计，诱杀白水都杨怀、高沛，并其兵众。同时命诸葛亮、张飞入益州，"三道并侵"，对成都形成了多线夹击的态势，迫使刘璋军退守雒城。刘备客居他乡，但他依靠政治拉拢和迅速行动反客为主，掌握了战役主动权。

第三，刘备之所以能得到益州，还有一个重要原因就是外部环境。汉献帝建安十六年（公元211年），马超与曹操在潼关、渭水一带激战，随后曹操又平定凉州。汉献帝建安十九年（公元214年），曹操率四十万大军南下，进攻东吴。而这几年恰恰是益州战役最关键的时刻，正是由于马超、东吴的牵制，才使曹操无法顾及刘备，使得刘备能够从容地将荆州主力先后调入益州作战。

10. 尾声

战后，刘备取得益州全境，控制了成都，几乎是全盘接收了刘璋的家当。刘备对刘璋旧部也做出了安排。南郡人董和被任命为掌军中郎将并代理左将军府

事,广汉人黄权为偏将军,南阳人李严为犍为太守,广汉人彭羕为治中从事,江夏人费观为裨将军,蜀郡人何宗为从事祭酒,犍为人费诗为督军从事,广汉人秦宓为从事祭酒,犍为人杨洪为蜀部从事,荆州零陵人刘巴为左将军西曹掾;处理刘璋旧部的同时,刘备对于那些在益州争夺战中浴血奋战的将士也进行了论功行赏。诸葛亮被任命为军师将军、署左将军府事、兼益州太守;法正为扬武将军、蜀郡太守;张飞为巴西太守;马超、黄忠、赵云、糜竺、简雍、孙乾、魏延分别为平西将军、讨虏将军、翊军将军、安汉将军、昭德将军、秉忠将军、牙门将军;马良、马谡、刘邕、习祯、廖立、向朗、刘琰、邓方、陈震等人也分别被任命为益州各地的太守。蜀汉帝国俨然成型。

随着实力的不断增强,刘备终于摆脱了数十年来寄人篱下的困境,并成为汉末诸侯纷争割据中仅次于曹操、孙权的一支重要力量。为贯彻"隆中对"中所制定的战略目标,刘备又将目光注视到益州的北部——汉中。

在汉中,刘备将再度遭遇死敌——曹操。

第九章

汉中之战
——刘备胜曹操的经典战例

引 子

汉献帝建安二十四年（公元219年）秋，汉中沔阳（今陕西省勉县城东）。一座黄土堆砌的高大的土台上，秋风掠过，鼓荡起刘备身上宽大华丽的王服。刘备今年五十九岁，奋斗三十余年，屡战屡败，却屡败屡战。刘备登临高台，极目远眺，又俯瞰大地，见群臣跪拜，甲士林立，刘备昂然说道："诸位臣公请起。自此以后，咱们要同心同德，坚固益州，进而出兵北进，讨伐曹贼。"

群臣及台下数万大军齐呼万岁。刘备临风昂首，屹立于苍穹之下。辽远的天际，苍鹰高鸣，搏击长空，他胸中豪气再次升腾，在老家涿郡站在大桑树下的话"吾必当乘此羽葆盖车"。那一刻似乎已经触手可及，他认为登临世间最高宝座的时刻不会远了。这是他一生中最为辉煌的时刻，这是他一生的巅峰时刻。

1. 得陇望蜀

汉献帝建安二十年（公元215年），刘备取蜀及至刘备向西进攻刘璋时，孙权说："这个滑头，竟敢如此搞阴谋诡计！"刘备得到益州后，孙权派中司马诸葛瑾向刘备索求荆州的各郡。刘备不同意，说："我正准备夺取凉州，取得凉州以后，才能把荆州全部给你们。"孙权说："这是有借无还，不过是找借口以拖延时日罢了。"因此任命了长沙、零陵、桂阳三郡的地方长官。关羽则全部加以驱逐。孙权大怒，派吕蒙率兵二万人夺取三郡。刘备听说后，亲率三万大军去荆州与孙权争夺三郡。但就在这时，曹操平定汉中的消息传来，刘备心中恐慌，遂退回，割让三郡给孙权。孙刘关系得以缓和。

刘备回到成都，听说汉中张鲁率部流落到了巴中，于是派人去迎接，打算收编张鲁，但最终张鲁还是选择了投降曹操。

第九章 | 汉中之战
——刘备胜曹操的经典战例

曹操占据汉中，整个益州都暴露在曹军兵锋之下。蜀中百姓每日惊吓数十遍，刘备即便靠杀人也无法控制恐怖情绪的蔓延，此时成都方面可谓"草木皆兵，风声鹤唳"。

曹操的丞相主簿司马懿向曹操建议："刘备靠奸诈劫持了刘璋，蜀人还没有归附他，他却去远行争夺江陵，这是个不能失去的好机会。现在，我们攻克汉中，益州受到震动，此时进兵攻击，势必土崩瓦解。圣人不能违背天时，也不能错过良机。"曹操说："人都是苦于不知足，既得到陇地，又眼望着蜀地吗！"刘晔说："刘备，是人中豪杰，做事有章法，但是缓慢，取得蜀地时间不长，还不能依靠蜀人。我们刚刚攻取汉中，蜀地之人受到很大震动，非常恐慌，势将自行崩溃。以主公的英明，趁其崩溃时率兵压境，一定能取胜。如果稍有迟缓，诸葛亮擅长治国而为相，关羽、张飞勇冠三军而为将，蜀地人民安定以后，据守险要之处，我们就很难进攻了。现在不去攻取，必将成为我们的后患。"曹操没有听从这些建议。七天后，蜀地来降的人说："蜀中一天发生数十次惊扰，守将虽然以斩杀来弹压，仍然安定不下来。"曹操问刘晔："现在还能进攻吗？"刘晔回答："现在蜀地已初步安定，不能再进攻。"于是撤军。只留夏侯渊为都护将军，率张郃、徐晃、曹洪、曹真、曹休、郭淮、杜袭、赵颙等人留守汉中。

曹操任命丞相长史杜袭为驸马都尉，留下掌管汉中的事务。杜袭采取怀柔政策进行开导，汉中的百姓自愿出来迁徙到洛、邺两地的有八万余人。

曹操没有趁机进攻益州的原因大致有四个：

（1）曹操自从赤壁之战后就将精力从对外征伐转为对内整肃。他清除了大批的拥汉派，并进封魏公、魏王，形成了以邺城为中心的统治，开始为下一步取代汉朝做准备。这些举动也造成了拥汉派的强力反弹。在曹操集团内部，潜伏着相当一部分对汉朝有感情的大臣。他们屡次发难，随时都有可能颠覆曹操的统治，曹操担心后院起火，这才不敢在汉中过多逗留。

（2）东路扬州孙权和中路荆州关羽时刻威胁着统治中心，从汉献帝建安十六年（公元211年）开始，孙权在东边的进攻力度逐渐加强，而此时荆州关羽也已经磨刀霍霍，相比起来合肥和襄阳方向的压力，汉中反而不是心腹之患。

（3）益州地形复杂，稍有不慎就会陷入进退失据的不利局面。曹操征汉中历尽艰险，"危而后殆"，益州地形比汉中更为艰险，沿途关隘众多。如果刘备据险而守，战争极易成为拉锯战，这对长途跋涉的曹操而言是非常不利的。

（4）粮草运输困难。曹操在占领汉中之时就曾出现粮草供应匮乏的问题，采用了多种方式之后才勉强解决。如果再度率部深入益州，势必重蹈汉中覆辙。

因此，曹操最终放弃了继续南下的机会，留下夏侯渊、张郃、曹洪等人率五万精锐，凭险固守汉中，自己转而回师北方。

2. 汉中的地理位置

汉中处于关中平原和成都平原之间，地处汉江上游，南控巴蜀，北扼关中，西通雍凉、东接荆州，"前控六路之师，后据西蜀之粟，左通荆襄之财，右出秦陇之马"，自古以来便是战略要地，汉高祖刘邦就是在此休养生息，积蓄力量，最终北上出关中夺取天下的。汉中又是益州的北部门户，失去汉中的一方往往无法固守巴蜀，得到汉中的一方则可以进退自如。因此，这里就成了曹刘双方的必争之地。

形成汉中有利地位的地形主要是秦岭和大巴山脉。两列山脉平行耸立，东西横亘。秦岭高峻险拔，足以为关中南面屏障；大巴山浑厚绵长，足以为四川北面屏障。几条谷道穿越山岭，成为南北通行的孔道。秦岭东端有武关，西端有散关，另有三条谷道穿越秦岭中部，作为汉中与关中之间的通道，它们是褒斜道、傥骆道和子午道。秦岭高峻，以致每条谷道都曲折回旋，幽深险峻，不利于人力物力的大规模运动，尤其不利于粮草补给的运输。

而从巴蜀往汉中的通道，北进有三条路可以通往关中地区。米仓道：从南部、巴中、南江、直入南郑地区；阴平道：从绵阳、江油、翻摩天岭到甘肃文县；古蜀道：从绵阳、梓潼、剑阁，进入陕西宁强，经勉县到汉中。这三条路比较起来，米仓道窄，阴平道险，而唯有古蜀道较宽、较近。因此刘备十分重视此道，设置了梓潼郡。四川有句古语，"梓潼失，成都亡，千里天府，此为屏障"。

第九章 | 汉中之战
—— 刘备胜曹操的经典战例

这里的梓潼就是古蜀道通往汉中的关键所在。

而从地理形势上来看,自汉中越秦岭北进较难,越大巴山南进却较易。从运输线上看,从巴蜀往汉中运粮较近,而从关中往汉中运粮较远。因此,就南北双方而言,北方军队占据了地势优势,而南方军队占据了补给优势。

3. 刘备的战前动作

早在张鲁被曹操击败亡命巴中之时,偏将军黄权就对刘备说:"如果失去汉中,则三巴将很难挽救,这等于割去了蜀的四肢。"刘备听取了黄权的建议,任命黄权为护军,去迎接张鲁。因张鲁已归降了曹操,便派兵攻破曹操册封的巴郡夷王南寶人首领杜濩和朴胡。又命大将张飞为巴西太守,驱逐深入巴郡的

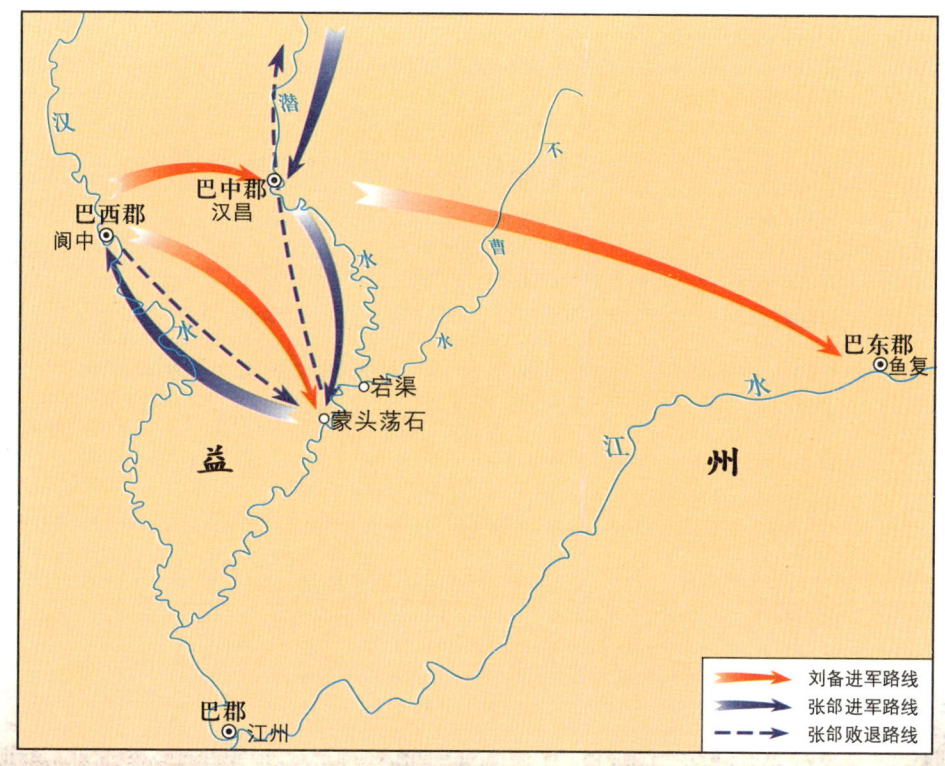

刘备控制三巴

张郃。

　　张郃乃曹军名将,与张辽等人齐名。汉献帝建安二十一年(公元 216 年)十一月,张郃奉命深入巴中地区。巴东、巴西、巴郡被称为"三巴",是蜀与汉中的交汇处,战略位置极为重要。

　　张郃的进犯对益州北部造成了极大的威胁。刘备唯恐有失,命张飞和黄权前往三巴地区与张郃作战。黄权所部与曹操所任命的三巴地区少数民族首领朴胡交锋,而张飞则在宕渠与张郃对峙。双方相持五十多天,经过多次激战未分胜负。最后,张飞想出妙计,率精兵万人,利用宕渠地区山道狭窄的特点,突然从小路由八濛山向张郃守军发动袭击。张郃措手不及,惊慌之下只能舍马上山,带着十多个随从落荒而逃。战后,张飞意气风发,在八濛山立碑纪念此战的胜利,并亲书"汉将张飞大破贼首张郃于八濛"刻于石碑之上。至此,张飞控制了巴郡。

　　随后,刘备又分广汉郡设梓潼郡,以霍峻为梓潼太守。梓潼位于汉中郡和武都郡结合部,是攻取汉中的交通枢纽。刘备控制巴郡和梓潼,为下一步进攻汉中扫平了道路。

　　曹操没有在战胜张鲁后乘机进攻益州,使刘备站稳了脚跟,并一步步向北推进。其实早在刘备入蜀的时候,曹魏集团内部就有过一场争论。丞相掾赵戬曰:"刘备不中用啊,拙于用兵,每战则败,逃跑还来不及,怎么去进攻别人?蜀虽小区,险固四塞,独守之国,不好打啊。"傅干却认为:"刘备宽仁有度,能让能人为其效死力;诸葛亮善于治国,深有谋略,而为相;张飞、关羽勇猛而忠义,都是万人之敌的人才,而为将;这三个人,都是人杰。以刘备的器略,三杰辅佐,怎么能不成功呢?"

　　刘备在汉献帝建安十三年(公元 208 年)之前确实是败多胜少,但从赤壁战后,他的实力得到了迅速发展。如今他兵指汉中,志在必得,一场大战难以避免。

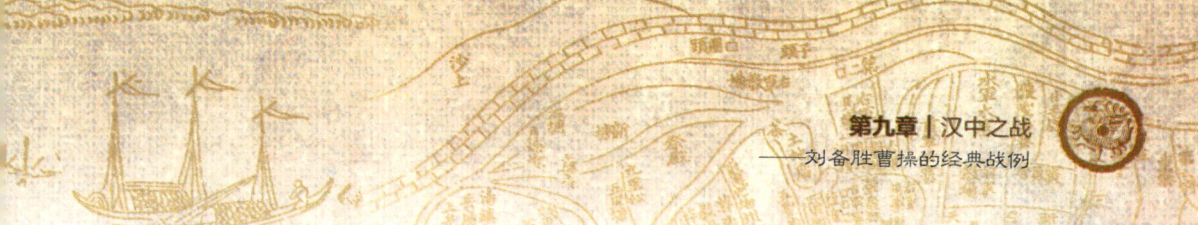

4. 战前部署

曹操平定汉中后，仅留夏侯渊等人镇守汉中，自己回到北方。针对曹操主力撤走这一情况，扬武将军法正及时提出了夺取汉中的主张。法正认为：曹操一举击败张鲁控制汉中，但却没有利用这个千载难逢的机会进攻益州，而是留下了夏侯渊及张郃等将领驻守汉中，自己则返回了中原地区。这并不能说明曹操没有想到利用汉中作为基地进攻益州，而是各方面的因素导致他无法立即实施这个战略计划。而今镇守汉中的夏侯渊和张郃，其才干和谋略都不足以应付刘备手下的将帅。趁着这个时机兴兵进攻汉中，肯定能够大获全胜。等到夺取汉中之后广开农田，囤积粮草，将其变成前进基地，随时可以根据全国局势的发展和曹魏的内部的情况调整战略，有机可乘之时可以顺势推翻曹魏的统治。再次一步也可以利用汉中夺取雍凉二州，扩大疆域范围。如果这两条暂时无法实现，也可以将汉中地区作为益州的屏障，防止外敌的入侵，与曹操展开长期对峙。目前就是进攻汉中的最佳时机，可谓是天意使然，实在是机不可失！在法正的力荐下，刘备终于下定决心向汉中地区发动战略进攻。

汉献帝建安二十二年（公元217年），刘备终于开始主动进攻汉中，拉开了汉中战役的序幕。刘备进攻汉中地区的主要军队分为两路：

（1）张飞、马超、吴兰、雷铜、任夔为左路，负责进攻下辨（今甘肃省成县西北），威胁汉中侧后方，以便切断曹军汉中与关中的运输线。

（2）亲率法正、黄忠、赵云、魏延、刘封、陈式等主力部队为右路，出金牛道，从阳平关方向进攻汉中。

此时，曹操在汉中及附近地区的主要部署为：曹洪、曹真、曹休所部驻守武都（今甘肃省成县以西），夏侯渊、张郃、徐晃所部镇守汉中。

5. 进攻受挫

从关中入汉中的道路被张鲁毁坏，导致曹操平汉中、走陈仓、出散关、入故道。如今汉中曹军的补给线还是靠这条路，武都方向是保障曹军联系关中、粮草运输的主要区域。刘备大举进攻武都，同时派陈式率十余营进攻马鸣阁道，其目的就是切断曹军补给线。

张飞、马超、吴兰、雷铜、任夔等攻武都郡，屯兵下辩（今甘肃省成县西北），氐人雷定等七万多部落响应；而曹军便以夏侯渊守阳平关（今陕西省勉县西走马岭山上），张郃守广石、徐晃负责马鸣阁至阳平一带，主力抵挡刘备军。曹操派曹洪率曹真、曹休等人抵挡张飞。曹操叮嘱曹休说："你以参军身份陪曹洪出征。曹洪轻佻浮躁，难免有所失误。你虽是参军，实际上是帅，你要对整个部队负责！"汉献帝建安二十三年（公元218年），张飞与马超改屯于固山（约今甘肃省成县境内），声言要断曹军后路。曹休认为敌人如要断我军后路，应该伏兵以行，如今如此大张旗鼓，必然有诈，不如趁他们未合兵，尽早攻击敌人。曹军随即进击吴兰，斩杀雷铜、任夔等人。吴兰逃至氐族，被当地人强端所杀。至三月，张飞与马超军撤走。

在汉中一线，刘备遭到了夏侯渊、张郃、徐晃顽强的阻击。夏侯渊所率乃曹军精锐的关中军团，兵马是大破马超凉州兵的主力，其中包括曹军的精锐部队虎豹骑。曹军凭险固守，刘备仰攻险关，难度极大。

阳平关北依秦岭，南临汉江和巴山，西隔咸河与走马岭上的张鲁城遥遥相对，雄踞于西通巴蜀的金牛道口和北抵秦陇的陈仓道口。与汉江南北的定军山、天荡山互为掎角之势，是汉中的西门户，同时也是巴蜀通往关中的北端前沿。它的地理位置十分险要，进利于攻，退可以守，被视为"蜀之咽喉"、"汉中门户"。张鲁为抵挡曹操进攻曾在此地"横山筑城十余里"。夏侯渊主力屯驻在此，扼住了刘备进攻汉中的咽喉。

刘备猛攻阳平关防线，曹军依靠险要的形势固守。刘备见进攻不利，亲临前线，矢石如雨，十分危险。众人劝其退下，刘备心中大怒，坚决不肯撤出战斗，

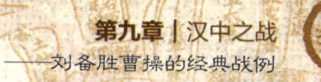

第九章 | 汉中之战
——刘备胜曹操的经典战例

并亲自来到战场前沿,打算和曹操硬碰硬的较量下去。当时,刘备的固执让手下的众文武无人敢上前劝阻刘备撤军,而敌军攻势这时候也更加猛烈,曹军箭如雨下。法正看到如此情形,毅然挡在了刘备身前,做出替刘备挡住箭雨的架势。此时刘备提醒法正注意曹军的来箭,而法正则神态自若地说道:"既然主公能够不顾危险亲自上阵,何况我这样的小人物呢?就让我们君臣一起去面对曹军的弓箭吧!"刘备终于明白了法正的良苦用心,立即撤军另觅取胜途径。

随后,刘备率精兵十部轮番进攻屯兵广石(今陕西省勉县一带)的张郃。广石位于阳平关南,是对抗刘备大军的最前沿。一天夜里,刘备亲自率精兵一万多人,分成十部向张郃发动进攻。在实力相差悬殊的情况下,张郃临危不惧,迅速组织防御力量,并亲自率领亲兵上阵杀敌。在张郃的感召下,曹军将士以一当十,奋力抵御,将刘备的一万多精兵逼退。从此,刘备对于张郃所表现出来的出色防御能力非常忌惮,认为就算是汉中曹军的主帅夏侯渊也不具备张郃的能力和水平。

刘备看阳平关正面防御十分坚固,便派陈式率十余营攻击马鸣阁(今四川省昭化县西北)道,企图断绝汉中曹军与关中的联系。徐晃则率部发动强攻,将陈式所部打得落荒而逃。在徐晃的打击下,不少敌军士兵逃生不得,纷纷掉下山谷,伤亡惨重。曹操闻讯后非常高兴,授予徐晃假节,并颁布嘉奖令。该令中说道:"马鸣阁道是汉中的咽喉,地势险要。刘备准备占据该地,切断汉中与中原之间的联系,以便夺取汉中地区。徐晃将军此战一举打乱了刘备的战略部署,粉碎了敌人的阴谋,真是善之善者也!"

战役进展到汉献帝建安二十三年(公元218年)冬,刘备几路兵马尽皆失败。面对曹军稳固的防守,刘备损兵折将,亟须补充兵员的刘备急送书信到成都要求增派援兵。

从事杨洪对诸葛亮说:"汉中是益州的咽喉,存亡的关键。如失去汉中,就没有蜀地了,这是家门前的祸患,对发兵有什么疑问!"坐镇成都的诸葛亮于是立即发兵援救。诸葛亮在成都居中调度,有力地保证了前线的兵源和军需物资,史书称"足兵足食"。

有了强有力的后勤保障,刘备得以继续进攻汉中。但是刘备大军长期征战,

巴蜀的承受能力快到极限,"男子当战,女子当运",全民参战的战役长期持续下去,对刘备来说绝非福音。

更为糟糕的消息是,曹操于汉献帝建安二十三年(公元218年)七月亲率大军向西,来救汉中。一旦曹操主力到来,战局将更为不利。

刘备必须想办法速战速决。

6. 血战定军山

面对曹军的顽强防御,刘备开始主动变招。

汉献帝建安二十四年(公元219年)正月,刘备将部队调往阳平关东南方的定军山集结。看到刘备大军调动,夏侯渊亲率主力出阳平关与刘备争夺山势,在山下扎营,并调张郃守备大营东围,正面迎战刘备。

阳平关防线是一个完整的防御体系。汉献帝建安二十年(公元215年),曹操征伐张鲁。张鲁命其弟张卫在阳平关抵挡曹操,张卫筑造了十余里关城。夏侯渊依托的正是当年张鲁军留下的这些营垒城关。而汉水以南定军山以北有一片开阔地,刘备将部队沿山调集到这里,直接威胁阳平关防线的东翼。

虽然阳平关实际控制着金牛道和陈仓道要冲,但阳平关、天荡山、定军山是从巴蜀通汉中的枢纽,三个地方呈"品字形"对立。定军山位于阳平关东、汉中以西,隔汉水对岸就是军事重地天荡山。其山东侧为重要的川陕通道米仓道,有谚称"得定军山者得汉中,得汉中者得天下"。刘备移军于此,实际上是变被动为主动,巧妙地调动敌人,力求改变战局,寻求战机。

夏侯渊不能坐视刘备占据定军山,遂率阳平关主力前往定军山与刘备争夺地利。

法正对刘备说:"是时候出击了。"

征西将军夏侯渊,曹操族弟,也是曹操汉中军团的主将。他擅长急袭、运动战,常常出敌不意。曹军中流传着关于他的谚语,说他是"典军校尉夏侯渊,三日五百,六日一千"。汉献帝建安十九年(公元214年),夏侯渊率领曹军关中军团在西部大破马超、韩遂,所向无前,被称为"虎步关右"。曹操接见诸羌首领

第九章 | 汉中之战
——刘备胜曹操的经典战例

都让夏侯渊陪同，诸羌畏之如虎。曹操拜其为征西将军，假节。

夏侯渊固然骁勇，但作为一方主将，他也有致命的缺陷。此人恃其武勇，轻而无备，曹操就曾告诫他说："作为主将应该有所畏惧，不能只知道依靠武勇。武将应该以尚武为本，作战却要用智慧计谋。如果只知道武勇，那就是匹夫之勇。"

夏侯渊不是"国之将帅"。刘备恰恰抓住夏侯渊这个弱点，果断出击，创造战机。

当时，刘备连夜向夏侯渊驻扎的定军山发动攻击。其军队一部在走马谷曹军营寨外围的十五里处成功烧毁了曹军的防御设施——鹿角。夏侯渊眼见防御出现漏洞，立即命令大将张郃防守东围，自己则防御南围。在双方激战过程中，刘备军对张郃防守的东围地区发动猛攻。张郃战事不利，向夏侯渊求援，夏侯渊则从南围自己的阵地上挑出一半兵力增援张郃。破绽就在此时暴露出来了。

刘备手下的两大谋士法正和黄权立刻发现了夏侯渊这一致命的失误，刘备大军的进攻重点随即转向夏侯渊的南围。此时早已蓄势待发的黄忠开始出击了。黄忠所部金鼓齐鸣、杀声震天，立即从走马谷中冲出，向夏侯渊发动突然袭击。夏侯渊猝不及防，被黄忠杀死。不仅如此，黄忠手持一把名为"赤如血"的宝刀冲杀在前，一日之内就手刃曹军士兵百余人。在黄忠的带领下，此战大获全胜，曹操任命的益州刺史赵颙也在这场战斗中被杀。黄忠因此被刘备拜为征西将军，一战成名。

定军山斩杀曹军在汉中主帅夏侯渊，意义非常重大。它沉重打击了曹军的士气，打破了刘备集团与曹操集团在汉中地区长达三年的僵持，也彻底改变了汉中之战的走势。从此，战争的主动权被牢牢地掌握在刘备集团的手中。

曹军主将意外阵亡，整个军团瞬间陷入了群龙无首的境地，各营军心大乱，人心惶惶。危急时刻，夏侯渊的司马郭淮抱病出营，推举张郃为军中主将，他说："张将军是国家名将，也是刘备最为忌惮的人。今日事情已经到了万分危急的时刻，除了张将军无人能安稳局势。"于是推举张郃做曹军临时主将。

张郃出面统率军队，巡视阵地，将领们都接受张郃的指挥，军心才安定下来。第二天，刘备打算渡汉水发动攻击。曹军将领认为寡不敌众，准备依凭汉水列阵抵抗。郭淮说："这是向敌人示弱，而不能挫败敌人，不是好计策。不如远

离汉水列阵,把敌人吸引过来,等他们渡过一半后,我们再出击,就可以打败刘备。"曹军列好阵,刘备产生怀疑,命令不要渡河。郭淮于是坚守阵地,表明曹军没有撤退之心。曹军撤回汉水北岸,刘备果然不敢穷追,曹军得以安然退回阳平关据守,避免了被刘备军歼灭。曹操听说后,嘉奖郭淮、张郃等人,授张郃假节,仍任命郭淮为司马。

7. 刘备夺取汉中

刘备一战斩杀夏侯渊,迫使曹军龟缩阳平关中不敢出战。他则趁机派遣各营占据有利地形,围困曹军。

张郃等人火速派人往北方求救,此时曹操已经到关中足足半年时间。而曹操之所以没有迅速进入汉中增援,有很大一部分原因是此时荆州关羽强盛,又有侯音叛乱,威胁宛城、洛阳。曹操在关中,向东可以出武关增援宛城,即便汉中有所失利,他那时再增援也还不晚。但是,曹操没有料到夏侯渊这个军中主将会被临阵斩杀,夏侯渊的突然战死使汉中局面岌岌可危,曹操不得不动身亲自前往汉中抵挡刘备。

汉献帝建安二十四年(公元219年)三月,曹操再次来到汉中,这与他上次平张鲁,仅仅隔了三年半。

听闻曹操亲临,刘备毫无畏惧,他自信满满地指着北方说道:"尽管这回是曹操亲自来了,但也必将无所作为,汉中之地一定是属于我的!"刘备的自信并非没有根据,他此时已经控制了阳平关外所有的战略要地,阳平关就如同一个孤子悬在汉中之外。

曹操大军经过长途跋涉,翻山越岭,抵达汉中。面对刘备已经稳固的营垒,曹操没有更好的办法,两军便形成了对峙局面。

曹操进入汉中之后,北山成为曹军粮食运输的重要通道,经过北山的粮食有五千袋之多。曹操的这条粮食通道引起了黄忠的高度关注,黄忠决意袭击曹军粮道,并让赵云负责断后,而且事前约定好了回程的时间。不过结果却事与愿违,过了约定时间之后,黄忠不但未能返回,反倒是曹军的人马突然大批出现,向赵

第九章 汉中之战
——刘备胜曹操的经典战例

云所率的这支小股队伍发动进攻。赵云带着身边的数十骑兵刚刚打退了曹军前锋的冲击，大股曹军又蜂拥而至，将赵云等人包围。经过一番苦战，赵云等人终于冲出了曹军的包围圈，退回了营寨，但是部将张著身负重伤，陷入重围无法脱身。赵云再次冲入包围圈将张著救出。

赵云带着负伤的张著回到营寨不久，大批曹军士兵也趁机追到了赵云的营寨前。由于双方的力量对比悬殊，赵云部将张翼准备关闭寨门进行坚守。面对危局，赵云却做出了一个令人意想不到的决定：打开寨门，偃旗息鼓，摆出了坐等曹军进攻的架势。曹军士兵见状，认为赵云一定设有伏兵，便停止了进攻，准备退兵。赵云抓住曹军疑惑时机，突然命人鸣响战鼓，一时间战鼓声惊天动地，曹军心理压力剧增，队伍出现混乱。赵云当机立断命令手下的弓箭手万箭齐发射向敌军。曹军惊骇不已，自相践踏，掉在汉水中淹死的士兵不计其数。

第二天，听说赵云大破曹军的消息后，刘备亲自来到赵云的营寨视察。在观看了营寨的地形、地势之后，刘备赞叹不已，称赞赵云一身是胆，并设宴为赵云庆功。从此，赵云便有了虎威将军的雅号。

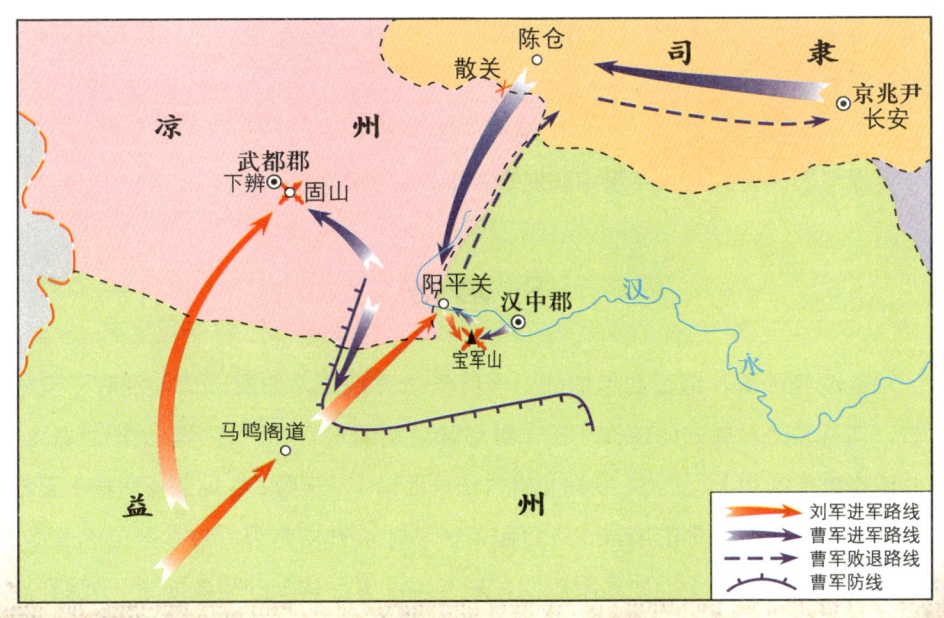

刘备攻取汉中

刘备占据有利地形，时常命刘封挑衅曹操出战，曹操怒道："一个卖鞋的小子，动不动就拿义子对付我！等我的'黄须'来了，要你好看。"黄须，是指曹操的儿子曹彰，他因为胡须发黄，故被曹操戏称为"黄须"。曹操这样动怒，其实是他对汉中战局的焦虑所致。

曹操大军在汉中拖了两个月，进退维谷，骑虎难下，进攻刘备已无可能。夏侯渊阵亡，军队士气受挫，刘备军控制险要，难以争锋。曹操平张鲁就曾出现缺粮情况，是征用当地居民的粮草才勉强过关的。而这一次曹操已将汉中居民迁徙至北方，汉中本地已无粮可调，而从关中到汉中的运输道路崎岖难行，补给线过长，曹操数十万大军难以长期维持。反倒是刘备的补给线较短，又有诸葛亮坐镇后方，可源源不断地将兵源和粮草运到前线。另外，孙权在合肥方向，关羽在荆州方向都蠢蠢欲动，在许县和邺城也有许多拥汉派时刻都有可能爆发叛乱。综合各方面因素考虑，曹操不愿也不能在汉中久留，他开始打算撤兵了。

曹操当日传令军中号令为"鸡肋"，众人皆不知何意，唯有主簿杨修开始收拾行装，准备要返程。有人问他："你怎么知道要走了？"杨修答道："鸡肋的意思是'食之无味，弃之可惜'。魏王以鸡肋为军令，就是指汉中就像是鸡肋，故此我知道要走了。"众人大惊。

而事实证明，杨修的判断是正确的，汉献帝建安二十四年（公元219年）五月，曹操率领兵马主动放弃汉中和武都等地，退回关中。

8. 后话

刘备趁势进军，经过数年血战，他终于击败宿敌，如愿以偿地拥有了汉中。随后，刘备又将发展方向放在了东三郡地区。所谓东三郡，其实就是指西城（今陕西省安康市西北）、上庸（今湖北省竹山县西南）、房陵（今湖北省房县）三郡。这个地区原本是汉中郡的属县，在汉献帝时期才被升格为郡。该地区虽然道路崎岖，环境恶劣，但由于地处襄阳以西，是连接汉中至襄阳的重要通道，战略位置非常重要。控制了东三郡，就等于是打通了从汉中到襄阳这段的汉水。为了尽快

第九章 | 汉中之战
——刘备胜曹操的经典战例

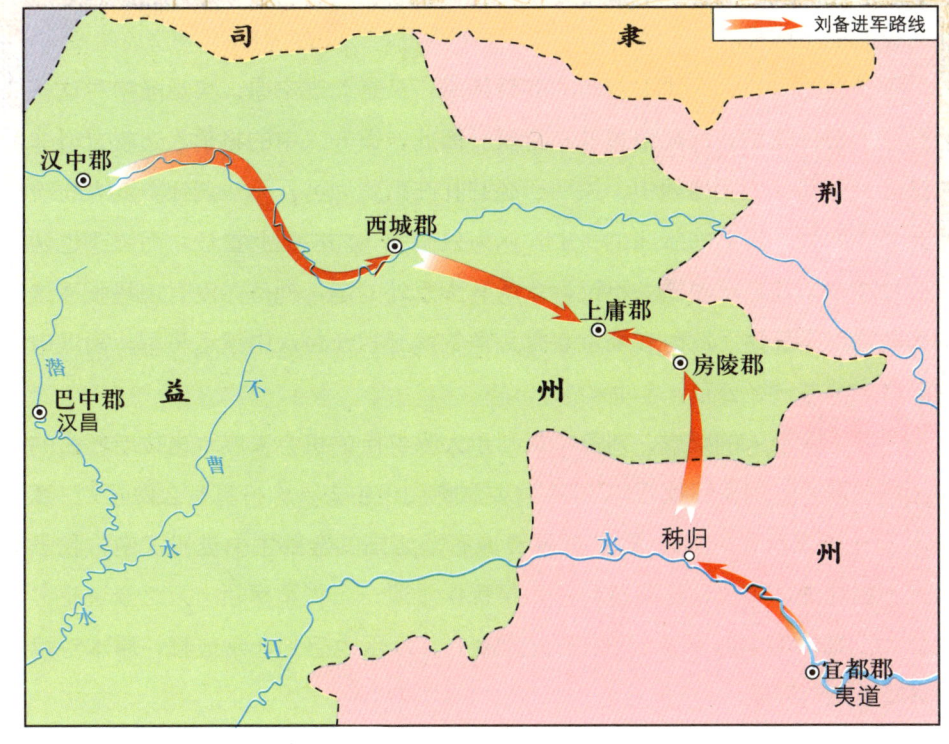

刘备巧取东三郡

攻占东三郡，刘备派出刘封及宜都太守孟达率军向东三郡发动进攻，后又将刘封派往东三郡地区协助作战，力求一战成功。战事的进展异常顺利，短短几个月时间，刘封和孟达就占领了东三郡中剩余的两郡。当地官员纷纷投降，申耽被刘备任命为上庸太守，申仪则为西城太守，东三郡也落入了刘备之手。

汉献帝建安二十四年（公元219年）秋七月，如日中天的刘备自称"汉中王"，在汉中的沔阳设祭台，向天下告知。立儿子刘禅为王太子，任命许靖为太傅，法正为尚书令，关羽为前将军，张飞为右将军，马超为左将军，黄忠为后将军，其余诸人按照等级都有升迁。

此时的刘备拥有了益州、南荆州一部和上庸等地，名臣猛将颇多，曹操面对他和孙权的左右出击，已经开始显得力不从心。这时，刘备按照"隆中对"的战略，应该命上将进宛、洛。他亲率主力出秦川，双线夹击，消灭曹操，复兴汉

室。但是，益州经过数年超负荷的征战，已经筋疲力尽，亟须休养，因此，刘备决定暂时返回成都。

汉中地区既是蜀汉拱卫益州的战略屏障，又是北进中原、实现隆中对这一战略构想的前进基地，战略位置非常重要。因此，镇守汉中的将领人选就显得非常关键。当时蜀汉主要将领中，关羽已经驻扎在荆州地区，无法调任。众人纷纷把目光集中在另一员名将张飞的身上，认为只有张飞才能担此重任，而张飞也认为汉中主将一职非自己莫属。不过，令所有人意外的是，刘备并没有选择张飞这样的宿将，而是任命了此时在蜀汉崭露头角的魏延担任督汉中镇远将军，领汉中太守。这个消息一经公布，全军震惊。

为了消除众人的疑虑，刘备特意利用大宴群臣的机会来展示这位新任命的汉中主将的风采。刘备问魏延："现在我委派你到汉中去，你打算怎么做呢？"魏延说出了一番掷地有声的话语："如果曹操率领魏国的全部主力进犯汉中，我坚决为大王挡住他，不让他进犯益州；如果曹操派遣一个将军率领十万之众进犯，我就替大王把他们全部干掉！"刘备大为高兴，众臣也感到非常鼓舞，原本对魏延的怀疑也烟消云散。

9. 战事总结

曹操在汉中之战期间的战略部署值得商榷：

（1）曹操没有在平定张鲁后趁势南下，给予立足未稳的刘备打击，虽然这是曹操衡量各方利害做出的抉择，这实际上却是造成日后被动的根源。

（2）用人不当。汉中军团主将夏侯渊虽然骁勇善战，但他擅长的是在平原旷野进行长途奔袭的运动战。而汉中防线皆为山地，地形复杂多变，曹军一方又是防守方，这就让夏侯渊的特点难以发挥，倒是让他"但知任勇"的缺陷被放大了。

曹操任命曹洪为武都方向主将，但实际上他也知道曹洪不堪重任。再联系曹操委任的合肥三将就会发现，曹操有识人之能，但出于忠诚和派系等问题的考量，他最终选择了不善防守、不善山地作战的夏侯渊担任汉中主将，导致了悲惨结局。

第九章 | 汉中之战
——刘备胜曹操的经典战例

反观刘备能够取得汉中之战的最后胜利原因是多方面的：

（1）对于战争的态度非常坚决。失去汉中，则无巴蜀，在这种认识之下，刘备毅然放弃荆州三郡，回师与曹操争夺汉中。"男子当运，女子当战"，刘备集团统一了思想，一切以汉中战役为中心，从政治、经济、军事和外交全方位投入战役之中，有力地保障了战役进行，并最终取得了胜利。

（2）幕僚和谋士发挥了巨大的作用。刘备在得诸葛亮之前一直缺少能为其策划方略的谋臣，自从得诸葛亮取得赤壁之战的胜利，刘备认识到了人才的重要性，尤其是幕僚谋士的重要性。他开始大力发掘招揽谋臣，庞统、法正、黄权、杨洪等人都是他在荆州、益州起用的幕僚谋士。而这些人从战略、战术上给予了刘备极大的支持，为汉中战役做出了巨大贡献。就连曹操也发现了这一点，他曾说："我就知道这不是刘玄德能想起来的，肯定是有人告诉他的。"

（3）所采用的战略战术机动灵活。刘备在战役初期局面十分不利的情况下，巧妙将部队调往定军山，迫使夏侯渊出阳平关与其争夺地势，调动了敌人，达成了"反客为主"的目的。同时，在定军战斗中，他又充分发挥灵活机动的特点，先攻张郃，导致夏侯渊轻兵守备南围，而刘备则趁机派出突击队，成功将敌军主将斩杀，最终扭转了战役局面。

（4）参战将领骁勇善战。刘备从汉灵帝末年起兵到汉献帝建安二十四年（公元219年），整整三十年，无年不征无岁不战，常年的征战不但锻炼出了他的军事能力，也为他培养了一批忠勇的将士。黄忠、魏延、赵云等人就是其中的代表。定军山之战，夏侯渊亲兵精锐无比，但黄忠硬是短兵相接，将其击杀，令整个曹军为之胆寒，就连张飞、马超这样的猛将也不得不佩服黄忠取得的战绩。赵云更是匹马单枪对抗曹操大军，用计将其击败。战役的胜利是由多个战斗的胜利组成的，刘备将士勇敢善战，是汉中战役最终胜利的基础。

（5）诸葛亮的后勤保障得力。汉中战役既是地利的争夺，也是运输补给的较量。双方占据地理优势和补给优势的一方，就是最后的胜利者。夏侯渊军团凭险固守，刘备数次强攻皆不能克，曹军占尽了地利优势。刘备拥有的则是补给优势，从巴蜀源源不断地运到前线的兵卒和粮草，是刘备敢于长期

攻坚的基础,而刘备的这一优势功劳最大的无疑是在成都指挥调度的诸葛亮。诸葛亮自从赤壁之战后,就一直主持经济工作。正是由于他在荆州和成都的调度筹划,刘备才能没有后顾之忧的出征。诸葛亮之于刘备,就如同荀彧之于曹操。

10. 尾声

曹操汉中之战的失利是他一生中唯一一次败给刘备的战役。军队主将夏侯渊战死,整个西线防御面临极大压力,面对越加错综复杂的局面,曹操的兵力显得捉襟见肘。汉献帝建安二十四年(公元 219 年)将是曹操起兵三十余年来最危险的时刻。

而汉中战役则使刘备取得了汉中,实现了控制益州的战略意图,稳固了根据地,并为下一步战略活动奠定了基础。

不久,刘备称汉中王,与曹操分庭抗礼,其实力达到巅峰。汉献帝建安二十四年(公元 219 年)秋,刘备封关羽为前将军,授假节钺。关羽出兵北进襄樊,襄樊战役爆发了。

第十章

襄樊之战

——孙刘联盟的破裂

引　子

汉献帝建安二十五年（公元220年）正月，洛阳。

皑皑白雪覆盖了大地，洛阳郊外耸立起了一座孤冢。坟前一位身穿王服的老人矗立在寒风中。老人的满鬓白发随风摇曳，似乎在诉说着他六十六年来的风霜雪雨、跌宕起伏。在老人不怒自威的容颜下，脸上泛起丝丝苦涩。他眼角含泪，嘴唇略显干涸。

这位老人就是大汉魏王曹操，他所站的坟前竖立着一座墓碑，上书：汉寿亭侯关羽云长之墓。曹操伸出干枯的手，摸索着冰凉的石碑，神情悲伤。

曹丕在一旁劝道："父王，蜀小国耳，名将唯羽。今孙权将关羽首级送予父王，这对我们是好事啊。"

曹操伸手制止了曹丕，曹丕急忙低头噤声。曹操凝视着关羽墓，喃喃说道："你不懂，孤岂止是悲伤云长，孤是哀叹我们的时代，襄樊战役昭示着我们这个时代的结束啊……"

一阵寒风袭来，卷起片片白雪，飘落在关羽坟上，雪白晶莹……

1. 战争前因

汉献帝建安二十四年（公元219年）七月至十二月在荆州的襄阳（今湖北省襄阳市）、樊城（今湖北省襄阳市樊城区）、江陵（今湖北省荆州市）一带爆发的襄樊战役，是汉末一场重大战役。第二年，曹操去世，同年曹丕篡汉建立魏王朝，存在了四百多年的汉天下至此而亡，中国历史也从东汉时代步入了三国时代。

这次战役，曹刘孙三家都派出了精兵强将参与其中，参战兵力达到数十万。其过程一波三折，其外交谋略层出不穷，其影响也十分深远。

因为这场战役是东汉和三国时代承上启下的一个节点，因此，我们要想把握它的脉络，就必须追根溯源。

汉献帝建安五年（公元200年），曹操闪击徐州，刘备不战而走，曹操在下邳

（今江苏省徐州市古邳镇）迫降关羽。随后，官渡之战爆发，袁绍派大将颜良从白马渡口渡黄河，兵锋直指许县，曹操则派关羽逆袭颜良。就是在白马这一战，关羽上演了三国史乃至中国历史上都绝少见到的一幕——突阵斩将，他于万军之中刺颜良于马下，袁军大震。战后，曹操表奏关羽为汉寿亭侯，自此，关羽闻名天下。

曹操爱惜关羽人才难得，一心想要留下他，但关羽明确表示："虽然曹公待我甚厚，但我与刘备恩若兄弟，我一定会回到刘备身边，"他又说："不过我会报答曹公的恩情之后再走。"关羽杀颜良后，曹操明知道关羽会走，但还是对关羽重加赏赐。关羽则将曹操的赏赐尽数封存，留下书信后告别。关羽亡走，曹操的大将愤愤不平皆欲追之，曹操则敕令诸将："这是各为其主，你们不要追赶。"

建安十二年（公元207年），刘备"三顾茅庐"请出诸葛亮，定下"隆中决策"。其战略的总体构思是：先占据益州和荆州，然后由刘备出益州进攻关中，与此同时派一员上将率荆州兵直插宛城、洛阳一线，在战略态势上对曹操形成双线夹击，使其首尾难顾。诸葛亮认为，这种战略态势一旦达成，"则大业可成，汉室可兴"。

刘备自从得到诸葛亮，一改过去屡战屡败的颓势。赤壁之战击败曹操，在成都收降了刘璋，定军山之战更是斩杀夏侯渊，在建安二十四年（公元219年），刘备集团达到了巅峰。刘备拥有了益州和南荆州一部，兵马十余万，特别是曹刘汉中之役，他赶走了宿敌曹操，并在当年七月称汉中王，与曹操分庭抗礼，虎视北方。

与此同时，刘备命关羽坐镇江陵，都督荆州，积极备战。

至此，隆中对的战略构思基本达成。按既定计划，下一步就是双线乃至三线（约孙权攻合肥）夹击曹操，最终实现汉室复兴的战略意图。

就是在这种局面下，建安二十四年（公元219年）七月，刘备封关羽为前将军，假节钺，这代表关羽有了战时先斩后奏的权力。于是，关羽遂出兵北进，进攻曹操的襄阳、樊城防线，襄樊战役爆发了。

2. 曹操的困局

汉献帝建安二十年（公元215年），在西线曹操平定汉中，在东线张辽威镇逍遥津（今安徽省合肥市旧城东北角），曹操的威势达到了顶点。然而，在胜利

掩盖下的是暗流汹涌，杀机四伏。

这段时间孙权和刘备的实力蹿升，已经构成曹操的致命威胁。尤其是刘备，他自从赤壁之战后，实力迅速扩张。

更为糟糕的是，曹操自从汉献帝建安二十年（公元215年）后，面临孙权、刘备的轮番出击，内外交困，首尾难顾。汉献帝建安二十一年（公元216年）冬，曹操攻孙权于濡须，不克。汉献帝建安二十二年（公元217年），曹魏境内遭遇罕见的瘟疫。这一年冬天，刘备派遣张飞、马超、吴兰等屯下辩（今甘肃东南成县一带），进攻汉中。建安二十三年（公元218年）正月，耿纪、韦晃在许（今河南省许昌市东）谋反，被镇压。四月，代郡、上谷乌丸无臣氐等反叛，遣曹彰征讨。秋七月，西征汉中。九月，大军到长安（今陕西省西安市西北）。冬十月，宛城（今河南省南阳市）侯音等谋反，派曹仁征讨。同年，陆浑、孙狼起义，关羽授予其印绶。

到了汉献帝建安二十四年（公元219年），汉中之战夏侯渊被黄忠斩杀，曹操大军进退失据，被迫放弃汉中。与此同时，荆州关羽进攻襄樊，东吴孙权窥视合肥（今安徽合肥市西北），内部的拥汉派也开始积极筹划政变。这时，又有北方边疆不稳，异族崛起。为了应付各方危机，曹魏被迫大肆征兵，以至于逼反了侯音等平民。他们揭竿而起，组织义军，联合关羽攻城略地。就是在这一年，曹操辛苦三十年建立的局面面临着土崩瓦解，这就是历史上所说的"当建安之三八，实大命之所艰"。

在这个时候，如果诸葛亮为刘备策划的战略得以实现：刘备出关中，关羽攻襄樊，孙权牵制合肥。那么，北方曹操集团确实有可能就全线溃败，以至于最终覆亡。

而实现刘备战略意图的尖刀就是关羽，他指挥的北伐兵团将火药味十足的荆州地区彻底点燃，全天下的目光都转向了这片土地。

3. 荆州故事

然而荆州为什么如此重要，以至于曹刘孙三家都对它垂涎三尺呢？这要从它特殊的地理位置说起。

简单来说，占据蜀的一方要占据荆州，这样才能保证巫山之险；占据东南的一方更要占据荆州，这样才能"全据长江"；而曹魏也希望占据荆州，尤其是襄

第十章 襄樊之战
——孙刘联盟的破裂

阳，这样才能保证许县的安全。

而关羽所攻的襄樊，被魏国称为"国之巨防"，可见其重要性。饶胜文《布局天下》如此评价襄阳："襄阳所处的南阳盆地具有东西伸展、南北交汇的特点。无论是东西之争，还是南北之争，南阳盆地都是必争之地。襄阳地处南阳盆地的南部，依托湖北，通过汉水和长江，东连吴会，西通巴蜀；由南阳盆地，可以北出中原，可以西入关中，还可经汉中而联络陇西。南北对抗时，南方的军事防御线东西延绵三四千里，襄阳便处在这条漫长战线的东南段与西北段之间的连接点上。因此，襄阳作为湖北境内的一大重心，实已超出了局部地域性而具有了全局性的意义。"

对于另一个重要据点江陵，则说："若就两湖盆地的内部形势而论，其重心则在江陵。江陵地处江汉平原，交通便利，经由长江可以连通东西万里。以江陵为中心，北据襄阳，南控湖湘，东连武昌，西守西陵，足以撑开两湖形势，足以应接四方。"

所以，襄阳和江陵便成了各势力争夺的焦点。

东汉三国时代荆州的特点是"剪不断，理还乱"。

东汉末年，刘表有荆州，带甲十万。建安十三年（公元208年），曹操南征，刘表病死，其子刘琮投降曹操，曹操遂有荆州。紧接着，曹操失利于赤壁，引军北还。建安十四年（公元209年），周瑜破曹仁，占据南郡（今湖北省荆州市），刘备只有南荆州的江南四郡，于是以土地局促不足安民为由要求孙权将南荆州全部交给他。孙权因为担忧曹操在北方，出于大局考虑，答应了刘备的请求，并将妹妹嫁给刘备，两家联姻。

结果"刘备借荆州——有借无还"。孙权自从赤壁之战后就一直惦记着"居国上游"的荆州。孙权本想西征益州刘璋，但刘备百般阻挠，甚至说出了"我和刘璋是同宗，您如果要灭刘璋，那我刘备将披发入山"的话。孙权信以为真，便没有入蜀。但没有想到，建安十六年（公元211年），刘备却入益州。建安二十年（公元215年），攻占成都（今四川省成都市），留下关羽镇守荆州，驻军江陵。

孙权看刘备得到了巴蜀，便派人向刘备索要荆州，刘备却说："等我得了凉州再给你荆州。"孙权大怒，于是派遣吕蒙袭夺长沙、零陵、桂阳三郡。刘备寸土不让，亲自率兵五万进驻公安（今湖北省公安县一带），令关羽率兵三万驻扎在益阳

（今湖南省益阳市一带）。于是就发生了建安二十年（公元215年）因荆州所有权爆发的孙刘对峙，孙刘联盟眼看就要瓦解。就在此时，曹操破张鲁占汉中。刘备无奈之下，连忙将三郡交给孙权，自己回到巴蜀抵御曹操，孙刘联盟算是暂时得以保全。

鲁肃死后，接手江东西路军团都督职务的是孙权新晋提拔的军中"鹰派"人物——吕蒙。早在鲁肃做都督的时代，吕蒙就曾问鲁肃："将军您身膺重任，与关羽为邻，你打算怎么防备突发事件呢？"鲁肃很随意地答道："随机应变。"蒙说道："今日虽然是同盟，但我们东西各为其主。关羽乃熊虎之将，怎么能不事先有所准备？"然后他为鲁肃提供了五条建议，鲁肃听罢，从座位上站起，抚摸着吕蒙的脊背说道："吕子明，我还不知道你的才略达到了如此境界。"

后来，与关羽争夺荆南三郡，吕蒙就是最铁杆的主战派。

鲁肃死后，吕蒙上任伊始，便力荐孙权改变以往对刘备、关羽的退让政策，改为强硬姿态。

孙权对吕蒙的主张欣然赞同，全盘接受了这个战略。自此，东吴暗中将战略重心由北转向西，孙权任命吕蒙为新任东吴西方面军都督，表面与关羽交厚，暗中驻军陆口（今湖北省嘉鱼县陆溪镇），筹划偷袭荆州。

而曹操方面，他占据的是襄阳、樊城、宛城一线的荆北地区。从建安十六年（公元211年）到建安二十年（公元215年）期间，由于刘备致力于蜀中，而曹操定关中，称魏公，下江南，双方都没有空闲对荆州有动作，所以在荆州地区这四年间曹刘没有很大的冲突。当然，这很大程度上是得益于马超在关中和孙权在合肥方向的牵制。

建安二十一年（公元216年）到建安二十四年（公元219年）间，曹操在汉中和合肥两面受敌，疲于奔命，荆州的矛盾暂时得以缓和。但这只维持到建安二十四年的夏秋季节，短暂的平衡终于被打破了。

早在建安二十三年（公元218年），当汉中争夺呈胶着状态时，曹操决定亲征汉中。与此同时，由于荆北出现侯音之类的反叛，而且关羽已经有所动作，曹操便把他的大将曹仁安排到了关羽面前的襄阳、樊城一线。

这就是建安二十四年（公元219年）襄樊战役的三个主要人物：荆州关羽、陆口吕蒙、樊城曹仁。

4. 战前布置及攻防战

关羽都督荆州足足六年。六年来，关羽在荆州筑城、练兵、造船、筹措钱粮，积极备战。关羽的准备是充足的。

第一，关羽亲自督导修建江陵城，其城坚固。

第二，关羽此人善待士卒，其军精练，尤其他的水军更是精锐。当年曹操率大军南下发动赤壁之战，就是关羽率领的"水军精甲"在汉津（今湖北省荆门市境内的汉江西岸）救了刘备。都督荆州的这几年中，关羽更是将水军建设当作重点，其大小战舰足有几百艘。

第三，关羽在荆州积极联络北方反曹势力，上至朝中拥护汉朝的公卿，下至不满曹操统治的盗寇，关羽与他们都有联系。他们互相呼应，里应外合，给曹操带来了不小的麻烦。

第四，关羽大兴土木，修筑了大量的永久守备工事，并在汉水长江沿线大造沿江烽火台，其目的是防备身后的东吴。

从军事层面来看，关羽作为一方统帅已经做得足够好了。吕蒙说关羽"已据荆州，恩信大行"，刘晔则说蜀国"名将唯羽"，《三国志》称这段时间关羽"强盛"，这些都不是空穴来风。

做足了准备的关羽，留下糜芳、傅士仁镇守江陵和公安，他亲率锐气正盛的水陆兵马，挥师北上。战役初期，关羽军所向披靡，很快就把征南将军曹仁围困在汉水以北的樊城，与曹仁同时被围的还有曹操任命的襄阳太守吕常。

面对强盛的关羽军，曹仁没有将重兵安排在汉水以南正对关羽兵锋的襄阳，而是安排在了汉水以北、城小但坚固的樊城。曹仁来荆州的时间远比关羽晚。就在他到任荆州不久，就爆发了宛城候音起义，曹仁只得再次派兵征剿，这一打就到了建安二十四年（公元219年），因此，留给曹仁准备的时间非常有限。

关羽以有备击无备，以锐卒攻疲军，自然无往不利。在战役初期，关羽旗开得胜，顺利将樊城围困，并用水军封锁汉水，阻断了襄阳守军的北退之路。樊城中，曹仁仅有数千人马，他与满宠苦战关羽，凭借着樊城坚固的城防，固守待

援,等待着曹操派来救援部队。

曹操早就在曹仁背后准备了强大的机动兵团,随时准备增援荆州,这支部队就是左将军假节钺于禁统领的曹军精锐七军。

曹操从军队基层选拔了于禁,于禁也不负所望,跟随曹操三十年屡立战功,可以说是从士兵做到将军的人才,曹操曾称赞他堪比历史上的名将。有一个例子很能说明于禁此人在曹军中的威望:曹操不喜欢朱灵,每每想要夺了他的兵权,便派于禁前去执行。于禁只带数十人前去朱灵大营夺权,朱灵及部下诸将见到于禁无人敢动。最后,朱灵竟成了于禁的部将,全军震服。从这件事不难发现,襄樊之战前于禁在曹军中相当有威望。

曹魏五子(张辽、徐晃、乐进、于禁、张郃)皆当世良将,进为前锋,退为后卫,最为曹操倚重。而曹操将以"毅重"著称的于禁放在曹仁背后,颇有几分胸有成竹的意思。

关羽的总兵力和北伐所用兵力几何,不见正史记载,但从建安二十年(公元215年)关羽率三万大军下益阳推算,关羽在荆州的总兵力当不少于三万。只不过,在战役初期,关羽其实是留了相当的实力在江陵,其目的就是防备东吴。所以,关羽在战役初期用于北进的人马并不算多。

而于禁七军足有三万余众,还有立义将军庞德这样的猛将也在襄樊曹军的序列之中。所以,按常理来说,平地陆战,于禁的七军足以对抗关羽。

关羽虽然早就名声在外,但如庞德这样的人便不惧关羽。他公开宣称:与关羽誓不两立,两人之中不是你死就是我亡。

在迎战关羽的战斗中,庞德身骑白马,射中关羽的面额,关羽军称其为"白马将军"。

5. 关羽水淹七军

"天时地利人和"是决定战争胜败的关键因素。于禁戎马一生,结果在建安二十四年(公元219年)八月,在樊城之下,他遇到了"不可抗力"。那一年,襄樊一带暴雨倾盆,连绵不止。针对这一突如其来的天气变化,曹操的扬州刺史温

第十章 | 襄樊之战
——孙刘联盟的破裂

恢有着清晰的认识。他当时在合肥守备孙权，他对兖州刺史裴潜说："这里虽有敌人，但不足为虑，我现在担心的是荆州曹仁那里有隐患，如今天降暴雨而曹仁孤军，未作准备。关羽骁锐，又是在这个时候进攻，只怕对我军十分不利"。

　　远在合肥的温恢看到的问题，曹仁、于禁或许也能看到，但是，要想在仓促间准备好几万大军的抗洪设备、舟船器械恐怕也不是很容易。总之，就像温恢担心的那样，八月间，汉水暴涨，洪水泛滥，原本平缓的汉水顷刻之间化作十万雄兵，将襄阳、樊城围困。洪水乍来，这对拥有精良水军的关羽如虎添翼。而不善水战、在樊城的曹军遇到洪水，只有被动挨打的份。曹仁在樊城仅有数千人马，平地水深数十米，城墙崩坏。关羽乘船包围樊城，其高度几乎能与城上的守军平视，曹军皆惊。

　　曹仁在樊城狼狈不堪，苦苦支撑，他期待着城外的于禁七军来救。可是，此时于禁的处境比他还要惨。

　　于禁七军屯扎在樊城西北的平鲁城，那里的城池远不如樊城高大坚固，因此很快就被洪水淹没。没有水具的于禁只有带着人马登上高坡，他望着滔滔洪水一筹莫展。关羽军皆乘大船杀来，于禁军战马铠甲战斗器具尽数被大水淹没。丧失了战斗力的于禁七军无奈之下，只得投降了关羽。

　　庞德也在此处，大水一来，他的部队也损失惨重，但他仍顽强抵抗，率残余部队登上水堤继续作战。关羽指挥大船四面围住他，乱箭齐射，庞德手下部将董衡、董超想要投降，皆被庞德所杀，后来双方弓箭射尽，开始进行白刃战。短兵相接，庞德抱定了必死的决心。在手下人皆降的情况下，他仍然试图乘小船回到樊城与曹仁汇合，却在中途被关羽俘获。庞德宁死不降，被关羽斩杀。

　　后来曹操听说于禁投降，庞德不屈，他哀叹说：于禁跟了我三十年，谁知道事到临头还不如庞德啊。

　　樊城一战，关羽俘虏曹军三万人，生擒左将军假节钺于禁。至此，曹操派往荆州救援的部队全军覆没，曹操的襄樊防线眼看就有土崩瓦解的危险。

　　就在此时，魏国相国钟繇的下属、西曹掾、沛国人魏讽企图在邺城（今河北省临漳县西南）发动武装叛乱，他与长乐卫尉陈祎一起计划袭击邺城。尽管叛乱中途夭折，但参与事件的主谋大都是曹操赖以起家的谯沛集团成员，这让曹操大

为震惊。就在曹操小心翼翼地处理魏讽事件之时,曹魏的内部地区愈发混乱。同年十月,曹魏所属陆浑地区又发生了乡民孙狼组织的叛乱。孙狼杀死了该县主簿依附关羽,关羽则授予孙狼官印并增拨部队进行协助。关羽派遣偏师直插至许,其前锋甚至一度抵达距离许县只有百余里的郏(今河南省郏县)一带。一时间曹魏所属的许昌以南不少地区纷纷响应关羽,关羽名震华夏,达到了人生的巅峰。曹操心惊肉跳,忧心忡忡。曹操很明白,按照关羽这种发展势头,许县及整个曹魏南部地区都已经处在关羽的兵锋之下,形势几近失控、危在旦夕。

曹操被关羽凌厉的攻势震慑,他考虑迁都以避关羽锋芒。

6. 战事转机

面对战事失利,曹操想迁都来避其锋芒。丞相主簿西曹属蒋济与丞相府军司马司马懿一起进行劝阻,同时向曹操提出了联合孙权对抗关羽的战略决策。蒋济和司马懿认为,于禁的七军在襄樊前线全军覆没纯属意外,其中充满了偶然性,并不是注定失利的。同时,于禁的失利对于曹魏集团也没有造成致命的打击,用不着以迁都来躲避关羽的兵锋。刘备与孙权这两大集团外亲内疏,关羽得志,孙权必定不会乐意,可以立即派人秘密联络孙权,以割让江南及加官晋爵为条件,诱使其出兵进攻关羽的后方,这样一来襄樊之围也就自行解除了。

曹操采纳了蒋济等人的建议,放弃了迁都的打算,他决定亲自前往摩坡(今河南省郏县长桥镇青龙寨),召集天下兵马迎战关羽。同时,他再次派出了援军先行支援曹仁。

这一次,曹操派出的援军是与于禁齐名的另一员大将徐晃。

由于于禁的突然失败,导致曹操一时派不出精锐部队出战,因此徐晃带往樊城前线的部队仅仅是由新兵组成的数千人马。有于禁惨败的前车之鉴,徐晃没有直接进击,而是将部队驻扎在樊城北面的阳陵坡。为了保障救援任务的顺利完成,曹操命令将军徐商和吕建各自率部增援徐晃,并严令徐晃只有等到这两路援军到来之后方可前进。

在此期间,樊城的局势愈发险恶。城内与城外的联系中断。城中的粮食也将

第十章 | 襄樊之战
—— 孙刘联盟的破裂

用尽。由于大雨的冲击,樊城的部分城墙被大水冲毁,防守难度更加艰巨。在这种极其不利的局面下,不少将领建议曹仁放弃樊城以保全有生力量,趁关羽的包围圈尚未收拢,乘轻船夜间突围而走,日后再与关羽决战。汝南太守满宠则坚决反对弃城而逃。满宠认为:如今洪水乍起,估计不久就会退去。听说关羽的偏师已经进至郏下。自许县以南,人心涣散,而关羽之所以不敢长驱北进,就是顾忌樊城的守军。一旦樊城失守,整个黄河以南地区就将陷入敌手,建议曹仁固守待援。曹仁听从了满宠的建议,与城中将领一起亲自鼓励将士,向他们表达了至死不弃樊城的坚定决心。曹仁麾下士卒本就是曹军嫡系精锐,在曹仁的大无畏精神的感召下,纷纷表示与樊城共存亡。在曹仁及樊城守军的共同努力下,尽管形势恶劣,但将士们上下一心,力保樊城不失。

关羽看樊城一时难以攻克,徐晃的援军又不日将至,他便考虑将留守江陵的军队抽调出来增援前线,但他又担心背后的东吴,所以迟迟没有下决心。就在这时,一个消息传来,东吴主将吕蒙重病,由年轻的陆逊接替其职务。并且,陆逊上任后,给关羽写了一封信。这封信大致内容是说:"关将军您善能用兵,军纪严明,早先看准时机出兵北伐,以少胜多,大破敌军,敌人失败,就是我们联盟的胜利。我们获悉喜讯,无不拍手称快,希望能与将军席卷中原,同扶汉室。我是一个很迟钝的人,受任以来,时刻盼望亲聆教诲。将军生擒于禁七军,大家赞叹不已,都认为将军的功勋足以流芳百世,这功劳简直连过去晋文公城濮之战、淮阴侯韩信灭赵之战也比不上将军。近来我听说徐晃带领少数骑兵,在一旁窥探。曹操是个狡猾的家伙,或者还会派兵增援,以求一逞。虽然曹军已经疲惫不堪,但也有些骁勇强悍之徒。打了胜仗以后,容易因轻敌吃亏,古人越是打胜仗越是警惕。因此,希望将军集思广益,保证大获全胜。我陆逊乃一介粗疏迟钝的书生,有幸与将军这样才能非凡、品德高尚的人为邻,我很高兴,我愿意助将军一臂之力,虽然不一定有用,但也是我的一点浅见,仅供将军参考。"

陆逊的书信让关羽得意忘形,认为陆逊将继续实行鲁肃在位时与自己保持的良好关系,于是便不假思索地将镇守荆州以防备东吴偷袭的军队调往襄樊前线,全力对付曹军。如此一来,荆州的守备力量顿时变得异常薄弱。这时,陆逊又秘密上书孙权,向孙权报告了事态的发展情况,认为夺取荆州的时机已到,同时还

提出了夺取荆州的战略、战术。孙权之后立即派遣吕蒙秘密返回西线，与陆逊一起进行战前的准备工作。孙权对荆州的攻略由此进入实施阶段。

7. 东吴的战前布置

三足鼎立局面是一个实力均势的问题，两方弱的往往会结盟对抗强的一方。

前文已叙，孙权和吕蒙一直都在等待机会，要将荆州夺回。建安二十四年（公元219年）八九月间，关羽水淹七军威震华夏。孙权心中既恨刘备关羽，又暗怀妒忌，恰巧此时曹操有意与孙权联手，双方可谓一拍即合。孙刘联盟实际上在此时已经破裂，孙曹联盟在暗中缔结。

吕蒙向孙权建议道："关羽进攻襄樊却留下许多兵马守荆州，这是怕我偷袭他。我身体不好时常有病，不如以此为借口，将我的兵马分给他人，并将我以养病为由调回建业。关羽听说我不在了，一定会将荆州守军抽调往襄樊前线。这样一来，我们就可以从长江出击，趁其空虚无备，夺下荆州，擒杀关羽。"

孙权问吕蒙谁可以替代他，吕蒙推荐了年轻无名但深有谋略的陆逊。

孙权采纳了吕蒙的建议，为了一举夺下荆州，东吴进行了四大部署：

（1）命此时籍籍无名的陆逊接替吕蒙，麻痹关羽；

（2）命人与曹操秘密缔约，要求曹操在前线拖住关羽；

（3）调集几乎举国兵力，随时准备渡江，进攻荆州；

（4）暗中探明荆州关羽军的情报，对荆州守军的情况了如指掌，做到了知己知彼。

东吴大军准备就绪，只待一声令下，就倾巢而出。为了达到奇袭的效果，东吴君臣秘密行事，只有少数心腹知道这一计划，关羽对此更是一无所知。

就在东吴君臣悄然准备偷袭荆州的时候，此时的襄樊前线，战局也发生了变化。

8. 徐晃逐关羽

建安二十四年（公元219年）十月，曹操从关中回到洛阳，他调集天下兵马

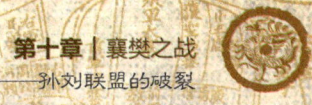

第十章 | 襄樊之战
——孙刘联盟的破裂

要亲自出战关羽。他的这一举动被谋士桓阶劝阻了，桓阶认为：如今曹仁虽处重围之中，但必会誓死固守。主公只需要在北方为其壮大声势，不必亲自前去，只要徐晃、曹仁同心协力就足以击败关羽。曹操听从了桓阶的意见，进驻摩坡，坐观胜败，同时派出援军增援徐晃，并命徐晃出战关羽。

此时，徐晃开始向郾城（今湖北省襄阳市古城县一带）的关羽阻援部队出击，关羽军队已完成防御部署，阻断了徐晃前进的道路。徐晃心生一计，命人在郾城周围挖出一条大沟，并伪称以此对郾城守军进行包围。守军果然中计，尚未真正交战就烧毁了营寨自行撤回了。徐晃不费吹灰之力就拿下了郾城并将两边的营寨连接在一起，不久又前进至阳陵坡一线。这里距离关羽设在樊城的包围圈也仅有三丈多远了。不过，徐晃认为兵力还不足以打破关羽对樊城的围困，并没有下令对关羽展开进攻。而徐晃手下的部分将领则担心樊城会由于徐晃迟迟不发动进攻而失陷，有些性急的将领对徐晃公开责备。只有随同徐晃一起出征的议郎赵俨认为徐晃的做法是正确的。赵俨表示：目前徐晃的兵力不足，如果此时贸然发动进攻，不但无法达到解围的目的，反而会造成重大伤亡。赵俨认为目前最为关键的是等待曹操的援军赶到，同时设法通知在樊城困守的曹仁援军将至。赵俨是曹操的心腹，他的表态使得全军将领无人再敢阻挠徐晃的决策，徐晃得以约束军队暂停进攻，等待援军。

十天之后，曹操派来了生力军，前后共有殷署、朱盖等十二营，其兵力约有万人。徐晃的实力得到补强，便立即开始了对关羽核心阵地的突破。

关羽围困樊城，采取的是屯兵于坚城之下的办法。他率主力围攻樊城，在外围头做屯营，又屯兵于四冢，并在阵地前设置重重鹿角，以此阻挡徐晃的增援。

徐晃扬言进攻头屯，却突然强攻四冢。守军抵挡不住，眼看包围圈就要被突破，关羽被迫亲率五千步骑迎战徐晃。

两军交锋，关羽在阵前遥望徐晃。两人曾是挚友，如今互相寒暄，谈及平生，只是不谈军国之事。两人说着话，徐晃忽然下马高呼："有得关云长人头者，赏金千斤"。关羽震惊，问道："兄弟为什么这么说？"徐晃答道："咱们私交虽是朋友，但我说的乃是公事。"

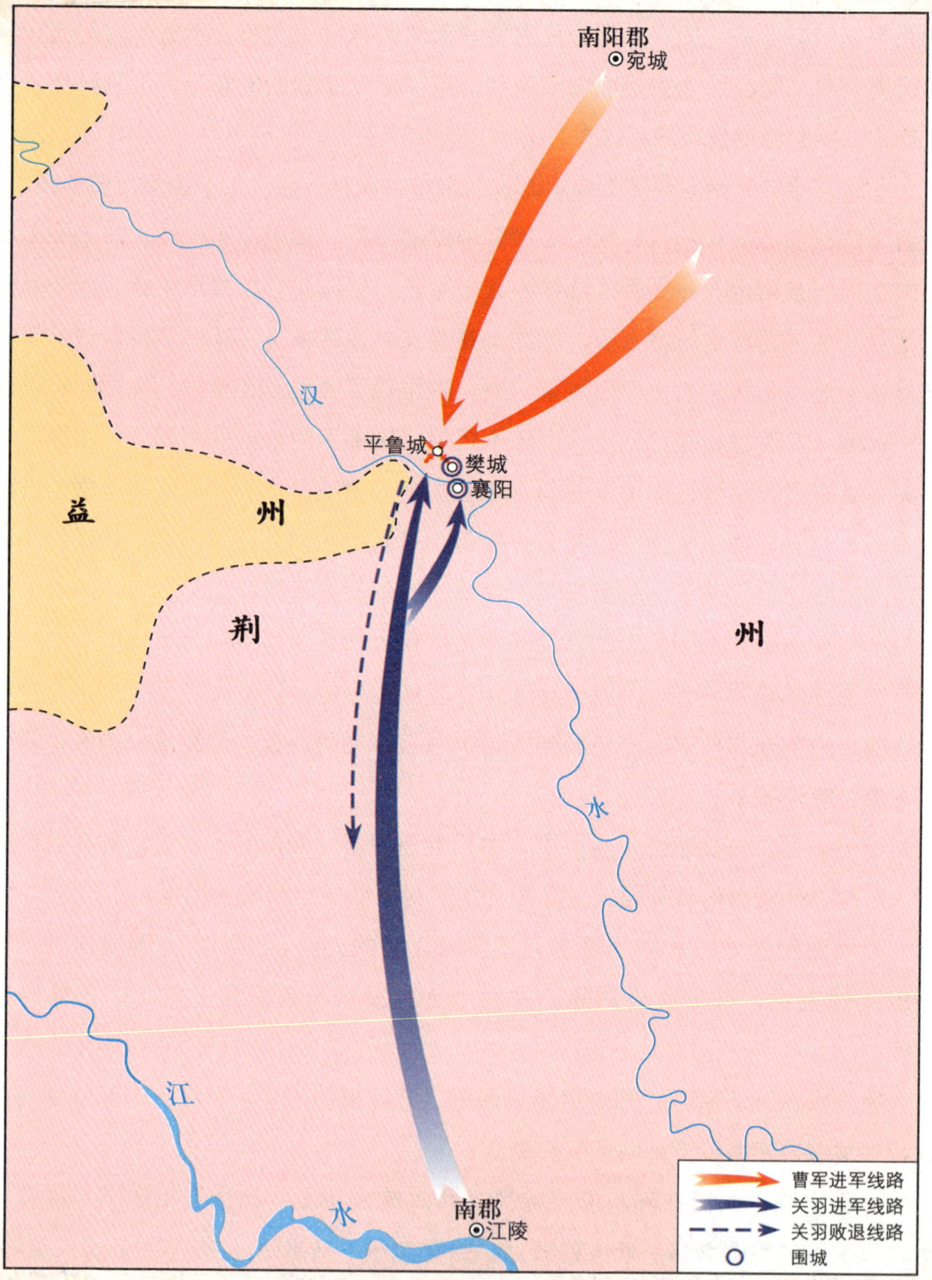

襄樊之战

216

第十章 | 襄樊之战
——孙刘联盟的破裂

双方翻脸，一场混战。徐晃指挥十二营曹军大破关羽，直透重围，杀入樊城包围圈中。城中的曹仁也趁机杀出，里应外合，关羽军抵挡不住，纷纷后退，有不少人甚至被赶入汉水而淹死。樊城重围解除，被围困三个多月的曹仁获救了。

其实，早在徐晃迫近樊城包围圈时，曹操就命令徐晃将孙权投靠自己、将要偷袭荆州的消息绑在箭上，射入关羽军及樊城之中。这是曹操的又一计，建安二十四年（公元219年）八月关羽威震华夏，孙权暗中给曹操送信："我将派兵西进，偷袭荆州，我一旦成功，关羽必然会回师救援，那时樊城之围就能不救自解。只是此事机密，还望您不要宣扬出去，以免使得关羽有所防备"。曹操将这封信让群臣观看，众人都认为应当为盟友保密。但曹操的谋士董昭却有不同意见，他认为：如果将这件事保密，有两个不利：第一，城中守军不知道这个消息，一旦守军绝望，后果不堪设想；第二，如果将此事保密，孙权一旦得手，那么对我们仍将不利，何况关羽此人争强好胜，他未必会迅速撤退。

董昭劝曹操说："咱们不如将这件事泄露出去。这样，不但可以使樊城中的守军士气大增，而且能迷惑关羽军心。待关羽回师江陵，襄樊之围就可以解除，那时孙刘反目，咱们还能坐收渔翁之利。"

曹操采纳了董昭的建议，因此命徐晃将孙权书信射入了樊城和关羽军中。正如董昭所料，樊城守军得知这个消息，士气振奋。而关羽得到这个消息，心怀犹豫，其军中也谣言四起，人心浮动，战斗力受到了影响。

曹操战后亲自到樊城外围视察阵地，当他看到徐晃的战斗遗迹，感叹道："敌军设置鹿角十重，徐晃却长驱直入，追入重围，击败敌军。我用兵三十余年，都没有这样的战绩。樊城、襄阳的战局，比春秋战国时的莒、即墨还要恶劣，徐晃的战功简直超越了孙武、穰苴。"徐晃率得胜之师去摩陂见曹操，曹操亲自迎接徐晃七里，设酒款待。曹操亲自为徐晃敬酒，夸赞他说："保全樊城、襄阳，都是你的功劳啊。"当时各路大军云集，曹操视察军队，很多士卒为了一睹曹操容颜竟然离开本阵。唯有徐晃军营整齐，将士皆纹丝不动。曹操又赞叹说："徐将军可谓有周亚夫之风。"

刚刚兵败的关羽虽然被徐晃逐走，但他仍可依靠强大的水军封锁汉水，进退

依然自如。

不过,当荆州后方的噩耗传来,关羽再也坐不住了,他被迫率兵撤退。

9. 名将陨落

就在徐晃大战关羽的时候,关羽因为新获于禁三万人马导致粮草不足,因此便取了东吴在湘乡的粮米。孙权就以此事件为借口,发动了偷袭荆州的军事行动。

孙权敕令吕蒙统率江东主力部队渡江进攻。

此次出战关羽的吴军将领包括:吕蒙、陆逊、诸葛瑾、潘璋、朱然、孙皎、丁奉、蒋钦、韩当、周泰。东吴兵多为部曲,兵随将走。当时太史慈、程普、黄盖、凌统等宿将皆亡故,出征的这些人率领的军队几乎是孙权的全部精锐。

为了达到出其不意的战术效果,吕蒙让船工和士兵都换上了普通百姓的服装,乘着黑夜逆江而上。首先将关羽布置在江边的哨兵全部俘虏并控制了烽火台,使关羽的荆州守军无法获得东吴军队进攻的消息。故此,关羽的烽火台没有一处能够点燃烽火,关羽苦心设置的预警体系失灵了。

当东吴大军登陆,忽然出现在江陵城和公安城下时,守将糜芳、傅士仁大惊失色。

江陵城和公安城乃关羽最重要的据点,是关羽亲自督导修建的,城池坚固,即便关羽将绝大部分兵力抽掉走,吕蒙要想强攻,也并不容易。如果吴军不能迅速拿下江陵、公安,而屯兵于坚城之下。那时候关羽再回师,吴军很有可能就要无功而返,甚至大败亏输。

这个时候,东吴在战前进行的情报工作发挥了重要作用。关羽素来轻视糜芳、傅士仁,导致二人心怀怨恨。另外,关羽命二人负责运送兵马钱粮,两人办事不力,关羽大怒,称回师以后要处罚二人,二人因此心怀恐惧。

这个消息被东吴知道了。吕蒙派虞翻先去公安诱降傅士仁,傅士仁最开始没有搭理虞翻。结果虞翻写了封信,劝说傅士仁,傅士仁遂开城投降。江陵糜芳看公安失守,于是也将江陵献于吕蒙。糜芳要献城投降的时候,虞翻对吕蒙

第十章 | 襄樊之战
—— 孙刘联盟的破裂

说:"现在要投降只是糜芳一人,难保其他人不会生出变故,我们应该火速进兵进入城内掌握关键位置,确保万无一失。"关羽在城中本安排有伏兵,因为虞翻的计谋而未能施展,伏兵皆被吴军俘杀。至此,吕蒙兵不血刃拿下了关羽在荆州地区的战略重镇公安和江陵。由于吕蒙周密的布置,将东吴军队进攻的消息完全封锁,因此,远在襄樊前线的关羽居然对于荆州地区发生的这一重大变故毫无察觉,完全被蒙在鼓里。就这样,关羽辛苦经营的荆州,被吕蒙兵不血刃占领,关羽实际上已经陷入了进退失据的窘境。

关羽得知荆州失守的消息是在建安二十四年(公元219年)闰十月之后。他知悉荆州失守,急忙率军回师,此时关羽并未绝望,因为荆州军主力仍然控制在他手中。如果他能稳住军心,未必不能重夺荆州,或者转向益州逃走。

关羽数次派人去江陵见吕蒙,一是为了探明情报,二是希望以"盟友"大义让吕蒙退兵。但是,吕蒙却利用关羽的这些使者来了一招"釜底抽薪",正是这一计策,彻底瓦解了关羽军的斗志。

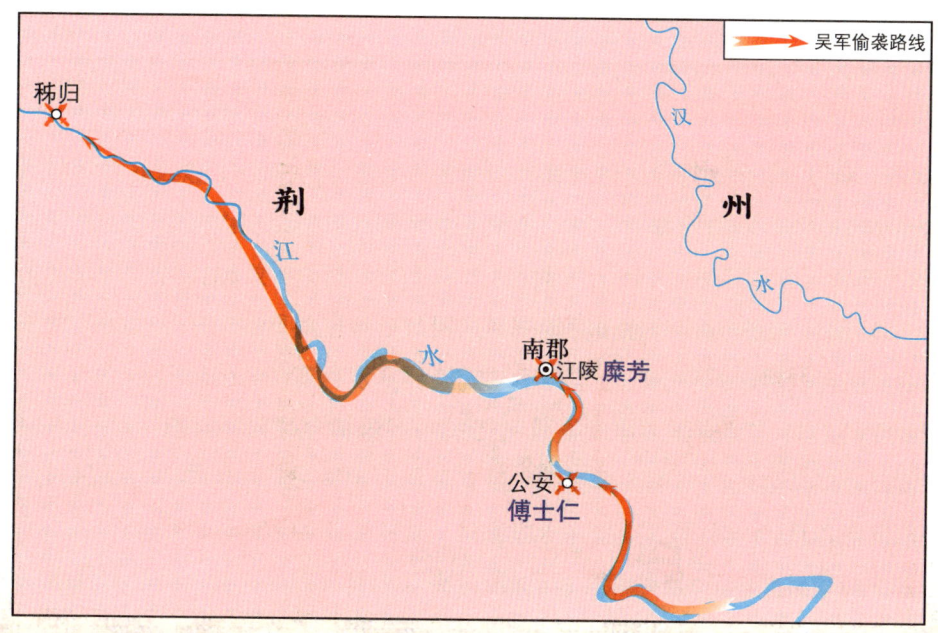

东吴偷袭荆州

吕蒙占领荆州后,俘获了关羽军的家眷,都妥善安顿,下令不得侵扰。吕蒙命令士卒不得骚扰百姓,不得擅取百姓家的任何物品,又让手下人抚养老弱,询问孤寡,给病人治病,给穷人衣食。吕蒙手下有一名亲信,是同乡。这个人拿了百姓家的斗笠盖铠甲,防止雨水将其淋湿。吕蒙却因此要将其斩首,众将劝说"铠甲是公物,他不过是在保护公家财产,应该从宽发落"。吕蒙不从,终于流着泪杀了这位同乡。吕蒙这一招"杀鸡儆猴"使得全军震慑,满城拜服。

对于关羽派来的使者,吕则每次都予以厚待,并特意安排使者前往城内巡视。关羽将士的家属纷纷表示受到了吕蒙及东吴军队的优待。而这些消息被使者带回关羽军中的时候,将士们顿时毫无斗志,不少人甚至偷偷离开了关羽的军队。关羽失去坚城,部队的战斗意志又被瓦解,其覆亡也就不远了。

关羽撤军的途中,士卒逃亡大半。当他得知孙权已经亲临荆州,这才知道,自己已经陷入绝境,时为建安二十四年(公元219年)冬十一月。

关羽率残兵败将进驻当阳(今湖北省当阳市一带),伺机突围。而孙权为了将关羽军团彻底歼灭,做出了以下部署:

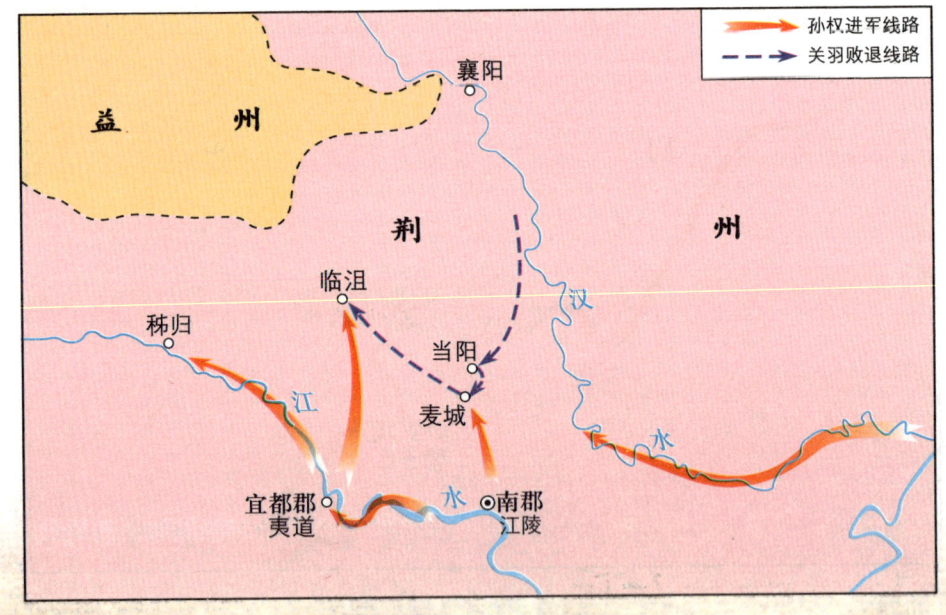

关羽败走麦城

（1）派蒋钦率水军入汉水，切断关羽水军的退路；

（2）命陆逊攻占宜都、秭归，封锁益州方面的增援；

（3）命潘璋朱然占据麦城以西的临沮，切断关羽西逃路径；

（4）命主力合围麦城，对关羽发起最后总攻。

关羽在襄樊前线时，曾让镇守上庸郡（今湖北省竹山县西南）的刘封、孟达出兵相助，但却遭到了拒绝。

关羽内无粮草外无救兵，兵马离散，内外窘迫。无奈之下，他从当阳进驻麦城（今湖北省当阳市两河镇）。

关羽军团据城困守，山穷水尽。建安二十四年（公元219年）十二月，关羽在城头竖起旗幡，做假人为疑兵，然后突围向西逃去。

此时，关羽手下仅剩十余骑跟随，他们一路突进，突围至距离麦城二三百里的临沮（今湖北省南漳县附近）。在这里，潘璋、朱然、马忠早已准备多时，一代名将关羽落马被诛，其子关平、都督赵累也被擒杀，显赫一时的荆州关羽军团全军覆没。

10. 战事总结

建安二十四年（公元219年）是曹操自官渡之战以来最难熬的一年，面对孙权刘备在东西两线的轮番进攻，曹操首尾难顾，相对安稳的荆州自然就被暂时搁置起来。

但是，这并不代表曹操对荆州防线没有安排，他之所以在建安二十三年（公元218年）七月就西征刘备，可直到建安二十四年（公元219年）二月他还在关中徘徊不前，其目的就是防备荆州的关羽。曹操知道关羽强盛，曹仁孤军难以抵挡，因此，他将主力放在关中，西可支援汉中夏侯渊（夏侯渊在汉中有五万精锐曹军，凭险固守原本可以抵挡刘备，曹操也没有想到定军山一战夏侯渊竟然亲率四百兵修鹿角，被黄忠趁机斩杀。夏侯渊的阵亡直接导致汉中战役形势彻底逆转，三月曹操再去汉中增援已经来不及了），东可支援曹仁。

不仅如此，他还在曹仁身后布置了于禁七军这样强大的机动兵团。可见，曹

操对于襄樊防线是相当重视的。关羽威震华夏之后，曹操亲临摩坡召集包括夏侯惇、张辽在内的精锐部队齐聚荆州北部即为明证。

曹操将曹仁放在关羽正面，被证明是最终胜利的关键因素。曹仁，曹操族弟，也是曹氏宗族战将中最为能攻善守、善打硬仗的将军。他和满宠在关键时刻表现出来的镇定和勇敢，阻止了关羽战果的进一步扩大，也为徐晃击破关羽赢得了时间。徐晃机智勇猛，最终击败强敌，解救襄樊。在前文已经详细说明，此处不再赘言。

总之，曹魏集团在建安二十四年（公元219年）极为艰难的时刻，顶住了压力，守住了"国之巨防"，最终依靠外交谋略加军事的手段扭转了颓势，稳定了北方，取得了最终的胜利。

东吴在这次战役中歼灭关羽军团，取得梦寐以求的荆州，这确实是辉煌的胜利。《孙子兵法》称"兵者，诡道也"，东吴偷袭荆州，很好地诠释了这一理论。他们先是表面撤换吕蒙，以"新人"陆逊顶替，麻痹关羽。进而暗结曹操，调兵遣将，探明荆州内外的虚实，然后偷袭荆州，兵不血刃攻克坚城。最后又用计谋瓦解了关羽军军心，终于擒杀关羽。

东吴的成功有三大特点：

第一，麻痹关羽的战术十分奏效。陆逊给关羽一封信让关羽主动撤走了江陵守军，为东吴偷袭创造了条件。同样是在陆逊信中所说"东吴很愿意资助关羽北伐"，关羽就是在这种暗示下去取湘乡的粮米，可孙权恰恰以此为借口出兵荆州，那么很有可能是东吴以送粮为幌子探明关羽缺粮的事实，然后才出兵的。

第二，保密工作极其到位。就在吕蒙称病回建业和孙权决定偷袭荆州的时候，偏将军全琮也上书孙权，劝孙权进攻关羽。孙权怕事情败露，没有搭理全琮。直到关羽被擒，孙权在公安大宴群臣犒赏士卒的时候才对全琮说出实情。事情未开始之前连自己的重臣都不说，可见孙权对于这件事是多么慎重。也正是东吴保密工作做的到位，才确保了偷袭荆州计划的顺利实施。

第三，对荆州军事行动的安排十分周密。吴军进攻荆州，其军事部署就如同一张天罗地网，毫无破绽。原因是吕蒙自从建安二十二年（公元217年）接手东吴西路军都督以来，就一直在筹划攻取荆州的战争。他向孙权提出的军事部署是由

第十章 | 襄樊之战
——孙刘联盟的破裂

征虏将军孙皎镇守南郡，由潘璋镇守夷陵，由蒋钦率水军一万人游弋于汉水，他本人进占襄阳。从日后东吴经略荆州的军事行动看，基本是沿用了吕蒙的思路。

吕蒙此人出身行伍，是孙权发掘了他的才能，再加上他本身刻苦好学，终于从一名士卒做到一方都督，"士别三日当刮目相看"说的就是他。吕蒙占领荆州后一系列收买人心的举措收到了成效，而他安排的蒋钦潘璋水陆两路兵马更是将关羽彻底封锁，致使关羽即便突围三百里，眼看就要踏入益州，仍被擒杀于临沮。

作为襄樊之战失利的一方，关羽及刘备集团又有哪些总结之处呢？首先要说说作为战争主角的关羽。

关羽被刘备委以重任，总督一方并不是偶然的，曹操集团认为刘备集团"名将唯羽"也不是凭空猜测。

正如前文所说，关羽镇守荆州数年。筑城、造船、练兵，积极备战，取得了非凡的成果，这为水淹七军威震华夏奠定了基础。再联系关羽在襄樊前线的军事部署可以发现，关羽的军事能力是很强的：

（1）他不打坚城襄阳，用水军隔断汉水监视襄阳，北攻屯扎魏军主力的樊城。避免攻坚战，寻求消灭魏军的有生力量。

（2）单看关羽对于前线兵力和后方兵力的比例，他的兵力分配是很合理的。也正是这个原因，使关羽在战役初期能够在前线取得优异战果的同时，保障后方的安全。具体到前线兵力的部署，关羽的部队是属于水陆两栖作战，所以在汉水边上灵活性很大。也正是这个原因，关羽在汉水附近对抗曹魏主力时是没有很大风险的，进退自如，可攻可守。关羽之所以被徐晃逐走，并非其技不如人，原因其实很简单，是因为曹军比关羽军多。

（3）关羽威名显著，张辽和徐晃都很敬佩他，而那些啸聚山林的人物对关羽更是礼敬有加，所以关羽举兵，许县以南很多地方迎接关羽，成全了关羽"威镇华夏"之名声。

关羽如果仅仅是带兵打仗，有人为他料理后方事务，那他将所向无前。其军事能力是强的，但作为一方统帅，关羽并非没有缺陷，他的缺陷十分明显。

关羽刚愎自用，自高自大，争强好胜，不能容忍别人超过自己。这些都不是能力上的问题，而是性格上的问题。我们常说性格决定命运，关羽的性格铸就了

他义气深重、光明磊落的大丈夫形象，同时也铸就了他难与人相处，处处得罪人的缺陷。这种性格上的缺陷如果仅仅是作为一员战将或许还不那么明显，但关羽作为"董督"一方的集团军司令兼政委，他这个性格上的缺陷就成了致命伤。

首先，关羽与盟友的关系十分恶劣。吕蒙和陆逊都认为关羽乃熊虎之将，实在难以长久共存。在外交的角度看，一个国家太过张扬很容易引起友邻的警惕，更何况是在火药味十足的荆州地区。又有孙权曾向关羽提亲，希望结成亲家，可关羽不但拒绝了婚事，还辱骂了孙权的使者，致使孙权怒不可遏。即使孙权取荆州是战略需要，但关羽的这一举动毫无疑问起到了刺激作用，势必有助于孙权下决心取荆州。

其次，关羽和同僚的关系也很差。早在马超投靠刘备的时候，关羽就向远在成都的刘备写信，要求与马超决斗。还是诸葛亮亲自修书，安抚关羽说："马超当与张飞并驱争先，还比不上关将军美髯公绝伦逸群。"关羽得到这封书信，竟然将其"遍示宾客"来说明比马超强，这就说明刘备和诸葛亮对关羽非常骄纵。刘备称汉中王后，拜关羽前将军，黄忠为后将军。黄忠虽然出身微末（曾是刘备的部曲将），但他可是汉中之战的首功之臣，而关羽却认为黄忠与自己获得同样的级别他无法接受，称"大丈夫终不与老兵同列"。后来还是刘备专门派费诗劝说，关羽才勉强接受了前将军的册封。

关羽在荆州同样与很多下属关系不睦。其中有两个还是重要职位上的人物：一个就是镇守江陵的南郡太守糜芳，另一个就是镇守公安的将军傅士仁。关羽素来轻视二人，嫌两人办事不力，曾宣称回师以后要处置二人，因此二人心怀恐惧。蜀汉控制的荆州最关键的据点就是江陵和公安，而这两处守将竟然都和关羽有矛盾，这会出现很大的隐患。一旦二人按兵不动，或不听从调遣，甚至临阵倒戈，关羽的处境都会十分被动。

除此之外，关羽发动的襄樊战役并非是诸葛亮"隆中对"中对曹操展开两线作战、彻底消灭曹操的最佳时机。关羽发动襄樊战役，主要是看准了曹操集团内外形势不稳的有利形势，并针对襄樊地区曹军守备薄弱而发起的。其主要目的并不是要一举夺取中原地区，而是利用以上种种有利条件尽快占领襄樊地区，为以后发动两线作战夺取襄樊这两个重要的桥头堡。就襄樊地区曹军防守情况来看，

第十章 | 襄樊之战
——孙刘联盟的破裂

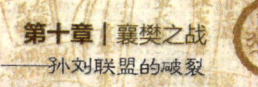

凭借关羽的军力达到这个战略目标并不是一件非常困难的事情，并不需要刘备进行大规模的增援。不过，关羽这个战略愿望随着孙权与曹操的结盟而宣告破产。

荆襄战役，不仅是刘备一生中遭遇的重大失利之一，同时也给蜀汉帝国未来的发展带来了非常严重的后果。同时，关羽被杀，已经维系多年的孙刘联盟也宣告破裂。

那么，究竟是什么原因造成孙刘联盟的破裂呢？原因是多方面的：

首先，这是由于荆州特殊的地理位置造成的。正如诸葛亮在"隆中对"中所描述的："荆州北据汉、沔，利尽南海，东连吴会，西通巴、蜀，此用武之国。"荆州所处的位置，不但可以向曹操控制的中原地区发展。同时，对于孙吴的属地安全也是一个潜在的威胁。

其次，孙权集团对于联刘抗曹的方针发生了重大改变。赤壁之战以后，荆州越来越成为孙吴进一步发展势力范围的障碍。同时，刘备称雄巴蜀，也使孙权对刘备势力的迅速扩张产生了极大的疑虑和恐慌。双方之前就已经在荆州三郡的问题上差点翻脸。而关羽在襄樊战役的胜利更使得孙权下决心来通过对刘备在荆州的关羽打击来压缩刘备的势力范围，同时达到壮大自身力量的目的。

刘备为什么没有及时对关羽进行救援呢？主要原因有三个：

首先，荆州离益州路途遥远。关羽从失败到被俘的时间间隔只有短短不到两个月的时间。在如此短暂的时间内，刘备、诸葛亮能不能得到关羽及荆州方面的确切消息尚属疑问，更谈不上如何去援救了。襄樊战役的变化过于突然，关羽七月攻樊，八月破于禁，九月威镇华夏，取得了令人预想不到的战绩。刘备希望关羽再打一打，进一步吸引曹操主力是很正常的想法。谁也不知道孙权会在这时突然翻脸，使得战事发生逆转，关羽最终兵败身亡。受当时通信条件的限制和东吴对消息的封锁，刘备得知的消息或许早已是一两个月以前的事情，他得知失荆州和关羽死讯不会早于建安二十四年（公元 219 年）年底甚至建安二十五年（公元 220 年）年初，而此时刘备再派援军也就毫无意义了。

其次，吕蒙自开始对关羽发动偷袭时，就已经把关羽后方的联络、通信系统完全破坏，造成身在樊城的关羽竟然不知道江陵、公安的情况。同样，远在益州的刘备与诸葛亮得到消息的时间就更晚了，因此也就无法及时的展开援救。

最后，蜀道难行。攻汉中因为路线较短，尚可解决军力及粮草的输送问题，可刘备的政治、军事中心成都距离荆州路途遥远。无论是军力投送还是粮草运输都需要花费大量时间进行准备，及时、快捷地进行救援只是一种幻想，在当时的条件下根本无法完成。

11. 后话

关羽兵败被杀之后，孙权将关羽首级献于曹操，企图将刘备的仇恨转嫁给曹操。曹操识破孙权的图谋，在洛阳将关羽的头颅进行厚葬，将杀死关羽的罪名推给孙权。

此时，远在成都的刘备才得知荆州丢失、关羽被杀。这个时候刘备面临着一个艰难的决定：是出使孙吴修补已经破裂的孙刘联盟，还是起兵征讨孙权报仇雪恨呢？正在刘备与手下商量对策的时候，一则更为爆炸性的消息在整个华夏大地传开了：一代枭雄、刘备的死敌曹操突然病逝！汉末政治局势变得更加的扑朔迷离。此时此刻刘备又该作何抉择呢？

两年后，刘备给出了答案：东征孙权。汉末时期确定三国政治及疆域版图的最后一战——夷陵之战爆发！

外章

夷陵之战
—— 三国鼎立的确立

引 子

蜀汉章武三年（公元223年）四月，盛夏，永安宫（重庆市奉节县以东）中。

病榻上，刘备伸出枯瘦的手臂，示意诸葛亮过来。诸葛亮来到病榻旁，将手放在刘备掌中。刘备握住诸葛亮的手，痛苦地说道："朕后悔没听丞相劝告，一意孤行出兵伐吴，结果误中陆逊奸计，损兵折将，如今大厦将倾，朕心中痛苦万分。"

诸葛亮眼中含泪道："陛下，您还要保重圣体啊。"

刘备苦笑道："朕不行了，好不了了，朕不怕死，朕怕的是身后事啊。"

诸葛亮明白，刘备是担心蜀汉江山，他当即说道："陛下，臣定会尽心竭力辅佐太子，稳定社稷，兴复汉室。"

刘备握住诸葛亮的双手，他眼神恍惚，过度的悲伤和激烈的情绪耗尽了他最后的气力，即将油尽灯枯的他终于道出了人生最后的话："丞相，这大汉江山内忧外患，风雨飘摇，朕放心不下。君才十倍曹丕，必能安国，终定大事。若嗣子可辅，则辅之；如其不才，君可自取。"

诸葛亮听到这句话，浑身颤抖，顿首拜倒，不住地磕头，以至于额头鲜血直流，他几乎是匍匐在地，泣血悲道："陛下，臣蒙陛下如此厚爱，虽肝脑涂地也不足报陛下恩德之万一。臣定当尽心竭力辅佐太子，鞠躬尽瘁，死而后已。"

蜀汉皇帝刘备在无尽的悲伤和悔恨中去世，他临终前还在回忆着一年前那场惨败，那场败仗差点毁掉了他苦心经营半生的江山社稷……

1. 战前态势

汉献帝建安二十四年（公元219年）十二月，东吴偷袭荆州，歼灭关羽军团，并斩杀关羽父子，将其首级送往洛阳（今河南省洛阳市）。曹操厚葬了关羽的首级。

外 章｜夷陵之战
——三国鼎立的确立

汉献帝建安二十五年（公元220年）正月，曹操去世，其子曹丕在同年废汉自立，国号魏，汉末时代结束了。

曹丕忙于内政，暂时无暇顾及刘备和孙权。也就是在这段时间中，维持十七年的孙刘联盟也宣告瓦解了。

刘备得到关羽败亡的消息后勃然大怒。他与关羽从青年时代就情同手足，同生死共患难，相从三十余年，几经波折，如今眼看功成名就，关羽却惨死，刘备感情上无法接受。

汉献帝建安二十四年（公元219年），刘备在汉中战役击败宿敌曹操，称汉中王，达到了他一生的巅峰。然而，区区数月之后，他最为著名的将军关羽被杀，荆州被夺，这种心理上的落差也令他难以平静。

孙刘联盟虽然存在了十余年，但并非铁板一块。相反，双方都非善类，他们为了对抗共同的敌人而联合，期间磕磕绊绊，互有恩怨。荆州所有权、孙权的妹妹孙氏以及进攻益州等一系列问题都令双方存在芥蒂。十几年积攒的矛盾终于以一种极度爆烈的方式被引爆了。

2. 战前布置

公元221年四月，刘备称帝的准备工作全部就绪。他在成都武担山以南举行盛大仪式正式称帝，国号仍为汉，表示继承东汉皇朝的道统，年号改为章武。称帝之后，刘备随即对内政进行了重新的调整。诸葛亮为丞相、许靖为司徒，同时对文武百官进行了重新的调整。不久刘备立吴氏为皇后，儿子刘禅为太子，儿子刘永为鲁王、刘理为梁王，确立了以刘禅为继承人的皇位传承制度。

在处理内部事务的同时，丢失荆州及关羽被杀的阴影在刘备的心中一直挥之不去。到底应该何去何从呢？刘备以行动表明了态度。早在汉献帝建安二十五年（公元220年）曹操去世、曹丕继承了魏王之时，刘备便派掾吏韩冉为使者由上庸（今湖北省竹山县西南）前往北方联络曹丕。此时刘备在心中只有一个念头：征讨孙权，为荆州的丢失及关羽之死复仇！不过，刘备的这次外交努力并未取得成功。不久，曹丕篡汉自立，派遣将军夏侯尚进攻上庸并杀死了韩冉，双方这次

接触无疾而终。

在进行外交的同时,刘备加紧了战前的军事部署。蜀汉章武元年(公元221年)六月,刘备任命车骑将军领司隶校尉的蜀汉最高军事长官张飞为大军前锋,与自己在江州(今重庆市嘉陵江北岸)会师。但是,出征前张飞却在阆中(今四川省阆中市)地区被害,其帐下将领张达、范强杀死了张飞。二人带着张飞的头颅,顺长江而下投降孙权。张飞原本已经奉命率兵在阆中集结,是刘备下一步征讨孙权最为倚重的将领之一。他的死更加激起了刘备的怒火,此时的他已经下定决心进行东征讨伐孙权。

韩冉及张飞之死,对于刘备战前在外交和军事上的两大部署都造成了极大的消极影响。与此同时,不少蜀汉大臣对于刘备东征计划议论纷纷。丞相诸葛亮不置可否,态度含糊,也有部分大臣表态反对。跟随刘备多年、时任翊军将军的赵云就公开劝阻刘备取消东征的计划。赵云表示,目前的国贼是曹操而不是孙权,我们应该先去讨伐曹魏,如果曹魏被我们消灭,东吴自然也就臣服了。如今曹操已经毙命,其子曹丕公然篡汉自立,成为天下公敌。我们应该利用这个有利时机发动讨伐曹魏的战争。先攻占关中、占据渭水、黄河的上游,然后顺流而下对曹魏发动总攻。如果是这样的话,曹魏占领区的义士和百姓们都会自告奋勇地来响应陛下,消灭曹魏是指日可待的。在这种情况下不应该放弃讨伐曹魏而去东征孙权。而且与孙权的战事一旦展开,也不容易很快分出胜负,这不是一个明智的决策。时任从事祭酒的大臣秦宓也从天时、地利的角度对刘备进行劝阻。

对于赵云、秦宓等人的规劝,刘备态度明确,完全不采纳两人的意见。不仅如此,赵云被派去镇守江州而未随军东征。秦宓的规劝则让刘备大为恼怒,直接将秦宓下狱问罪。

刘备的强硬使东征之事更加变得不可更改,蜀汉全国立即陷入了一片忙碌的备战氛围之中。章武元年(公元221年)秋七月,刘备起兵伐吴。前锋吴班、冯习四万大军兵临秭归(今湖北省宜昌市秭归县一带)。

得知刘备即将出兵东征的消息之后,孙权也立即做出了相应的准备。对于刘备集团意图重夺荆州的图谋,孙权早有防范。孙权夺得荆州之后便立即意识到刘

外 章 | 夷陵之战
——三国鼎立的确立

备的报复也即将开始,孙权在军事、外交方面都做出了大量的准备工作。

首先,孙权派遣诸葛亮的哥哥诸葛瑾出使蜀汉,企图与刘备求和。诸葛瑾告诉刘备:"陛下认为您和关羽的感情,是否比您和先帝的感情更亲密?荆州的大小,比全国怎么样?都是仇敌,哪个在先,哪个在后?如果把这想明白,该怎么办就易如反掌。"结果,刘备还是断然拒绝了孙权的求和。孙权最希望达到的求和目的落空。

其次,孙权采用了联曹抗蜀的策略,向曹魏称臣,极力避免出现两线作战的不利局面。孙权给曹丕的奏章言辞谦卑,还将于禁等人送还。看到孙权俯首称臣,曹魏文武纷纷向曹丕表示庆贺。只有谋士刘晔头脑冷静,断定孙权是假降,并预言等到同蜀汉的战争一旦结束,势必同曹魏反目。同时,刘晔向曹丕建议:乘此良机进攻东吴。但是,他的建议没有被曹丕采纳。曹丕册封孙权为吴王,命其出兵对抗刘备。孙权的外交努力获得了成功。

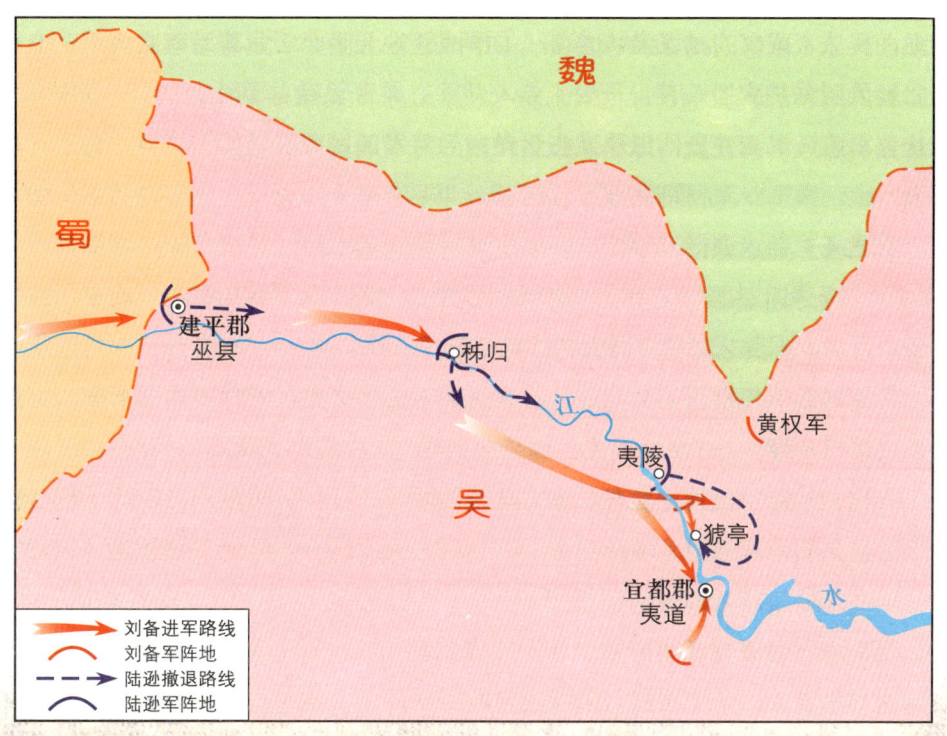

刘备进军陆逊退却

最后,在加强外交努力的同时,孙权加紧了在西线的兵力部署,积极防御刘备随时有可能发动的大规模进攻。在荆州争夺战中功绩卓著的陆逊被委派屯兵于夷陵地区,担任抵抗刘备大军的前线最高军政长官。陆逊,本名陆议,字伯言,吴郡吴县(今江苏省苏州市)人。孙权兄长孙策之婿,世代为江东大族。陆逊虽然在早期活动中初露锋芒,但并不甚为人知。直到建安末年,他才脱颖而出,成为东吴军中一位杰出的后起之秀,吕蒙袭取荆州,计谋多出自陆逊。

一场影响三国政治版图及政治态势的大战即将展开。

3. 陆逊的战略撤退

章武元年(公元221年)秋七月,刘备出兵东进,治中从事黄权劝谏说:"吴人强悍善战,而我们的水军顺长江而下,前进容易,撤退困难。请陛下派我率军为前锋,向敌人发动攻击,陛下应该在后方坐镇。"对于黄权的建议,刘备断然拒绝,并认为黄权的建议会妨碍自己的作战计划,因此任命其为镇北将军,屯兵江北地区以保护大军侧翼。同时,亲率将士,沿长江南岸翻山越岭向东吴进发。刘备大军前锋水陆并进,击败吴将李异、刘阿等人后突破了吴国边境。武陵五谿蛮夷归顺,蛮王沙摩柯率兵来投。这时,刘备亲率主力也抵达秭归,蜀军大举东进,沿途吴军难以进行有效抵抗。战役进行到次年二月,吴班、陈式水军屯夷陵(今湖北省宜昌市夷陵区一带),夹江东西岸,刘备步兵"缘山截岭"而进,深入吴境数百里。刘备又命侍中马良前往荆南安抚五谿蛮夷。

夷陵是益州和荆州的交汇处,历来为兵家必争之地。它地扼渝鄂咽喉,上控巴夔,下引荆襄,"水至此而夷,山至此而陵",故名为"夷陵",素有"三峡门户"之称。从益州出兵,只有攻破夷陵才能顺江东下,占据荆州。但这一带多山地丘陵,又有河流穿插,地形复杂,不利于大兵团展开。陆逊说夷陵是"夷陵要害,国之关限",对于此处极为重视。

刘备命冯习进攻江南夷道(今湖北省宜都市),孙氏宗族将领孙桓被围。陆逊认为蜀军势大,气势正盛,所以放弃数百里的山地丛林,主动退往猇亭(今湖北省宜都市猇亭区一带)防线。

外 章｜夷陵之战
——三国鼎立的确立

面对蜀汉的进攻，孙权命陆逊为大都督、假节，督朱然、潘璋、宋谦、韩当、徐盛、鲜于丹、孙桓等五万人拒敌，东吴兵随将走。从这份参战名单就可以看出东吴对于此次战役的重视程度。

东吴具体部署如下：

（1）虎威将军朱然，率军五千总镇江陵。

（2）振威将军固陵太守潘璋率军数千镇守猇亭北线，防止蜀军从北面突破，同时监视魏军从襄阳宛城南下。保障陆逊军团右翼的安全。

（3）安东中郎将孙桓率军数千镇守江南夷道，保障陆逊军团左翼的安全。

（4）平武将军步骘、武陵郡都尉鲜于丹率数千人屯扎在荆南长沙一线，防止蜀军偏师和武陵蛮夷兵。

（5）建忠将军中郎将骆统率部三千防守孱陵（今湖北省公安县西南）、绥德将军领南郡太守诸葛瑾防守公安、兴业都尉周胤配属诸葛瑾统辖。

（6）陆逊主力约三万人屯于猇亭。

（7）孙权移都鄂城（今湖北省鄂州市），改名为武昌，将其作为东吴的战时指挥中心，进行督战和决策。

这个部署是战役初期的防御体系，当战役进入中后期直到决战，该部署也随之做了较大的调整。

战争开始初期，陆逊的处境较为艰难。刘备在占据秭归之后，于章武二年（公元222年）正月派出将军吴班、陈式率领水军沿三峡东进并占领荆州长江上游重镇夷陵。刘备手下的镇北将军黄权则奉命屯兵江北地区以保护大军的侧翼，刘备本人亲率主力向夷陵以南的猇亭地区挺进。面对刘备的凶猛进攻，陆逊选择了大踏步地撤退。短短七个月时间里，陆逊从巫县、秭归等地后退了近六百多里，一直退到了猇亭地区。直到命令部将宋谦在夷陵道攻破刘备军队的五个营寨并斩杀其将领之后，陆逊才停止了撤退并转入防御。

总的来说，战役初期是刘备强势进攻，陆逊则避其锋锐，全线退守。即使是孙氏宗室孙桓被围他也不去救，不去与刘备强争夷陵，把国境内数百里的山地留给蜀军，把主力安排在猇亭，寻求战机。陆逊采取了深沟高垒、闭门不战的策略，从章武二年（公元222年）二月到六月，陆逊未与蜀军正面交锋。

4. 连营七百里

  同年二月，刘备主力到达猇亭地区，其前锋又将孙权侄子孙桓所部在夷道重重包围。面对孙桓的被围，不少将领建议陆逊派兵救援，遭到了陆逊的拒绝。陆逊认为孙桓兵精粮足、城池坚固，根本不需要担忧。同时陆逊胸有成竹地表示，只要自己的计策实施，孙桓之围将会自行解除。不过，陆逊的乐观态度并没有在东吴将领中产生共鸣。这些将领中有不少孙权的同族或者亲戚，还有一些是孙策时代的旧臣。这些人仰仗背景和身份，并没有将陆逊放在眼里，不少将领甚至不服从陆逊的号令。针对这种现象，陆逊告诫手下的将领："刘备是天下枭雄，连曹操对其都忌惮几分。面对这样的强敌，大家必须团结一致、共商对策，只有这样才能战胜强敌。如果自行其是、不听号令，最终必将导致战事的失利。我陆逊虽然是一介书生，但承蒙吴王恩赐担任军中主帅，希望各位能够遵守军法、各尽其职。军令如山，绝对不能违反！"陆逊的强硬态度取得了明显的效果，尽管仍有一些将领私下认为陆逊怯战，但也不得不听从陆逊的命令坚守不出。而刘备占据夷陵之后，面对吴军依险固守的局面一时也没能找到迅速解决问题的办法，于是便沿巫峡至夷道一线依山扎营，先后建立了五十多个营寨与东吴军队对峙。从此战争也转入了相持阶段。

  面对陆逊的闭门不战，刘备做出了这样的部署：将数万大军在漫长的山地间布开。根据地势，依靠险要安营，联营长达七百里。

  刘备这样做的目的是为稳妥，为打持久战做准备。刘备之所以这样部署，很有可能是因为他这一招在汉中战役时颇为奏效，迫走了宿敌曹操，并夺取了汉中，因此刘备想要故伎重演。但是，夷陵战役和汉中战役明显不同，汉中战役敌军补给线更长，而夷陵战役相反；汉中战役刘备是在家门口作战，夷陵战役又相反；汉中战役敌军希望速战速决，夷陵战役还是相反。总之，刘备采取联营数百里的部署，存在极大隐患。

  对于这样的部署，曹丕就很不以为然。他听到蜀军树立木栅扎营，相连七百余里，便对他的大臣们说："刘备不懂军事，哪有连营七百里能够和敌人对峙的！

'在杂草丛生、地势平坦、潮湿低洼、艰险阻塞等处安营的军队,一定会被敌人打败',这是兵家大忌。"

5. 火烧连营

章武二年(公元 222 年)夏六月,天气炎热,酷暑难耐,自秭归十余里泛起黄气,面积达数十丈。刘备将各营安排在密林高山险要之处,密林之间,他认为这样既能凭险固守,又能避暑。不仅如此,刘备为了避免水军被酷暑耗尽体力,还将水军士卒也都收入步兵营中避暑,这也造成了水军力量的薄弱。

刘备与陆逊长期对峙,寻求一战而不可得,便打算用计引诱陆逊出战。有一次,刘备派遣将军吴班率领数千人马在平地扎营,对东吴军队进行挑战。不少将领认为有机可乘,纷纷建议陆逊立即出兵将吴班所部歼灭,而陆逊则表示:刘备大军在到达猇亭地区之后大都据险扎营,足见其具备一定的军事素养。而此时吴班却突然选择无险可守的平地扎营,违反常理,显然是刘备设下的一个圈套。而结果恰恰也证实了陆逊的判断。刘备故意让吴班在平地扎营,暗中却在附近山谷埋伏了八千伏兵,就等着东吴军队上当。这时候,陆逊对自己的战略战术还向将领们做了一番解释。陆逊认为:刘备大军长驱直入,锐气正盛,目前据险扎营,很难发动突袭以达到重创敌军的战术效果。就算打下几个营寨,也无法改变目前的战局。一旦突袭受挫就将严重影响全军的士气。陆逊进一步指出,如果目前两军是在平地对峙,东吴大军可能很难抵御刘备的进攻,但目前刘备是沿着山地部署军力,兵力难以展开。只要耐心等待,刘备就一定会暴露出弱点,到那个时候就可以扭转战局,将其一举击溃。为了保证自己的战略意图能够贯彻实施,陆逊在给孙权的上疏中进一步阐明了观点。陆逊认为:我们所担心的是刘备水陆并进、两线作战,但刘备却舍船就步,在陆地上安营扎寨,这样的战术注定会失败。

经过几个月时间对刘备排兵布阵特点的观察,陆逊认为时机已到,便向孙权上书称:"夷陵是军事要地,是我国重要的关隘,虽说容易夺取,但也容易丢失。失去夷陵并非只是损失一郡的土地,会危及整个荆州地区的安危。现在争夺此

地,务必取得成功。刘备违背常理,不守着老巢,而竟敢自来送死。为臣虽说不才,但凭借至尊的声威,以有道伐无道,击破歼灭蜀军即在眼前。检讨刘备前后带兵作战,总是胜少败多,推而论之,此人没有什么令人担忧的!为臣起初担心他水陆并进,如今他反而舍弃舟船专以步兵作战,处处扎营相连,观察他的军事部署,肯定没有什么大的变化。希望陛下高枕无忧,不必挂念。"

不过,陆逊的按兵不动却遭到了不少东吴将领的指责。吴军众将认为:"进击刘备应当在他刚进军的时候,如今让他深入境内五六百里,相互对峙七八个月,很多要害关隘都被他们控制坚守,现在出击必然对我们不利。"陆逊向他们解释道:"刘备是个狡猾的敌人,经历的事很多,他的军队刚刚集结时,考虑精密,用心专一,不可轻易攻打他。如今他驻扎时间很长了,没有占到我们的便宜,军队疲惫情绪沮丧,再也想不出新的计策,抵抗这种敌人,现在正是时候。"此时,陆逊已经定下了破敌计划,为了确保万无一失,他还是先派兵试探性地进攻刘备一营,没有取得什么战果。吴军众将都说:"这样做空耗兵力,没有用处。"然而,此时的陆逊却胸有成竹地说道:"我已经知道了击败敌军的办法。"

陆逊见刘备再无变招可能,随即点兵派将,全军动员,准备决战。

同年六月,陆逊命令士兵各拿一把茅草,火烧刘备绵延数百里的营寨。一旦火起之后,全军立即发动总攻。同时,陆逊又命令大将朱然率领五千兵马进攻刘备大军的前锋部队,然后与韩当合并一处对敌军的侧后进行战略迂回,在涿乡地区发动攻击。陆逊则亲自来到猇亭进行指挥。总攻打响之后,吴军的火攻让刘备措手不及,不少营寨起火。加之刘备的营寨大都营营相连,大火顺着风势迅速蔓延,刘备大军数百里的营寨陷入一片火海之中。陆逊随即发动总攻,很快攻破刘备四十多个营寨,刘备大军全线瓦解。

大火一起,吴军全线出击。潘璋出夷陵,从北线进攻,斩杀蜀汉大督冯习,击溃江北军;陆逊、韩当一面从正面进攻,一面迅速包抄到涿乡一带,断刘备的归路;朱然则协同夷道孙桓进攻江南蜀军,包抄并进军到涿乡,与陆逊在此会合,他们攻破的是蜀军前锋张南。徐盛、骆统等人也都分头跟进。刘备的数万大军顷刻间面临被全歼的危险。

外 章 | 夷陵之战
——三国鼎立的确立

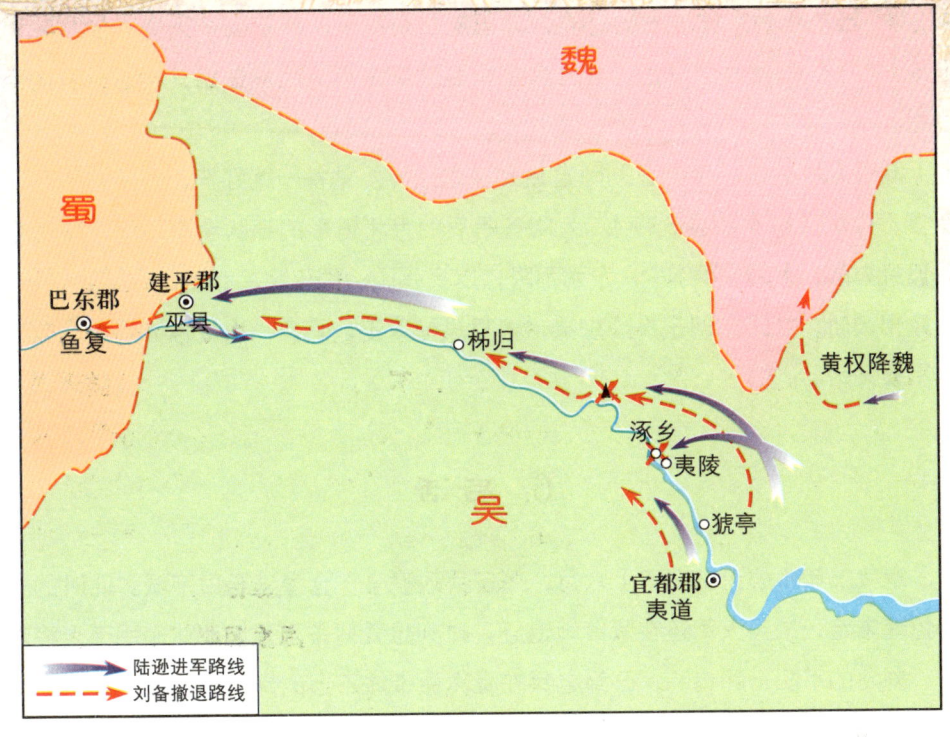

陆逊反攻

面对突如其来的大火和漫山遍野的吴军，刘备大军四散奔逃。霎时间，夷陵战场鬼哭狼嚎，烟火熏天，喊杀声震天。蜀军的船只、器械，水、陆军的军用物资，一下子全被夺取。尸体塞满长江江面，顺流而下，惨不忍睹。

刘备仓促败退，被吴军一路追杀，在涿乡（今湖北省宜昌市南）到马鞍山（今湖北省宜昌市长阳土家族自治县磨石镇一带）一线被吴军追上。双方在此激烈交战，刘备且战且退，被合围在马鞍山上。刘备"陈兵自绕"，麾下士卒拼死抵挡保护汉主。陆逊亲自督促诸军四面围攻，蜀军伤亡惨重，死万余人。蜀军的环形阵地眼看就要土崩瓦解。刘备命令部队于夜间突围，并让傅肜断后。

刘备一路向西狂奔至秭归，途中又遭遇孙桓截击。孙桓，孙氏宗室战将，他只有二十五岁，官拜安东中郎将。刘备进攻夷道时，他孤军奋战，奋死抵挡，给刘备留下了很深的印象。如今他追杀刘备，行动迅速，抄截了刘备退路，刘备军拼死抵挡。刘备好不容易才死里逃生，看着孙桓战场上所向披靡的表现，感

叹说:"当年我到京城洛阳的时候,孙桓还是个孩子,想不到今天竟然能将我逼迫成这样!"刘备为了逃命,让士卒把军装脱下来点火阻塞道路,自己再次向西逃跑。

陆逊乘胜追击,李异、刘阿直追到益州边界。刘备一路狂奔,最后,跑到了鱼复(今重庆市奉节县一带)。为刘备断后的大将傅肜的部队全军覆没,傅肜最后孤身力战,大骂"吴狗",宁死不降,以身殉国。蜀汉将军张南、冯习、傅肜、沙摩柯被斩,杜路、刘宁投降东吴,黄权投降曹丕,马良、程畿也皆殒命,数万大军损失殆尽。

6. 后话

章武二年(公元222年)六月,刘备兵败猇亭,仓皇逃至白帝城。此时的刘备惊魂未定,东吴大军还在紧紧地追赶,时刻想置刘备于死地。陆逊手下大将李异、刘阿的军队一路追踪,已经屯兵在距离白帝城不远的南山驻扎,准备随时向刘备发动致命一击。陆逊手下的大将徐盛、潘璋等人更是觉得只要一战便可生擒刘备,积极向陆逊建议对白帝地区发动猛攻。刘备岌岌可危。

在严峻的局势下,刘备不得不立即着手对白帝地区的防务进行调整。镇守江州的赵云率兵日夜兼程赴往永安,巴西太守阎芝也紧急抽调了兵马五千余众由马忠率领赶来救驾。这两支军队的到来才使刘备的紧张情绪得到了初步的缓解。此时已经卧病在床的刘备痛定思痛,做出了一个重大决定。他派遣使者前往孙吴,希望孙刘两家罢兵休战、结束两国之间的战争状态,恢复战略同盟关系。不久,曹丕在东线对孙权发动大规模进攻。为保证战争的顺利进行,孙权将对付刘备的兵力大部抽调至东部战线,陆逊所部的李异、刘阿也随即退至巫县一带驻扎。白帝地区剑拔弩张的紧张局势得到了根本性的缓和。

战役结束之后,被困夷道的孙桓对陆逊表示,当初对陆逊不施援手也一度强烈不满,直到现在才明白了陆逊的深谋远虑,并对陆逊的调度指挥心悦诚服。原先对陆逊心有不服、认为陆逊怯战的众多将领也对陆逊称赞不已。刘备退守白帝之后,有不少将领建议乘胜追击进攻白帝,将刘备活捉。孙权也为此咨询陆逊的意见。陆逊认为，曹丕一直在东线集结兵力，声称协助东吴对付刘备，实际上则是等待时机向东吴发动进攻。如果此时大军主力西进白帝深入益州，曹丕势必乘虚而入。陆逊建议孙权应该马上从西线调兵转入东线，随时防备曹魏的进攻。之后，曹丕果然三路发动进攻，幸亏孙权采纳了陆逊的建议，及时调整兵力部署，才使得曹丕的图谋未能得逞。

陆逊开始被任命为大都督时，部下将领有些是讨逆将军孙策的老部下，有些是孙权的同族或亲戚，都很骄傲自大，不服从指挥调度。等到大败刘备，知道计谋多出自陆逊，各位将领才心服口服。吴王知道这些事情以后，对陆逊说："将军当初为什么不向我举报那些不听指挥的人？"陆逊回答说："我受主公恩德深重，而这些将领，或者是主公的心腹爱将，或者是主公的得力助手，或者是国家功臣，都是主公应当依赖、共同成就大业的人。我仰慕蔺相如、寇恂以国事为重，委曲求全的做法，为的是有利于国家大事。"吴王大笑，倍加赞赏，加给陆逊辅国将军称号，兼任荆州牧，改封为江陵侯。

7. 战事总结

刘备猇亭之战的失败，原因是多方面的。

首先，刘备的战略决策值得商榷。刘备得知荆州被夺、关羽被杀的消息后，他一意孤行要与东吴决战。刘备这一决定是有原因的，为关羽报仇是一方面；另一方面，荆州是一个战略要地，是实现"隆中对"战略的重要一环。刘备不甘心失去，他想要重夺荆州。另外，刘备在战前实力达到了巅峰，这也使他有信心击败孙权。但是，刘备东征的决定实际上违背了蜀汉立国的"东和孙权"的外交政策，最终迫使孙权与曹丕结盟，导致蜀汉腹背受敌，孤立无援。就如同战前赵云规劝刘备的那样，"国贼是曹操，不是孙权"，政治上的错误抉择将对军事造成灾难性后果。刘备战败后，蜀汉人心惶惶，蜀汉各处甚至发生叛乱。刘备一死，诸葛亮立即派人出使东吴，恢复了联吴政策，蜀国才得以安定下来。

其次，战争准备不足，过高地估计了己方力量。刘备东征之前，蜀汉内部意见不一，难以统一认识，自然也就无法形成合力。加之刘备出兵之前忙于称帝，

之后匆匆起兵东征,无法在短时间内制定清晰而详尽的战术。战争开始之初,刘备骄傲轻敌,轻视陆逊这个强劲的对手,身边也没有一位类似庞统、法正那样的谋略人才,在刘备部署出现致命失误的时候,没有人去提醒刘备进行及时的改正。加之随其东征的主要人员水平偏低。刘备出征所率将领,大都忠心有余而经验不足,遇到陆逊这样杰出的军事人才自然不是对手。难怪诸葛亮事后感叹说:如果法正还活着,一定能阻止刘备东征,就算不能,也能避免失败。

最后,刘备的战术出现了严重问题。没有利用顺流而下的有利条件,发挥水陆并进的优势,反而采用舍船就步的错误方式展开决战。在战争初期,刘备打打停停,章武元年(公元221年)秋就开始进攻,直到章武二年(公元222年)初才出秭归,让原本应该速战速决的战斗拖成了旷日持久的消耗战。刘备应该在战前做好掩饰和佯动工作,以便突然袭击,扩大战果。不佯动也就算了,在对方境内徘徊近半年,实在让人不解。之所以刘备没有迅速挺进,很可能是水军不济,这和他的战前准备恐怕有很大关系。另外,和陆逊的严密布防也有关系。半年的消耗,使蜀汉战争初期的士气尽失,变成了"骄兵、疲兵"。

此外,刘备在敌国境内纵深的山区将兵力部署在七百里战线上,造成兵力分散,首尾难以兼顾。这一点连疏于战争的魏文帝曹丕都能看出来。曹丕嘲笑刘备不懂军事,哪有七百里连营还可以打胜仗的道理。显然刘备认为各营依险立寨,易守难攻,万无一失。可是实际上陆逊利用六月酷暑,一把火就把它们烧了个精光。由于地处山区,大军难以展开兵力,被东吴各个击破,分割包抄。如果不是刘备经验丰富,兵马众多,早做了陆逊的俘虏。《孙子兵法·九地篇》说:"用兵之法,有散地,有轻地,有争地,有交地,有衢地,有重地,有圮地,有围地,有死地。"轻地:入敌国未深,士兵思家亦轻易退却。圮地:水毁难行称"圮"。夷陵一带完全符合"轻地"和"圮地"。面对这种地形,《孙子兵法·九地篇》有明确说明:"是故……轻地则无止……圮地则行"。就是说遇到轻地不宜停留,遇到圮地应该快速通过,可惜刘备完全违背了这一基本的战术原则,其失败也就在所难免了。

相对而言,孙权的胜利则是双方综合实力较量的一个必然结果。

首先,孙权的大胆用人是取得战争胜利的关键因素。孙策临终前对孙权说:

外 章 | 夷陵之战
——三国鼎立的确立

"举江东之众，决机于两陈之间，与天下争衡，卿不如我；举贤任能，各尽其心，以保江东，我不如卿。"这番评价算得上深知孙权特点。孙权本身的军事才能虽然一般，但他识人用人的能力却很强。赤壁之战委任周瑜，力抗曹操；荆州之战任命吕蒙，擒杀关羽；如今面对刘备的大兵压境，孙权启用了年轻的陆逊。孙权用陆逊，不但击败了刘备，保住了新得的荆州，而且日后在陆逊的主持下，东吴上游得以安定数十年。这不能不说是孙权用人的成果。

其次，孙权忍辱负重投降曹丕是外交上的一次重大胜利。刘备大兵压境，孙权求和不成，遂毫不犹豫地投降了曹丕，避免了东吴两线受敌的局面出现，使得孙权能够放心大胆地将东吴精锐悉数调往猇亭前线对付刘备，保证了战争的顺利进行。

最后，东吴前线的最高统帅陆逊体现出了卓越的统帅指挥才能。他采用诱敌深入，以逸待劳的战术，在战争前期阻止部将出战，不救孙桓，被很多人认为是懦弱怯阵。而当时的实际情况是：蜀军势大，且十分精锐，刘备带的这批人是跟随他征战多年的部下。而且蜀军拥有一支数千人的骑兵部队，这是吴军无法抗衡的。

孙权在给曹丕的顺表上称："刘备支党四万人，马二三千匹，出秭归，请往扫扑，以克捷为效。"两三千匹战马在这个级别的战役中本不算什么，但孙权将其单列出来，就是因为南方不产战马，吴军极度缺少战马。在东吴军队中，除了高级将领和部分精锐部队有资格乘马，剩下的绝大多数都是步兵。吴军在对付骑兵上没有很好的办法，因此刘备军的三千骑兵就足以令孙权高度重视。陆逊在前期避免与蜀军正面交锋，将山地留给蜀军，又闭门不战，他是在等待战机。

另外，陆逊将决战地点选择在夷陵，是扭转战局的关键。夷陵对于东吴的重要性从后来陆抗的言行中最能体现。陆抗是陆逊的儿子，陆逊死后他常年镇守荆州，他在平定步阐叛乱时，他曾说："我宁愿舍弃江陵而去救西陵（夷陵）。"直到临终前，陆抗还担心夷陵防线。他给孙皓上书称："西陵、建平，是国家的屏障，地势既处于上流，二郡边境的西面、北面又与敌人的边境接壤。如果敌人泛舟顺流而下，那么就如同星奔电驰一样迅速。到那时，就不能依赖别的地区援助来解

救危难了。这可是关系到国家安危的关键,不只是国家疆界受到犯的小祸患。我的父亲陆逊,从前在西部边境时曾上书说:'西陵是国家的西门,虽然说容易防守,但同时容易丧失。假如守不住的话,那就不只是失掉一个郡,就连荆州都会不属于吴所有了。如果西陵有忧患,就要竭尽国家的力量去争夺它。'我过去曾经请求在西陵驻守三万精兵,但是主管官员遵循常规,不肯派兵赴西陵……我死了以后,请特别注意西方边境。"就如同曹操在官渡之战中将决战地点选择在官渡一样,陆逊对于夷陵地形的了解以及他正确的战术,直接决定了战役的胜负。

刘备联营七百里,漏洞频出。陆逊确定"火攻"计划,且不争一地的得失,把长达百余公里的山区丢给蜀军,使刘备大军不得展开。闭门不战,让敌人认为自己惧怕,麻痹敌人,为突然出击做好准备。最终陆逊利用六月酷暑,突然全线出击,火烧连营。

《孙子兵法·军行篇》说:"不可胜者,守也。可胜者,攻也。守则不足,攻则有余。善守者,藏于九地之下。善攻者,动于九天之上。"就是说:打不赢的时候守,能打赢的时候就打。兵少防守,兵多进攻,善于防守的人把自己埋藏在"九地之下",善于进攻的人一旦进攻就是"雷霆霹雳",令敌人防不胜防。陆逊在防守上布置得当,将潘璋、孙桓安排在两翼,自己的主力据守猇亭,使刘备无法北犯。

在最后的决战中,陆逊果断投入全部兵力,全线出击,分割包抄。他充分利用吴军水军的强项,以"水军陆战"的形势沿途追击,迂回到刘备背后,将刘备的几支人马分割开。这种战术的运用,能在最大程度上歼灭蜀军,使蜀军前军尽没,北军溃败,中军险些被全歼,刘备本人也差点做了俘虏。陆逊也因此成为东吴的一代名将。

猇亭之战从章武元年(公元221年)六月开始一直持续到次年六月结束,历时一年之久,是汉末著名的三大战役之一。这场战争之后,刘备集团损失惨重,元气大伤,蜀汉国力受到严重削弱,刘备也因此留在了永安而再也没有回到成都。之后身体也出现问题,很快就一病不起。刘备此次遭受的打击让他心力交瘁,这也直接导致后来刘备的病故。随着刘备时代的结束,诸葛亮时代到来了。

作为夷陵战役的胜利方,东吴在取得辉煌战果的同时,还达成了重要战略目标，为日后东吴立国数十年奠定了坚实基础。

首先，巩固了新得的荆州。荆州人多心向刘备，畏服关羽。东吴占据荆州后，很多荆州大族都抗拒不从，陆逊等人费了很大的气力才彻底平定下来。如今夷陵一战大破刘备主力，荆州人再也没有了"非分之想"，只得服从东吴。东吴牢牢地控制了南荆州，使下游国土更加稳固。这是继建安二十四年（公元219年）的襄樊之战后东吴"全据长江"战略意图的彻底实现。

其次，东吴在夷陵之战中培养了一批骨干力量。以陆逊、孙桓等人为代表的中青年将领成为日后吴国的支柱，支撑起吴国中期的局面。孙权一朝后期就是以夷陵之战的班底维持其统治的。

最后，东吴在夷陵之战后果断收缩防守，依靠这支得胜之师，抵御了曹丕的南侵。

蜀吴两国的火并是曹魏最希望看到的。东汉十三刺史部曹魏独占其九，面对吴蜀两国其实拥有着很大优势，只有蜀吴联合对抗曹魏才有一丝胜利的希望，若两国反目，则曹魏必然渔翁得利。夷陵之战极大地消耗了蜀国的元气，东吴虽然得胜，但也付出了一定的代价。曹魏成了最大的受益者。

8. 尾声

蜀汉章武三年（公元223年）四月，刘备病逝于永安，临终托孤给诸葛亮。诸葛亮开府治事，继续奉行联吴抗曹国策。一个时代就此完结，另一个时代开启了序幕。

夷陵之战是汉末时期的最后一战，长达半个多世纪的汉末诸侯混战局面从此宣告结束，三足鼎立的格局正式确立，中国历史正式进入了三国时代。

鲜

发羌

◎成都

蜀

三国鼎立

外 章 | 夷陵之战
——三国鼎立的确立

参考书目

一、古籍

1.（春秋）孙武：《孙子兵法》，中华书局2011年版。
2.（晋）陈寿：《三国志》，岳麓书社2005年版。
3.（晋）常璩：《华阳国志》，上海古籍出版社1987年版。
4.（南朝）范晔：《后汉书》，中华书局1965年版。
5.（北魏）郦道元：《水经注》，上海古籍出版社1990年版。
6.（宋）司马光：《资治通鉴》，中华书局1956年版。
7.（南朝）萧统：《文选》，上海古籍出版社1986年版。
8.（南朝）刘义庆：《世说新语》，辽宁教育出版社1997年版。
9.（唐）李吉甫：《元和郡县图志》，中华书局1983年版。
10.（唐）杜佑：《通典》，中华书局1992年版。
11.（唐）许嵩：《建康实录》，中华书局1985年版。
12.（宋）李昉：《太平御览》，河北教育出版社1994年版。
13.（清）赵翼：《廿二史札记校证》，中国书店出版社1987年版。
14.（清）顾祖禹：《读史方舆纪要》，上海书店出版社1998年版。
15.（近）卢弼：《三国志集解》，中华书局1982年版。
16.（近）王先谦：《后汉书集解》，中华书局1984年版。

二、专著

1. 余大吉：《中国军事通史·三国军事史》，军事科学出版社1998年版。

2. 于涛：《三国前传——汉末群雄天子梦》，中华书局2006年版。

3. 张作耀：《曹操评传》，南京大学出版社2001年版。

4. 张作耀：《孙权传》，人民出版社2007年版。

5. 张作耀：《刘备传》，人民出版社2004年版。

6. 张可礼：《三曹年谱》，齐鲁书社1983年版。

7. 史念海：《河山集》，三联书店1963年版。

8. （中国台湾）三军大学：《中国历代战争史》第四册，中信出版社2013年版。

9. 张靖龙：《赤壁之战研究》，中州古籍出版社2004年版。

10. 饶胜文：《布局天下——中国古代军事地理大势》，解放军出版社2006年版。

11. 张文强：《中国魏晋南北朝军事史》，人民出版社1994年版。

12. 谭其骧：《中国历史地图集》，中国地图出版社1982年版。

13. 钱林书：《续汉书郡国志汇释》，安徽教育出版社2007年版。

14. 陈金凤：《魏晋南北朝中间地带研究》，天津古籍出版社2005年版。

15. 汪波：《魏晋南北朝并州地区研究》，人民出版社2001年版。

16. 李晓杰：《东汉政区地理》，山东人民出版社1999年版。

17. 胡阿祥：《六朝疆域与政区研究》，西安地图出版社2001年版。

18. 张灿辉：《两汉魏晋凉州政治史研究》，岳麓书社2008年版。

19. 王蕊：《魏晋十六国青徐兖地域政局研究》，齐鲁书社2008年版。

20. 沈忱：《三国，不能戏说的历史·诸侯》，湖南人民出版社2010年版。

21. 沈忱：《那是英雄——正说三国名将》，中国物资出版社2012年版。

22. 沈忱：《三国谋士今日观》，中华工商联出版社2013年版。

23. 《中国军事史》编写组：《中国历代军事战略》，解放军出版社2006年版。

24. 《中国军事史》编写组：《中国历代战争年表》，解放军出版社2003年版。

25. 金玉国：《中国战术史》，解放军出版社2003年版。

26. 方诗铭：《三国人物散论》，上海古籍出版社2000年版。

27. 方诗铭：《曹操·袁绍·黄巾》，上海社会科学院出版社1995年版。

28. 方北辰：《三国志全本今译》，陕西人民出版社2011年版。

29. ［德］克劳塞维茨：《战争论》，中国人民解放军出版社2005年版。

30. 慕中岳、武国卿：《中国战争史》第四册，金城出版社1992年版。

31. 宋杰：《合肥的战略地位与曹魏的御吴战争》，《首都师范大学学报》（社会科学版）总第181期。

乾隆十三年
作者 高王凌
ISBN 978-7-5204-0719-9
定价 49.00 元

马上朝廷
作者 高王凌
ISBN 978-7-5204-0720-5
定价 49.00 元

乾隆晚景
作者 高王凌
ISBN 978-7-5204-0721-2
定价 49.00 元

      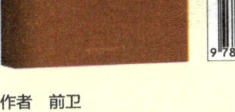

地图里的兴亡：秦，从部落到帝国（上）
作者 风长眼量
ISBN 978-7-5031-8658-5
定价 39.00 元

地图里的兴亡：秦，从部落到帝国（下）
作者 风长眼量
ISBN 978-7-5031-8659-2
定价 39.00 元

地图：谁主沉浮？
作者 前卫
ISBN 978-7-5204-1411-1
定价 49.00 元

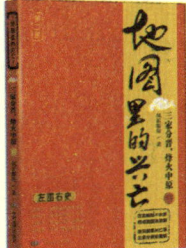   

地图里的兴亡：三家分晋，烽火中原（上）
作者 风长眼量
ISBN 978-7-5031-8842-8
定价 39.00 元

地图里的兴亡：三家分晋，烽火中原（下）
作者 风长眼量
ISBN 978-7-5031-8843-5
定价 39.00 元

中国古都城地图
作者 周强
ISBN 978-7-5204-0858-5
定价 128.00 元

地图上的日本史
作者 樱雪丸 萧西之水
ISBN 978-7-5031-8698-1
定价 39.00 元

中国历代战争之汉末烽烟
作者 沈忱 何昆
ISBN 978-7-5031-8583-0
定价 39.00 元

中国历代战争之两宋烽烟
作者 夜狼啸西风
ISBN 978-7-5031-8608-0
定价 39.00 元

  **冒险雷探长2：遗失秘境**
作者 雷探长
ISBN 978-7-5204-1412-8
定价 49.00 元

 **南游记**
作者 张强 刘晗
ISBN 978-7-5204-1413-5
定价 68.00 元

  **一生痴恋去大理**
作者 黄橙
ISBN 978-7-5031-9535-8
定价 48.00 元

 **伟大的八千米**
作者 李国平
ISBN 978-7-5204-0173-9
定价 398.00 元

 **孤影八千**
作者 李国平
ISBN 978-7-5204-0142-5
定价 68.00 元

 **喜马拉雅孤影**
作者 李国平
ISBN 978-7-5204-0239-2
定价 68.00 元

 **遇见喜马拉雅**
作者 李国平
ISBN 978-7-5031-9352-1
定价 46.00 元

 **北京：城南旧事**
作者 洪烛
ISBN 978-7-5031-7167-3
定价 32.00 元

 **北京：皇城往事**
作者 洪烛
ISBN 978-7-5031-8497-0
定价 32.00 元

 **中国美食：舌尖上的地图**
作者 洪烛
ISBN 978-7-5031-8419-2
定价 32.00 元

 **行走在心灵之间**
作者 周小媛
ISBN 978-7-5031-8357-7
定价 39.00 元

 **欧洲不远：101天行走欧洲**
作者 张启新 刘航舶
ISBN 978-7-5031-9196-1
定价 39.00 元

 **西岭雪：走一步看一步**
作者 西岭雪
ISBN 978-7-5031-8048-4
定价 46.00 元

 **藏品·藏家·藏趣**
作者 张春岭
ISBN 978-7-5031-7910-5
定价 39.00 元

微信扫一扫，可直接比价购买！